本书系国家社科基金青年项目“德国判例制度研究”
（项目批准号：15CFX004）的结项成果

德国判例制度研究

System der Präjudizen in Deutschland

雷磊 高尚 段沁 著

法律出版社
LAW PRESS·CHINA
北京

图书在版编目(CIP)数据

德国判例制度研究 / 雷磊,高尚,段沁著. -- 北京:法律出版社,2023
ISBN 978-7-5197-7613-8

Ⅰ. ①德… Ⅱ. ①雷… ②高… ③段… Ⅲ. ①司法制度-研究-德国 Ⅳ. ①D951.66

中国国家版本馆 CIP 数据核字(2023)第 030988 号

德国判例制度研究
DEGUO PANLI ZHIDU YANJIU

雷 磊 高 尚 段 沁 著

责任编辑 黄倩倩 杨悦芊
装帧设计 贾丹丹
插图设计 李诗晴

出版发行 法律出版社
编辑统筹 学术·对外出版分社
责任校对 王 丰
责任印制 陶 松
经 销 新华书店

开本 710 毫米×1000 毫米 1/16
印张 17.75 **字数** 249 千
版本 2023 年 4 月第 1 版
印次 2023 年 4 月第 1 次印刷
印刷 三河市兴达印务有限公司

地址:北京市丰台区莲花池西里 7 号(100073)
网址:www.lawpress.com.cn
投稿邮箱:info@lawpress.com.cn
举报盗版邮箱:jbwq@lawpress.com.cn

销售电话:010-83938349
客服电话:010-83938350
咨询电话:010-63939796

书号:ISBN 978-7-5197-7613-8
定价:75.00 元
凡购买本社图书,如有印装错误,我社负责退换。电话:010-83938349

序　言

本书的主题是“德国判例制度”。首先叙明两个方面：其一，这里所谓的“制度”，当从广义上加以理解，指的是“作为一项司法制度的判例”。因而本书的论域不限于德国法律体系中关于判例之效力及其运行的各项法律制度规定，尽管这也是判例制度的重要方面。具体而言，本书包括了作为德国司法制度之组成部分的判例制度理论基础、制度支撑和具体运用三个层面。其二，尽管如此，本书并没有处理与德国判例相关的所有方面。例如，判例的恰当运用必须得到法学方法论的有力支持。作为法学方法论的“母国”，德国学界和实务界在法律解释、法律续造等主题上积累起了丰硕的成果和经验。这些理论（尤其是关于类案判断和类推适用的理论）与判例运行密切相关。但出于主旨的考量，本书并没有用专门的章节来加以讨论。对此有兴趣者可以去阅读本书作者之一高尚的专著《德国判例使用方法研究》（法律出版社 2019 年版）。

本书写作的分工为：

雷磊（中国政法大学法学院教授）：引言、第二章、第四章、第七章；

高尚（中国政法大学法学院副教授）：第一章，第三章第一、二部分，第五章，第六章，第八章第一部分、第二部分（二）（三）（四）；

段沁（慕尼黑大学法学院博士研究生）：第三章第

三部分、第八章第二部分(一)。

文责由作者共同承担。

慕尼黑大学法学院博士研究生陶鹏远为本书的写作提供了部分资料以及其他必要的协助,对此表示衷心感谢!

我们期待本书的出版,有助于国内同人更深入地了解判例制度在同为成文法传统国家之德国的“样貌”,从而促发对于中国式判例制度,尤其是案例指导制度的进一步研究。

雷　磊

2021 年 12 月 20 日

目　录

引言:判例时代的到来?

一、研究的缘起

虽然我国不是判例法国家,但判例在法律实践和法学教育中的作用越来越重要,是一个毋庸置疑的现象。早在20世纪80年代,就有借鉴判例法制度以完善当代中国法律制度的呼声。[①] 但由于体制和传统的差异,这一呼吁并没有得到回应,逐渐成为"绕梁余音"。在21世纪初,有学者再次旧话重提,或从宏观层面入手,倡导在重建经验哲学的基础上,将复兴判例法作为我国制度创新的重要因素;[②]或从微观层面着眼,将在中国建立判例法制度视为解决现今中国司法制度改革之悖论的出路之一,并就中国建立判例法制度的可行性、必要性以及具体思路和方法进行了具体勾画。[③]

尽管这种主张并没有被体制所完全接纳,但判例对于司法实践的重要意义越来越多地获得认可,而建

---

① 参见卫星、晏筠:《创制中国"判例法"的途径——兼谈中国立法建设面临的主要任务》,载《政法论坛》1996年第4期。

② 参见谢晖:《经验哲学之兴衰与中国判例法的命运》,载《法律科学》2000年第4期。

③ 参见张骐:《判例法的比较研究——兼论中国建立判例法的意义、制度基础与操作》,载《比较法研究》2002年第4期;张骐:《建立中国先例制度的意义与路径:兼答〈"判例法"质疑〉——一个比较法的视角》,载《法制与社会发展》2004年第6期。

构中国本土的判例制度也成为现实政治环境下的可行选择。2005 年，最高人民法院发布《人民法院第二个五年改革纲要》，提出“建立和完善案例指导制度……规定指导性案例的编选标准、编选程序、发布方式、指导规则等”。2010 年 11 月，最高人民法院发布《关于案例指导工作的规定》，其中第 7 条规定：“最高人民法院发布的指导性案例，各级人民法院审判类似案例时应当参照。”2015 年 5 月，最高人民法院《〈关于案例指导工作的规定〉实施细则》进一步作出了细化规定，第 9 条再次强调：“各级人民法院正在审理的案件，在基本案情和法律适用方面，与最高人民法院发布的指导性案例相类似的，应当参照相关指导性案例的裁判要点作出裁判。”2019 年 10 月，最高人民法院颁布的《关于建立法律适用分歧解决机制的实施办法》，就“最高人民法院生效裁判之间存在法律适用分歧的”与“在审案件作出的裁判结果可能与最高人民法院生效裁判确定的法律适用原则或者标准存在分歧的”情形，规定了分歧解决机制。2020 年 7 月，最高人民法院颁布《关于统一法律适用加强类案检索的指导意见（试行）》，对包括指导性案例在内的类案检索的范围、方法和效果等作出规定。

有学者认为，依据法律功能主义的视角，我国案例指导制度可纳入广义的判例制度之中。[①] 基于这样的认识，近年来我国学界关于指导性案例之性质、编撰和适用等方面的研究不计其数。因为无论是学界还是实务界，都越来越认识到，判例已成为成文法国家不可或缺的法治资源。但是，案例指导制度的建立只是为中国判例制度的大厦提供了“奠基石”，中国判例制度的完善和发展尚需学界的理论养分和实务界的经验反馈的浇筑。而在这样一个完善和发展的过程中，汲取来自其他国家的相关理论和制度实践的经验必不可少。目前学界所能提供的“他山之玉”，主要是对英美判例法制度的叙介和研究。除了语言方面的便利外，恐怕主要的原因在于英美法系国家悠久的判例法传统。但事实上，今日两大法系的趋同已成为越来越明显的趋势，在身处成文法传统的欧陆国家中，判例同样扮演着日渐重要的角色。在最具代表性的德国，无论是在司法实践中，还是在法学教育之中，判例，

① 参见宋晓：《判例生成与中国案例指导制度》，载《法学研究》2011 年第 4 期。

尤其是宪法法院和联邦最高法院的判例,都已成为重要的参考依据和研究对象。从20世纪50年代开始,联邦宪法法院、联邦最高法院和其他四个专门法院就陆续编辑出版了年度判例集(汇编)。不少法学期刊杂志都开设了"司法判例"或"案例评析"的栏目,刊登最新的司法判例,或邀请学者就新近的案例进行评析。在如今德国法学院的课堂上,已不再只教授相关领域的基本原理,围绕法条传授基本教义知识,结合和剖析联邦法院(也包括欧洲法院、欧洲人权法院)的经典案例已成为教学常态,甚至占据一半课时以上。无怪乎德国法学家吕特斯(Rüthers)感叹:如今的德国存在一种从"法治国"(Rechtsstaat)向"法官国"(Richterstaat)转变的不可遏制的趋势![1] 因为法律是什么最终的决定权掌握在法官(尤其是联邦最高法院和宪法法院的法官)手里,联邦最高法院和宪法法院的判例在课堂上几乎不加批评地被学生接受为权威观点,以至于呈现出一种"司法实证主义"(法院实证主义)的新思潮。

无论上述趋势是否存在"矫枉过正"之嫌,都说明了判例在德国法治实践中日趋明显的重要性。作为近代以来影响中国法学甚巨的传统成文法国家,在某种意义上,德国在判例制度方面的机制和做法或许相比于英美国家对于当下中国具有更加"共振同频"的效果。事实上,最近十余年来,学界业已出现一些对德国判例制度进行研究的著述(以论文为主);尤其是最近七八年来,源自德国的鉴定式案例教学法已经在国内不少法律院系开花结果,影响日隆,在某种程度上也助推着进一步了解德国判例制度之需求的增长。但遗憾的是,中文世界尚缺乏对于德国判例制度本身进行全面叙介和研究的论著。我们认为,判例在德国有其独特的定位和角色,德国判例制度深深地镶嵌在德国的司法体制之中,得到相关司法制度的保障,德国判例的结构、制作技术、适用技术等对中国都有可资借鉴之处。因此,我们需要从理论、制度和实践诸多方面对于德国判例制度的全貌进行准确描绘。

---

① Vgl. Bernd Rüthers, Die heimliche Revolution von Rechtsstaat zum Richterrecht, 2014, S. 79-80.

二、德国判例的现状

(一)判例的编纂与公开

德国联邦法院的判决通常是要通过一定形式公布的,重要的要在法律公报上公布。联邦宪法法院和联邦最高法院自建院以来,每年都依照专业领域,各出版一册或若干册精选的、厚达几百页的判例集,即德国《联邦宪法法院判例集》《联邦最高法院民事判例集》《联邦最高法院刑事判例集》等。在最高审级以下,也编纂有判例集。像巴伐利亚州高等法院,自联邦德国建立以来一直专门编纂他们的判例集。其他州高等法院,也有联合起来编纂的判例集。公布的每一个判决都有法院类型、法律类型、文件号、时间、裁判庭等详细的标注,引用时十分方便。[①] 除了上述的判例集形式之外,判例还被刊登于各个重要的专业杂志上。例如,作为最重要的纸媒载体,《新法学周刊》杂志每个星期都会登载认为有意义的最新判例,判例经常邀请学者附带评论。该周刊的年度合订本达四千余页。此外,像《法学家报》《新刑法杂志》等杂志也不时会在各学科的法学杂志上刊登一些案例。判例集、专业杂志可以公开订阅,也可在科研院校的馆藏中查得。

信息化时代的到来也使得德国判例走向了数字化。数字化的方式主要有两个,一个是将纸媒上的判例录入数据库。目前,联邦最高法院民事判例集和刑事判例集都被刻录成光盘,方便获取与携带。如《新法学周刊》的全部内容都已上网,包括 Juris、Beckonline 在内的诸多在线法律电子资源库也都提供大量的判例。所有这些平台都确保了联邦最高法院的司法判决能以一种迄今为止前所未有的极大便利获得高度关注。另一个是法院自身网站提供的裁判文书数据库。德国是联邦制国家,没有全国统一的裁判文书网。但是,德国联邦宪法法院、联邦法院、各州各级法院均有自己的网站。从这些网站上可链接到相应法院的裁判文书数据库,进而查到判决、决议等各种有效的裁判文书。

---

① 参见最高人民法院课题组:《关于德国判例考察情况的报告》,载《人民司法》2006年第7期。

按照德国联邦宪法法院、联邦最高法院先前的裁判实践,联邦最高法院审理的案件原则上都应当公开。[①] 如联邦德国宪法法院在2015年的一个裁定(1 BvR 857/15)中指出:"司法公开原则而本身就是法治国原则的组成部分,公开所有具有应公开性的法庭裁判是一项公认的法律义务。"联邦最高法院在2017年的一起案件中也指出,法院有义务公开具有应公开性的裁判文书,并且这不限于那些已经发生法律效力的裁判(BGH,Beschluss v. 5.4. 2017)。[②] 根据《德国著作权法》第5条第1款,判决及法院为此归纳的主旨也不受著作权法保护。在各个法院官方网站的数据库中,所找到的生效裁判文书,原则上是完整的,不会出现比较重要却没公布的判例。法院在引用先例时,不能援引不公开的判例作为正式依据。判例公开后,才能产生约束或影响裁判活动的成例。

但是,判例公开的实践受到两方面的限制:一是案件本身的信息含量。有的普通案件过于琐碎或者过于简单,承办法院可能从减少工作量的角度出发,认为案件实在过于普通而不上网。但是,如果当事人、律师或有关心相应案件者认为需要上网,则可要求案件上网公开。特别是有利害关系的人,有权要求案件上网公开。二是保护诉讼参加人的个人信息。这种保护体现在两个方面:首先,要对诉讼参加人的私人信息做技术处理,以保护其个人信息不被滥用。这类需要做隐没或者删除处理的信息,包括诉讼参加人的姓名、住址等。其次,如果当事人为未成年人,则不能公开其裁判文书。《德国少年法院法》第6条规定,不能公开未满18周岁的当事人的案件的判决结果。因此,目前

---

① 但事实上,德国裁判文书公开的比率并不高。据论者统计,德国近五十余年来裁判文书公开率仅在0.4%~1%浮动。相比而言我国全国法院裁判文书的上网率在2016年已达到47.4%(参见唐应茂:《司法公开及其决定因素:基于中国裁判文书网的数据分析》,载《清华法学》2018年第4期),大大超过德国。当然,公开率的比较并不能说明判例在两国得到重视程度的差异。正如接下去所表明的,即便德国判例的公开率很低,也不影响已公开之判例在法学教育、职业实践和司法裁判中的重要地位。

② 这里所述的"应公开性"要件的解释权最终掌握在法院手里,这或许是造成德国判例公开率低的理论上的根源。参见脆脆鲸:《德国裁判文书公开率不足1%?》,载微信公众号"ManofLetters"2021年7月23日,https://mp.weixin.qq.com/s/4HgVoE2Ph7kE9o34no1M_w。

在德国,有关未成年人的裁判文书没有上网。[①]

（二）法学教育中的先例崇拜

在今日德国的法学课堂上,课程讲授是否成功与所举例子的质量休戚相关。五十年前,教授们只能借助于手编的小案例(通常是为了迎合教学的需要,进行剪裁和加工过的或假想的案例,一般事实清晰、情节简单)来吸引学生们的关注力。但这早已成为过去式。越来越多来自联邦最高法院的真实司法裁判取代了以前只能出现在童话世界中的假想案例。这当然首先是因为,离开了来自联邦最高法院的基础性裁判,一些法律领域甚至就无法再得到阐明。例如对人格的保护、医师责任、租赁和保险业务、契约保护领域对第三人的涵盖等,就属于这样的领域。在这些领域中,现行法几乎通过司法裁判才能获得其具体的内容。所以在此范围内将它们纳入法学教学之中无疑是必要的。但法学界对于联邦最高法院司法裁判的兴趣不止于此。它们也为对法律问题的讨论提供了数量稳定增长的鲜活的例子。对于每个高校教师而言,讲授这些案例都是一件"一带两便"的事情:他们既不需要费尽心思去杜撰出一个新的故事,也不需要提供一个自己的解决办法,因为联邦最高法院已经同时提供了两者。虽然法学界有时对联邦最高法院的判决会存在疑虑,但至少在考试之中,联邦最高法院认为是对的观点,几乎不可能被评判为是错误的。另外,法学作为一种实践理性活动的导向,也使得学生们对于获得关于法律现实的可靠资料充满热情。对联邦最高法院判决的讨论就为对司法实务的了解提供很好的起步,而这又要比抽象而复杂的法学理论体系对学生的吸引力大得多。很能说明这一现象的一个例子是,慕尼黑大学的一位刑法教授,有一次在讨论课上让他的学生去讨论一个联邦最高法院刑四庭判决的案件,却没有告知来源,结果引起了学生的公愤。学生们认为,去分析这种"疏离于生活的"、只有大学教授才能虚构出来的事实,是荒唐的。[②]

---

① 参见蔡桂生:《德国判例编纂及其公开化实践》,载《检察日报》2018年12月13日,第3版。

② Vgl. Andreas Heldrich, 50 Jahre Rechtsprechung des BGH – Auf dem Weg zu einem Präjudizienrecht?, ZRP 12 (2000), S. 498.

(三)职业实践中的先例拘束

在法律职业实践的领域,"先例崇拜"的观念进一步被近年来的数据化革命所提升。年轻的法律人都已习惯从屏幕上调取出一切相关的信息,法律电子数据库建设的突飞猛进在近些年来大大改善了信息获得的可能性。而对这些新的法律适用辅助手段的最佳使用现在也是法学院培训项目的一部分。尽管在德国还没有完全释放出电子信息调取的潜力,像美国的 Lexis 或 Westlaw 等大数据库所能做到的那样,但通过追踪判例的技术,德国法律体系已在某种意义上向美国靠拢了。当然,这里面的另一个重要原因是,现在德国有许多高素质的青年法律人才都额外在美国法学院获得过学位。他们在美国法学院学习期间潜移默化地成为习惯的东西,在他们回到德国律所和实务部门的职业生涯中也发挥着作用。

期刊杂志等媒体同样反映出,联邦最高法院司法判例的最新发展在法律职业实践中是如何获得高度关注的。在今天,没有一份主流的专业杂志不在封面上刊载有关判例的时事新闻。这是为了满足其读者群体的需求。专业人士可以从这里获知关于联邦最高法院司法实践的最新报道。即便是日报也开始通过报道轰动性的案件来博读者的眼球。现代德国法律人的目光牢牢被卡尔斯鲁厄(Karlsruhe)①所吸引。最重要的法律工具书、大型教科书和法律评注也同样如此。在这里,熟悉联邦最高法院最近的司法判决就基本等同于顾及最新的立法发展。制定法解释只有在新的法律规范生效之后才开始产生,但越往后,法律工具书、教科书和法律评注的新版版面就越是被日益增多的司法判决所占据,它们一层又一层地包围了原本看起来清晰和简单的法律文本。人们会被初审法院(Instanzgerichte)和法学界的不同观点所困扰。摆脱这种困扰的做法就是最终以联邦最高法院说的为准,它一锤定音地结束了长久以来令人痛苦不堪的争议。②

近些年来,甚至初审法院对上诉法院特定裁判的反抗也变得越来越少。纯粹从法律的角度而言,州高等法院的观点当然可以自由地偏

① 卡尔斯鲁厄位于德国巴登-符腾堡州,是联邦宪法法院和联邦最高法院所在地。

② Vgl. Andreas Heldrich, 50 Jahre Rechtsprechung des BGH – Auf dem Weg zu einem Präjudizienrecht?, ZRP 12 (2000), S. 499.

离联邦最高法院的司法裁判，并将其判决建立在这种观点的基础上。但实际情况如何则是另一回事。至少在考虑到其判决有可能被推翻的前提下，看起来下级法院就会很自然地、潜默无声地去与联邦最高法院的司法路线保持一致。

（四）司法裁判中的先例导向

德国联邦宪法法院和联邦最高法院的司法判决对于法学教育、法学研究和法律实践所拥有的中心性意义也抛出了这样一个问题：当下的德国判例制度距离英美法系的判例法制度究竟还有多远？判例法的核心标识是“遵循先例”（stare decisis），它又包括两种情形，一种是垂直先例，另一种是水平先例。[①] 遵循先例通常指的是前一种情形，其关键在于下级法院受到上级法院先前裁判之判决理由（拉丁语 ratio decidendi，德语 tragende Grundsätze）的拘束。但这样一个所谓“先例”的拘束效果仅限于在构成要件上具有可比较性的案件。联邦最高法院自己可以通过所谓的“推翻”来偏离它自己创设的先例，并由此创设出新法，但它一般会非常审慎地运用这种权力。在美国的法律院校中，关于法院判决的讨论扮演着一种支配性的角色，针对职业实践的专业文献同样完全以此为导向。

纯粹从法学的角度来看，这种“判例法”与德国法律体系之间的差别非常清晰：判例（法官法）在德国并不被认为是法源（Rechtsquelle）。除非判例已形成“稳定的司法意见”，学界认为此时判例已经成为一种普遍的法律确信的表述，也即被强化为了习惯法。因此直到最近，联邦最高法院也一直在强调，联邦最高法院的判决不是法律，因而无法产生如同法律那般的拘束力。因此，通常来说，一个被确立的司法裁判，如果从实质观点来看已不再能站得住脚，法院就不受其拘束。但迄今为止所说的只是法学界对于先例的看法。

如果人们去观察实际情形，就会获得一幅完全不同的图景。整个法律实务界事实上是怎样取向于联邦最高法院的司法判决的已如前述，即便是在联邦法官自己看来，自己的先例也占有崇高的地位。联

---

① 参见［美］弗里德里克·肖尔：《像法律人那样思考》，雷磊译，中国法制出版社 2016 年版，第 39-40 页。

邦最高法院的司法判决首先必须确保其观点的稳定性。如果某个主张是联邦最高法院在迄今为止的司法判决中(基于各种各样的理由)都未曾偏离的,那么它就将成为自身的"法律适用论据"(Rechtsanwendungsargument)。[①] 反映在联邦最高法院法官的日常作业中,这就体现为他们必须去细致检验迄今为止的司法判决,这越来越成为他们工作能力的重要组成部分。因此,联邦最高法院的每个具体判决都至少有机会,在对未来案件作出裁判时再次被用作导向性标准(Orientierungsmaßstab)。联邦最高法院司法判决的规范力也可以透过这种自愿施加的自我拘束折现出来。此外还有高度发达的要旨技术(Leitsatztechnik),它将被抽象表述的核心命题置于更重要的裁判之前,显然是为了下级法院在未来裁判同类案件时参照方便。

因此,不容否认的是,在过去数十年里,德国的司法文化越来越接近判例法体系。尽管德国法律体系的基本特征依然在于大规模的法典化和日益增多的特别立法,但同样可以看到的是,在普通法系的法律体系中,无论是在英国还是在美国,立法同样越来越具有重要意义。故而在普通法系也存在法官法和制定法共生的现象。有所不同的只是现代法秩序的两大支柱——立法与司法——之间力量关系的偏移方向:在英美法系中是向着有利于制定法的方向偏移,而在德国则是向着有利于法官法的方向偏移。

但同样不容否认的是,立法机制相对于司法判例依然具有压倒性优势。尽管通过联邦最高法院的司法判决发展起来的原理在新制定法的准备过程中也扮演着重要角色,但立法措施总是带有革新的目标。几乎每一次新的立法都会将联邦最高法院的整个判决体系都送入法律史的档案之中。170余年前基尔希曼(Kirchmann)的著名断言仍言犹在耳:"立法者的三个更正词就可以使所有的文献成为废纸。"[②]联邦最高法院的官方判例集同样不能幸免于外。因此,只有在一种稳定的立法基础上,才能观察到一种稳定的法官法。只有在长期

---

① Vgl. Andreas Heldrich, 50 Jahre Rechtsprechung des BGH – Auf dem Weg zu einem Präjudizienrecht?, ZRP 12 (2000), S. 499.

② [德]J. H. 冯·基尔希曼:《作为科学的法学的无价值性——在柏林法学会的演讲》,赵阳译,载《比较法研究》2004年第1期。

不受新立法干扰之法典的部分领域(如损害赔偿法、不当得利和侵权责任法,或物权法的整个领域)中,法官的司法创新才能大放异彩。恰恰在这些领域中,联邦最高法院在过去几十年的时间里对德国法秩序的续造作出了最令人印象深刻的贡献。也恰恰在这些领域中,一种枝繁叶茂的判例法日益成熟,随着社会和经济的变迁同步前行。因此,德国判例制度的繁荣在某种意义上与法典的稳定性休戚相关。

三、本书的基本结构安排

德国判例的现状可以为中国判例制度的发展,尤其是案例指导制度的发展提供有益的启示。当然,如果要获得有益的启示,仅凭对现状的粗浅描述是远远不够的。我们必须深入德国判例制度的内在机理和运行机制之中,从中挖掘出某些反映司法规律的"通则"。为此,我们将从"理论""制度""技术"三个层面入手,具体而言分为以下八个章节。

第一章至第三章属于德国判例制度的理论基础。首先在第一章,我们为德国判例制度提供了一个概述,阐明"判例"这一概念在德国法学中的含义、类型,概述德国判例制度的历史发展。在成文法传统的国家,判例拥有什么样的法律地位,集中体现在判例在法源谱系中的定位这一点上。第二章即阐述判例在德国的法源地位,它将从对三个问题的回答来涉入这一主题,那就是:在德国,判例拥有何种拘束力(性质),判例的拘束力受哪些因素影响(分量),判例以何种方式拘束哪些主体(对象)。在回答了这些问题后,我们在第三章中对判例在司法裁判中的角色和作用进行了考察。不同于第二章,这里主要涉及判例制度对于德国"法治国"(Rechtsstaat)的建构性意义。

第四章和第五章论及德国判例运行的制度支撑。任何一种制度的有效运行都必须有相匹配的其他制度的支撑,任何一种制度都是整体制度体系的一环,判例制度同样如此。判例制度之所以能够在德国法秩序中发挥日益重要的作用,是跟相应的制度保障分不开的。第四章将涉及对德国司法体制的介绍。司法体制虽然看起来与判例制度并无直接关联,但却是判例运行的制度环境;离开相适宜的司法体制,判例运行就将成为无源之水、无根之木。第五章则是对德国判例运行的直接制度基础的描摹,主要包括强制上诉制度和偏离报告制度。正是这两种制度的存在,确保了判例尤其是联邦最高法院的判例在德国司法系统中不容忽视的地位。

第六章至第八章转换到了德国判例的技术层面。相比于宏观层面的理论与制度,技术属于微观层面。判例并非屠龙之术,而更多是要传授庖丁解牛之技。正所谓"细节决定成败",没有精致、成熟的技术,判例就没法在具体的个案裁判过程中发挥应有的作用。第六章从静态的文本分析视角,对德国判例的结构与制作技术进行了剖析。第七章转入动态观察,对德国判例的适用方式,包括判例的识别与解释,援引与适用,区分、偏离和修正等进行了详述。第八章则基于个案考察,对德国判例在司法实践中的实际运用方式进行了描绘和类型化总结。

第一章　德国判例制度的基本理论

一、判例的含义与类型

(一)判例的含义

判例(裁判先例)是指新近出现在某一案件中的需要进行判定的法律问题已经由法院在之前的另一案件中针对同样的法律问题作出了决定的判决。裁判先例不是已发生既判力的个案裁判,而是法院在判决理由中对某种法律问题给出的答复,该问题在当前的个案中又以同一方式发生。①

在德国法上,对于司法判例往往具有如下几种表述和指称。

第一种称为判例或先例(Präjudizien)。这是我国学者最常见到的一种表述,此处"判例"与普通法国家的判例(precedents)具有相同的词源,指的是法官对于下级法院具有某种特殊的影响力之指导性裁判。

第二种称为法官法或法官造法(Richterrecht)。"法官法"是德文"Richterrecht"一词的直译,指的是一种由法院在司法实践中创造的、其目的在于填补法律漏洞的事实上的法,其论据仅仅来自审判。"法官法"或"法官造法"一词的词源来自德语,内生于德国的成

① 参见[德]卡尔·拉伦茨:《法学方法论》(第6版),黄家镇译,商务印书馆2020年版,第539页。

文法法律传统，也是德文法学方法论著作中对于判例的最常见指称①。根据吕特思(Rüthers)在《法学理论》一书中对于法官法的界定，"法官法"(Richterrecht)，系指法官(主要是指最高法院的法官)针对个案，透过解释、补充等造法活动(或者说评价与规范建立的行为)所形成的、现行制定法规范未包含的另一种裁判规范。② 弗里德里希·穆勒(Friedlich Müller)指出，在实践和学术上，人们将"Richterrecht"理解为"法官的法律续造"或者"创造性的法律发现"，简称为"无法律时的法官实践"(gesetzesfreie richterliche Tätigkeit)。③ 关于法官造法的作用，联邦宪法法院将其评价为"在现代国家几乎是不可或缺的"。④ 当无法律时，法官的行为被视为是法官实现正义的手段，因而法官具有"原初的法律创制的权力"。⑤ 不过，由于"法官法"一词在中文翻译中很容易与管理法官、约束法官行为的《中华人民共和国法官法》相混淆，因此，我国学者往往并不直接使用这一词汇，而其多见于译著。

第三种是持续性判决(ständige Rechtsprechung 或 gefestigte höchstrichterliche Rechtsprechung)。这一称谓是在德国司法实践中最常见的，也是相对另外两个称谓而言歧义最少的，是在联邦最高法院的判决中对于判例或判例群的最主要指称。德国法上所谓最高法院"一贯之见解"，或者"向来之判决见解"，或者"判决先例"，是指长时间未为最高法院所变更，且为实务所遵循之最高法院自己以前的判决见解。这一称呼较为中性，也最符合判例在德国司法实践中的实际运

---

① 郑永流教授在《法律思维导论》中将 Richterrecht 译为"法律者"，其含义仍指以法官为主体的法律创设活动，参见[德]卡尔·恩吉施：《法律思维导论》(修订版)，郑永流译，法律出版社 2014 年版，第 131 页及其后；陈爱娥教授在拉伦茨著作《法学方法论》中将其译为"法官法"，参见[德]卡尔·拉伦茨：《法学方法论》，陈爱娥译，商务印书馆 2003 年版，第 300 页及以后。法律者法与法官法的含义略有差异，法律者法还包括学者法或学说法，外延更广。

② Vgl. Bernd Rüthers, Rechtstheorie, 2005, Rn 235.

③ Vgl. Friedrich Müller, Richterrecht-rechtstheoretisch formuliert, Richterliche Rechtsfortbildung, Erscheinungsformen, Auftrag und Grenzen, Festschrift der Juristischen Fakulität zur 600-Jahr-Feier der Ruprecht-Karls-Universität Heidelberg, C. H. Müller, 1986, S. 65; vgl. BVerfGE 34, 269ff., 287f (Soraya); 65, 182ff (Sozialplan im Konkurs); Arthur Meier-Hayoz, Der Richter als Gesetzgeber, 1951, S. 38.

④ BVerfGE 65, 190.

⑤ Vgl. Martin Kriele, Theorie der Rechtsgewinnung, 2Aufl., 1976, S. 311.

行模式以及法源地位。

这三个概念在大多数情况下具有同一性，在使用时能够相互替换。这一点比德林斯基在其著作中明确指出："法官法（Richterrecht），也称为判例法（Präjudizienrecht）、法院习惯（Gerichtsgebrauch）或案例法（Fallrecht），是指法院判决（主要是最高法院判决）中被用来论证说理的规范性语句，而且并不出现在纯粹实证法文本中。"[①]有学者指出，德国联邦最高法院"一贯之见解"或者"向来之判决见解"，或者称为"判决先例"（Präjudizien），或称为法院惯例（Gerichtsgebrauch），或者称为"法官法"（Richterrecht），不一而足，但所指者均为同一。而且主要都是在讨论最高法院针对相同的法律问题，遵循自己以前所作过的判决先例。

上述三种关于判例的称呼也会根据使用场合的不同而在含义上有细微的区别。第一种所谓判例或先例以及第二种所谓法官法的名称用法，主要见于学术著作中有关法的效力、法的渊源以及法律方法论等方面的学术论文之讨论，是一种学理上的用法；第三种持续性判例或"一贯之见解"是司法判决中法官引证先例时对先例的指称，在表达上更加符合其本质特征，这也与判例在德国的法的渊源地位更加契合。

正因如此，本书虽然主要使用"判例"一词，但是在涉及具体的原文引用时，为了还原原作本意，仍会保留"法官法"、"法律者法"以及"持续性判决"等指称。

（二）判例的类型

一般而言，从判例在司法实践活动中的功能和作用来考察，可以将之区分为以下几种类型。

第一种是对成文法进行具体化的判例（Gesetzeskonkretisierendes Richterrecht）。此类型的判例并不能取代法律，而是为了使法律更加完备。人们能够从法院获得对一个不确定的法律概念或一般条款的具体化表述，并且将之适用于一个具体的案件中。这一类型判例意味

---

① Franz Bydlinski, Grundzüge der Juristischen Methodenlehre, S. 116, facultas wuv, 2. überarbeitete Aufl. ,2012.

着对法律的每一次适用都是一种内容上的增加,即通过对法律规定文本的逐渐完善,在方法上对法律规范进行补充。因为,司法活动工作本身绝不是一种纯粹的认识过程,必须包含创造性的活动。[①] 当然,对成文法进行具体化的判例,虽然包含了创造性的活动,但并不是超越规范性的,而是在规范性内对当前法律的一种具体适用。

第二种是补充立法的法官法(Gesetzesvertretendes Richterrecht)。对于规定较为笼统的法律规范,法官在获得足够的法规授权后可以对一些立法者没有规定的生活领域事项进行规定。这种判例在个案中带来的修正法律的效果,是通过"漏洞必须填补"得以证成的[②],其目的在于实现法官对一般法律基础以及宪法价值判断的补偿。这一现象最常见于判例对于法律原则和不确定的法律概念的解释中,正如民法教授迪特尔·施瓦布所说,在民法总论的原则中"由于民法涉及社会的方方面面,为了解决法律与现实可能产生的冲突,立法者有意使用了不确定的法律概念和一般条款(民法原则)。前者如公平、重大事由、可期待,后者如《德国民法典》第242条规定的诚实信用原则,这些不确定的法律概念和民法原则,本身就包含着立法者的授权"[③]。对法官造法的维护是源自下意识的严格的体系化思想,它是理性主义、潘德克顿法学、法律实证主义和概念法学的遗产。虽然现代大陆法系结束了其系统、形式化、科层法律的幻想,但法学仍然被视为闭合的概念体系。尽管自由法学派、利益法学派和最新的实证主义理论从其自身的角度出发,开始着眼于一种开放的、未完成的和并非十分严密或可变动的法律"体系"思想,但却并没有对规范视角和方法视角的法律实证主义有所改变。[④]

---

① Vgl. Friedrich Müller, Richterrecht-rechtstheoretisch formuliert, Richterliche Rechtsfortbildung, Erscheinungsformen, Auftrag und Grenzen, Festschrift der Juristischen Fakulität zur 600-Jahr-Feier der Ruprecht-Karls-Universität Heidelberg, 1986, S. 71.

② Vgl. Friedrich Müller, Richterrecht-rechtstheoretisch formuliert, Richterliche Rechtsfortbildung, Erscheinungsformen, Auftrag und Grenzen, Festschrift der Juristischen Fakulität zur 600-Jahr-Feier der Ruprecht-Karls-Universität Heidelberg, 1986, S. 71.

③ [德]迪特尔·施瓦布:《民法导论》,郑冲译,法律出版社2006年版,第75页。

④ Vgl. Friedrich Müller, Richterrecht-rechtstheoretisch formuliert, Richterliche Rechtsfortbildung, Erscheinungsformen, Auftrag und Grenzen, Festschrift der Juristischen Fakulität zur 600-Jahr-Feier der Ruprecht-Karls-Universität Heidelberg, 1986, S. 72-73.

第三种是对成文法进行修订的判例（Gesetzeskorrigierendes Richterrecht）。这种类型的判例在学理中存在，但原则上往往被禁止。因为使用此类判例意味着由法律规范作出的规定可以被法官个人进行修改。[①] 在德国，违背法律规定进行的解释不仅违反《德国基本法》第20条第3款对法官的约束，而且还违背了《德国基本法》第20条第2款第2句的原则。当然，在理论上，机械地适用法律有时会造成严重的不正义，法官会或者应当从合正义性的角度作出越法裁判。

（三）持续性判例的形成与效力

1. 持续性判例的含义和产生

所谓持续性判例，是指德国联邦最高法院在审判实务中的一贯之见解，该见解长时间未为最高法院所变更，且为实务所遵循。这其中往往既包含本法院一贯之见解，也包括实务界一贯之见解。

就法官造法的规则和条件而言，法官的法律续造必须具备三项条件，包括："首先，所提出的规则应当能适用于一定的案件类型；其次，法律要件与法律效果的结合，应当是基于法律上的考虑，其目的是实践一项实体的法律原则；最后，其所创造的规则必须能与既存的法律秩序融为一体，契合无间，以维护法律秩序内在的一致性。"[②]

前文指出，除宪法领域外，在德国其他法律领域中没有遵循先例原则，法官造法没有正式拘束力。但是习惯法却仍属于位阶低于《德国基本法》第20条第3款规定的"法律与正义"的一种法的渊源。[③] 然而，现代国家法的渊源理论中的所谓习惯法，其主要构成之一就是持续性判例。法院作出的具体判决经过长时间被其他法院遵循并成为法院的惯习，最后在一般人的普遍法意识中获得确信。这不仅使法院，而且使当事人及其法律代理人，以及普通民众对此裁判建立起信任，能够促成其最终成为习惯法而获得规范性的约束效力。换言之，

---

① Vgl. Was bedeutet Richterrecht? Definition zum Begriff sowie alles zu den Arten! Juraforum（Dec. 1,2015）,http://www.juraforum.de/lexikon/richterrecht.

② Karl Larenz, Kennzeichen geglückter richterlicher Rechtsfortbildung,1965,S. 13f.

③ 参见张骐等:《中国司法先例与案例指导制度研究》，北京大学出版社2016年版。从纯学术角度，习惯法的效力层级是否低于《德国基本法》第20条第3款的"法律"或"正义"，这一问题的讨论见 Herzog in Maunz/Dürig（Hrsg.）, Grundgesetz Kommentar, Volume Ⅲ,2004, Article 20 Annotation 52.

判例中的一部分持续性判例因为符合习惯法的要素，扮演了习惯法的角色，从而成为重要的法的渊源。

原初意义上的习惯法是指长期以来事实上被人们普遍遵守的人际关系的行为规则，但原初意义上的习惯法在今天几乎不再发挥任何作用。相反，在今天的实务上，通过所谓的“判例”而创造出来的“法官法”具有越来越重大的意义。如果“历来的判决意见”都与普遍的法确信一致，并且事实上未被质疑过，其即已达到习惯法的效力程度。① 由此，判例在变为习惯法之后仍然可以成为法的渊源。在德国，持续性判例作为判例虽然仍然不是正式的法的渊源，但是因为其已经成为司法实践中法律人的一种惯习，因此如果从习惯法的角度进行理解，这种持续性判例已经具有了正式的法的渊源地位②。法院大多时候会援引持续性判例。③

关于持续性判例的产生是否有确切的时间点，有以下两种观点。第一种观点认为持续性判例的开始并没有确切的时间点和标准。本迪特教授认为，先例规则的确立，往往不是来自某一个判决，而是当一系列案件获得相似的结果时，我们可以假定法官此时能够达成一种共识，即这种有利于原告的判决结果在此类案件中是正确的判决结果，未来审判此类案件的法官也应当依此作出裁判。然而，人们虽然无法确切地判断持续性案例中的先例规则是在哪一时刻开始产生的，但却可以肯定存在这样一个时刻，我们认为法律规则已经存在，如果某个法官再不理睬过去的判决，仅以特定案件的是非曲直来断案，是不可接受的。“如果法官所作出的判决与司法中所确立的规则相反，他们至少要解释为什么先前判决是错误的。”④

第二种观点认为存在一个开创性的“代表性”案例，“代表性案件”这一概念在德国法律体系的判例制度中具有重要意义。这意味着

---

① 参见［德］卡尔·拉伦茨：《法学方法论》（第 6 版），黄家镇译，商务印书馆 2020 年版，第 449 页。

② 参见吴从周：《试论判例作为民法第 1 条之习惯法：为判例制度而辩护》，载《台大法学论丛》第 39 卷第 2 期。

③ Ingeborg Puppe，Kleine Schule des juristischen Denkens，3. Aufl.，2014，S. 22.

④ ［美］T. M. 本迪特：《论先例规则》，高鸿钧译，载《环球法律评论》1991 年第 3 期。

持续性判例通常是由一个代表性案件开始的。只要持续性判例没有发生根本的转变,代表性案件总是处于主导的重要地位,这一点在仅仅是案情多次重复的持续性判例中最为常见,有时会被称为“持续性判例的代表性案件”。如果一个持续性判例被终止或变更,则相应会有“终止判决”或“变更判决”的称谓。如果这些案件形成了一个新的持续性判例,其也就同时成为了新的持续性判例的代表性案件。多个案例能够被综合成一个持续性判例是有特殊意义的。联邦普通法院关于民主德国国防委员会的刑事责任的判决就代表了这种情况。一则判例能否成为代表性案件不仅取决于其重要程度,还取决于对法律进行解释和适用的法律共同体。数量庞大的案件中只有少量能够引起人们的注意并被铭记。而从那些从未停止流动的大量判决中挑选一个作为代表性案件,既需要理解其中哪些具有重要性,同时也要降低复杂性。典型的代表性案件比如德意志帝国法院作出的癖马案判决,就是以个案的形式最早获得关注和认可的,进而获得持续性的遵守,那么这个判决从产生之初就具有先例约束力,这种判例具有确切的开始时间。代表性案例的另一个例子是联邦普通法院在审理民主德国安保委员会的成员指示士兵恣意屠杀逃亡者时的刑事责任问题。此时问题的关键在于民主德国最高军事指挥成员能否被视为间接犯,即作为肇事者隐藏在作为直接肇事者的一般士兵之后,或者这样一种弱意义上的参与是否妥当。联邦普通法院认为这引发对民主德国最高军事指挥官的直接作案的一种确认。这被简化为一项基本规则和一个明确的例外条款,[①]以至于这一持续性判例如今表明了一个明确且相对明晰的方向。如今,在整个判例群中,这一合成判例具有最重要的地位。[②]

2. 持续性判例与单一判例的效力区别

单一判例和持续性判例之间的约束力或所获得的论证支撑是有区别的。持续性判例在法律约束力的强度上要高于单一判例,有时一

---

① BGHSt 40,218(236).

② See Robert Alexy & Ralf Dreier, Precedent in the Federal Republic of Germany, in D. Neil MacCormick & Robert S. Summers eds., Interpreting Precedents: A Comparative Study, Aldershot: Ashgate/Dartmouth, 1997, p. 23.

系列判例就被称为持续性判决[①]。这类持续性判例通常的表现方式是缩写“st. Rspr”。联邦普通法院既包括“持续性裁判”,也会有“最高法官已确定(gefestete)裁决”,“已确立”判决与“持续性”判决之间的区分并不明确,主要的区别是产生时间的长短与是否经受司法的长期检验。正如前文所说,只有例外情况下才允许对其进行偏离。[②]

第一种是“仅仅多次重复”的判例。通常而言一个单独的判决仅有非常微弱的约束力,因为单独一个判决很难获得大量的信任。但存在例外的情形,比如当一个判决具有非常重要的意义,并且其内容被相关群体所熟知。相关的判例如帝国法院的“(债权)升值判决”(Aufwertungsentsheidung,RGZ 107,78)。

该案基本案情是:债权人系房屋所有人,1913 年时以 13,000 马克将其抵押,该债权在 1920 年 4 月 1 日到期,债权人在银行评估后认为应当返还 18,980 马克。被告以德国马克属于债权发生时德属西南非洲(1884—1915 年)法定货币为由,拒绝重新评估。

该案裁判要旨是:(1)抵押贷款的债权人可否因德国马克币的急剧贬值,而主张重新评估自己的地产抵押债权(Hypothekenforderung)?特别是当对方仅依照票面价格支付债务时,能否拒绝发放清偿同意书(Löschungsbewilligung)及返还抵押权证?[③] (2)帝国纸币和收据在当时的德属西南非洲是否属于法定货币?

如果后来多个法院都如此裁判,则司法一致性原则和信赖保护原则的权衡性影响就提高了,因为对法律事务的信任增加了。[④]

联邦宪法法院也有类似的例子,在判决中声称政党在关于其宪法地位的纠纷中不允许提起本来对任何人都开放的宪法诉愿,而只能启动一个对宪法机构的“机关争议”的诉讼程序(联邦最高机关之间的一种宪法争议)。联邦宪法法院在 1991 年的一个判决中明确表明:“根

---

① 德文 ständige Rechtsprechung 含有“一贯之判决”“持续性判决”“持续性判例”等含义,为前后统一,本报告中统一译为“持续性判例”。

② BGHZ 85,64(66).

③ RG,28. 11. 1923-Ⅴ 31/23.

④ Vgl. Daniel Effer-Uhe, Präjudizienbindung, Rechtssicherheit und Vertrauenschutz, in: Jahrbuch des Öffentlichen Rechts der Gegenwart, Neue Folge/Band 68,2020,S. 56.

据联邦宪法法院的持续性判决,政党在关于其宪法地位的方面——如《德国基本法》第 21 条第 1 款规定的那样——只能由宪法机关提起机构争议的程序。”[①]在此法院甚至没有努力去追溯到 1965 年的“代表性判决”。要想寻找初始的判决则要去找到最初的引用[BVerfGE 82,322(335)],这可以被视为对代表性判决的一次间接适用。

第二种是不仅被多次适用,而且联邦宪法法院明确地对判例予以确认。后者的约束力高于仅仅被多次运用的判例。典型的例子是联邦宪法法院 1989 年的“森林骑马案”裁定,在该案中,法院分析了在森林中骑马是否属于《德国基本法》第 2 条第 1 款规定的“保护人格自由发展”这一问题,[②]该案回应了联邦宪法法院的一贯判决:“联邦宪法法院的大量裁决发展了对《德国基本法》第 2 条第 1 款的行动自由的保护[③];近期判决包含 BVerfGE 74,129(151);75,108(154)。这不仅保护了人格发展的确切范围,而且保护了每个人的人格发展权利,而不问其重要性如何。”[④]这一解释此前曾被学术界激烈讨论。联邦宪法法院援引了两种批评和一些讨论,继而用下列陈述确认了自己的裁决:“源于先前判决中的对于《德国基本法》第 2 条第 1 款保护范围的限制没有正当性。”[⑤]

在这则联邦宪法法院判决中,支持和反对维持持续性判例的争论都非常简短。能够表明法院捍卫其持续性判例并且也对其中的批评意见予以讨论的例子是联邦普通法院 1995 年作出的关于“柏林墙射手案”之刑事责任的判决,其中明确表明“审判庭遵循了其裁决原则”。[⑥] 与“森林骑马案”的判决不同,法官在此判决中将自己作为一个全程参与的讨论者。

明确肯定性地使用判例能为持续性判例提供特别的分量,对于只是多次重复的判例群而言,突然改变司法裁判道路可能会引起惊诧,

---

① BVerfG 82,322(335).

② 《德国基本法》第 2 条第 1 款。

③ 永久性裁决包括 BVerfGE 6,32(36)。

④ BVerfGE 80,137(152f).

⑤ BVerfGE 80,137(154).

⑥ BGH NJW 1995,2728(2730).

而如果突然地改变再辅之以明确的确认将会引起震惊。持续性判例中出现“冲突”(曲折)的情况相对较少,但确实存在。前面提到的联邦普通法院关于间接犯的判决即属此类。对这一趋势的对抗是由通过对该判决的综合形成的持续性判例完成的。在联邦宪法法院关于公共场所宗教标志和宗教活动的判决中也出现了这类反复的特征。无论如何,这样一种由多数决产生的有争议且反复的判决,其先例效果必然更弱。

3. 作为习惯法的持续性判例

近代法典化运动兴起以后,出现了习惯法的空心化趋势。[①] 持续性的司法裁判可以通过变为习惯法的基础,而与制定法产生相同的约束力。[②] 在分析持续性判例群的形成与发展、偏离与修正时,我们可以借用韦伯关于法律规则的产生过程来分析,他认为法律规则的产生和发展往往经历这样的过程:“某种反复实施的行动产生了心理上的‘调适’,它所引发的行为先是构成清晰的习惯,后来被体验到具有约束力;随着意识到这种行为在众多个人间的扩散,它终于作为‘共识’融入人们半自觉或完全自觉的‘预期’中,即预期他人也会有意义相同的行为。最终,这种‘共识性认识’会要求强制执行的保证,由此,它们便与单纯的‘惯例’产生了区别。”[③]随着这些做法成为规范的习俗,而被认为具有约束力,可能会产生某种惰性。但如果这种惰性之上又出现了新的变化,那么革新的根源并不是外部条件的变化,其实际决定性要素毋宁说是人们采取的新的行为路线,它会导致现存法律规则的意义变化,或者导致创设新的法律规则。

因此,判例仅是持续了相当长的时间仍不足以成为习惯法,因为这只能表明该司法裁判具有恒常性——时间因素本就不应被视为决定性因素。习惯法的效力基础在于普遍的法确信,它在持续的实践中

---

① 参见雷磊:《习惯作为法源?——以〈民法总则〉第 10 条为出发点》,载《环球法律评论》2019 年第 4 期。

② 参见[德]卡尔·拉伦茨:《法学方法论》(第 6 版),黄家镇译,商务印书馆 2020 年版,第 543 页。

③ [德]马克斯·韦伯:《经济与社会》(第 2 卷)(上册),阎克文译,上海人民出版社 2010 年版,第 890-896 页。

宣示自身。[1] 也即习惯法的效力来自结合了规律性交往实践与必要确信的规范性实践[2]，具体而言，习惯法有两大构成要素：第一，长时间与反复的惯习（längere und gleichmäßige Übung）；第二，一般人的确信，或者共同体内一般人的法律确信心。后者是区分习惯法和判例的关键所在。习惯法与法院的惯习之间最大的差别在于一般人有没有法意识和法确信的存在。只有司法实践无异议或者近乎无异议地接受还不够，习惯法要求相关的社会各阶层都形成了法的确信，而不是仅仅在法律人中形成确信。[3] 在理论逻辑上，正因为习惯法首先能够成为民众的行为规范，其随之才能成为法官的裁判规范。[4]

然而如何确定这个"一般人的法意识"是否存在则是更严峻的难题。虽然拉伦茨强调，习惯法的效力基础在于"一般人法的确信"，"只有司法界无异议地接受是不够的，它需要的是相关的社会团体对之均有法的确信，而非仅在法律人之间形成法的确信"[5]；但他同时也注意到了这种对于法的确信是否存在是很难判断的，具体的评价标准可能很复杂，比如"相关最高法院的判决在文献上以及在'一般舆论'上是否已经获得完全赞同，抑或仍有反对意见，是否能够迅速被执行，以及能够在多大程度上能与以前表示过的法之确信相符合"[6]。由此，法院判例的"一般人的法律确信心"是否存在以及其判别标准相对比较模糊，重要的判别方式是学界和"公众意见"是否普遍认同相关司法裁判，抑或是对于该判决能否得以迅速贯彻，能在多大程度上与之前已形成的法确信吻合等。

就时间而言，如果一个"持续性判决"长时间未遭到反对并得以遵

---

① 参见[德]卡尔·拉伦茨：《法学方法论》（第6版），黄家镇译，商务印书馆2020年版，第543页。

② 参见雷磊：《习惯作为法源？——以〈民法总则〉第10条为出发点》，载《环球法律评论》2019年第4期。

③ 参见[德]卡尔·拉伦茨：《法学方法论》（第6版），黄家镇译，商务印书馆2020年版，第543页。

④ 参见雷磊：《习惯作为法源？——以〈民法总则〉第10条为出发点》，载《环球法律评论》2019年第4期。

⑤ Karl Larenz, Methodenlehre der Rechtswissenschaft, 1991, S. 433.

⑥ Karl Larenz, Methodenlehre der Rechtswissenschaft, 1991, S. 433.

守，那么，它可以像“习惯法”一样发挥效力，这一点已经是毋庸置疑的了。[①] 问题在于最高法院的判决需要经过多长的时间？在何种范围内能够成为习惯法？因此，结合判例的持续时间、同案同判的要求、基于正确性的说服力以及出于对上级法院的信任，拉伦茨总结出在符合下列条件下最高法院的判决先例可以被认为是一种习惯法：“第一，该判决见解表达出一个已经为交易上所接受的规则；第二，该规则符合一般人普遍的法意识，也就是说一般人不仅预期在法院诉讼时应该遵守该规则，而是进一步地把这个规则，毫不怀疑地当作一个‘法律的要求’。”[②]

人们最早认可通过司法裁判来形成习惯法的场合包括：在极为久远的时候就已经在普遍的法律意识中发现法伦理性原则的具体化，比如帝国法院调整马克币值；联邦最高法院承认一般人格权；而技术性规则领域，比如标的物瑕疵导致合同解除、失效等，则极少被认可为习惯法。[③] 被认可为习惯法的司法裁判有：缔约过失责任、一般人格权、因严重侵害人格权的金钱赔偿。

二、德国判例制度的历史演进

在德国，受社会历史发展的影响，判例经历了若干个历史发展阶段。

(一)13—18世纪

在中世纪，由于神圣罗马帝国的有名无实，德意志地区的每个政治实体都有自己的法律，彼此的法律往往呈现巨大的差异，因此这一时期的德国判例制度也呈现着分散性和多样化的特征。

1. 对判例的汇编

自13世纪以来，人们陆续开始对收集到的法院判决进行收集和

---

① Vgl. Karl Larenz, Über die Bindungswirkung von Präjudizien, in: Festschrift für Hans Schima: Zum 75 Geburtstag, hrsg. V. Hans Fasching, 1969, S. 250.

② Karl Larenz, Allgemeiner Teil des Bürgerlichen Rechts, Fortgef. von Manfred Wolf, 8. Aufl., 1997, § 3 Rn. 43.

③ 参见[德]卡尔·拉伦茨：《法学方法论》(第6版)，黄家镇译，商务印书馆2020年版，第543页。

记录(尽管这一过程是偶尔和有缺漏的),这些判决中往往包含判决时的主要法律理由,并以“判决信笺”(Urteilsbriefe)的形式加以保存,由此作为对法律争议过程的简短回顾,其特点是私人编撰,判决中往往包含判决时的主要法律理由。

也是在这一时期,德意志地区出现了第一个官方案例汇编。[①] 这些判决信笺由高级法院(Oberhof)发布,由下级法院仔细收集和保管,并且判决书本身被作出该判决的高级法院收录进一种特别的“判决集”(Urteilsbuch)。[②]

在帝国法院系统,最初是法院内部的做法,个别帝国法院的法官将其部门对一些疑难、有争议的案例进行私人汇编,以便将来遇到同类型案例时方便取用和参考。[③] 从判例发挥的作用来看,帝国法院的判例未能阻止帝国内法律的不断分裂和促进法律在德国的统一。[④]

在中世纪,德意志地区的每个政治实体都有自己的法律体系和判例汇编的实践,呈现巨大的差异。在各个法律体系内部,法院判决的记录、收集和公开的不充足,显著影响了判例的效力范围。直到13世纪,大多数判决只是极偶尔记录法律命题,比如当事人的诉求和利益,并不记录案件事实和判决理由,从而呈现出非常原始的模式。[⑤] 而且由于没有充分的公开,使得判例汇编的作用并没有得到很大的发挥。

到16世纪后半叶,帝国法院开始发布一系列判例,立刻在整个德

---

① Vgl. Otto Stobbe, Geschichte der Deutschen Rechtsquellen, 1. Band, 1860, S. 278-279.

② Vgl. Heinz Weller, Die Bedeutung der Präjudizien im Verständnis der deutschen Rechtswissenschaft - Ein rechtshistorischer Beitrag zur Entstehung und Funktion der Präjudizientheorie, 1979, S. 32.

③ Vgl. Heinz Weller, Die Bedeutung der Präjudizien im Verständnis der deutschen Rechtswissenschaft-Ein rechtshistorischer Beitrag zur Entstehung und Funktion der Präjudizientheorie, 1979, S. 46.

④ Vgl. Heinz Weller, Die Bedeutung der Präjudizien im Verständnis der deutschen Rechtswissenschaft - Ein rechtshistorischer Beitrag zur Entstehung und Funktion der Präjudizientheorie, 1979, S. 36.

⑤ Vgl. Otto Franklin, Das Reichshofgericht im Mittelalter, 2. Band, 3. Buch, 1869, S. 198, 276.

国产生巨大影响。[①]

2. 关于判决理由的公开

在如今占据主流的法治原则的引导下，人们会天然地认为判例应当在法院判决的说理中向当事人公开，而无须特别的申请。同样，将筛选后的判决在官方或者私人判决汇编集中公开也是常见的举措，其目的在于加深相关群体对高级法院判决的了解和信任。但是，在公开印刷的特定判决汇编中向当事人以及其他公众告知判决的理由，实际上却是现代的成就，这一做法是在19世纪后的德国的一些地区才开始实施。而此前的司法观念则认为：对判决理由的撰写和发布将使得对判决的实质检验和批评成为可能，而对理由的知悉恰恰是当今后出现相同或者类似的法律问题待法院判决时，能够保障判决可预见性和能够作出判决的关键性前提，因为先例的司法造法和判决理由的阐明是不可分离的。[②]

在判例汇编中关于判决理由的公开方面，神圣罗马帝国和各邦国的历史发展有所不同。一方面，在帝国法院（Reichtskammergericht）和帝国议会（Reichtshofrat）中，帝国立法机构承担向特定的法官群体告知判决理由并且将反对意见进行公开的职责。1555年《帝国法院法》（Reichtskammergerichtsordnung）已经规定在议会草案中将所有由帝国法院做出的判决进行登记，并且在陪审出现不同法律观点时对判决的主要理由进行记录。虽然经过多次变革，但是所有这些规定的目的都是进行内部控制，包括对法官的内部控制或者通过对法院的审查进行控制，从而避免腐败等问题的出现。[③] 但是判决理由对当事人是不公开的，需要当事人自己猜测。在这种原则之下，只有极少数的例外情

---

① Vgl. Heinz Weller, Die Bedeutung der Präjudizien im Verständnis der deutschen Rechtswissenschaft-Ein rechtshistorischer Beitrag zur Entstehung und Funktion der Präjudizientheorie, 1979, S. 47-48.

② Vgl. Heinz Weller, Die Bedeutung der Präjudizien im Verständnis der deutschen Rechtswissenschaft-Ein rechtshistorischer Beitrag zur Entstehung und Funktion der Präjudizientheorie, 1979, S. 17.

③ Vgl. Heinz Weller, Die Bedeutung der Präjudizien im Verständnis der deutschen Rechtswissenschaft-Ein rechtshistorischer Beitrag zur Entstehung und Funktion der Präjudizientheorie, 1979, S. 18.

况,会在有限的范围内对当事人告知理由。[①] 而法官和陪审团有义务对所有涉及判决公开的法院内部程序、投票以及决定的理由进行保密。

另一方面,在各邦国法院法庭中,与帝国立法机关对判决理由公开长时间采取反对或者抵制的态度相反,各邦国对于向当事人和公众公开判决的理由这一进程在百年来不停变化。[②] 16 世纪的各邦国法院法和程序法中,有的完全没有回应这一问题,有的包含类似帝国立法机构的相关规定,即判决书中的主要理由只对法院内部公布,对当事人保密。此类规定体现在不伦瑞克-吕内堡 1559 年《帝国法院法》(Hofgerichtsordnung)、美因茨 1516 年《帝国法院法》、策勒 1654 年《帝国法院法》等。[③] 从 17 世纪开始,个别邦国允许当事人阅读案卷中的判决理由,如符腾堡州法 1610 年和柏林法院法 1709 年的审判庭庭法(Kammergerichtsordnung)等。[④] 到 18 世纪则出现一系列德国邦国将说理作为法院判决的义务,并且赋予当事人阅读判决理由的权利。这一现象最早出现在萨克森王国地区,如前波莫瑞-吕根(1707 年),但一直到 1781 年普鲁士才作出相应的规定。[⑤] 这也相应导致了判决成本的提高,并且将判决分割为两种,即有遵循先例(rationes decidendi)的判决和对理由有所怀疑(rationes dubitandi et decidendi)的判决两

---

① Vgl. Heinrich Gehrke, Die privatrechtliche Entscheidungsliteratur Deutschlands. Charakteristik und Bibliografie der Rechtsprechungs-und Konsiliersammlung vom 16. bis zum Beginn des 19. Jahrhunderts, in: Jus Communesonderheft 3, 1974, S. 25.

② Vgl. Heinz Weller, Die Bedeutung der Präjudizien im Verständnis der deutschen Rechtswissenschaft-Ein rechtshistorischer Beitrag zur Entstehung und Funktion der Präjudizientheorie, 1979, S. 20.

③ Vgl. Heinrich Gehrke, Die privatrechtliche Entscheidungsliteratur Deutschlands. Charakteristik und Bibliografie der Rechtsprechungs-und Konsiliersammlung vom 16. bis zum Beginn des 19. Jahrhunderts, in: Jus Communesonderheft 3, 1974, S. 27.

④ Vgl. Heinrich Gehrke, Die privatrechtliche Entscheidungsliteratur Deutschlands. Charakteristik und Bibliografie der Rechtsprechungs-und Konsiliersammlung vom 16. bis zum Beginn des 19. Jahrhunderts, in: Jus Communesonderheft 3, S. 29.

⑤ Vgl. Heinrich Gehrke, Die privatrechtliche Entscheidungsliteratur Deutschlands. Charakteristik und Bibliografie der Rechtsprechungs-und Konsiliersammlung vom 16. bis zum Beginn des 19. Jahrhunderts, in: Jus Communesonderheft 3, S. 29-30.

种,如勃兰登堡。[①] 与之相对应,同一时期仍有一些地区通过程序性规定明确反对将判决理由公开,如不来梅(1751)、巴伐利亚(1753)、黑森(1785)和卡塞尔(1797)。[②] 在巴登-符腾堡石勒苏益格-荷尔斯泰因,直到19世纪,告知或者公开判决理由仍然不常见。[③] 此地区没有通过立法规定要求法院对当事人和公众公开判决理由,其根源也在于18世纪之前在实践中形成的对判决理由公开的抵触情绪。直至18世纪,公开的学术讨论才使得这一观点发生转变,其中的一些重量性的观点在今天看来则带来了统一司法适用、实现司法一致性的成果。[④] 而且,在中世纪对司法判决文献的大量公开,以及各邦国出现的对判决理由和公开具有敌意的"秘密规定"(Geheimhaltungsbestimmung),客观上提高了判例的编辑的选编水平。[⑤]

3. 关于判例约束力的程度问题

在德国中世纪的法学研究中,是将法院判例的约束效力视为具有合法性的。其中,罗马法对德国的影响主要参见 Corpus Iuris 和 Cod. Iust. 7,45,13。而来自其他方面的教义学影响,比如帝国立法中习惯性的、法官的判例的效果归功于下列规定:比如,1570 年的"斯普莱尔法汇纂"(Spreyrer Rechtsabschied)第 77 条、1654 年的"雷根斯堡法汇纂"(Rechtsabschied)第 136 条、1713 年的"检查法汇纂"(Visitationsabschied)第 84 条;在各州的立法中代表性的是 1661 年的萨克

---

① Vgl. Adolf Stölzel, Die Entwicklung der gelehrten Rechtsprechung, untersucht auf Grund der Akten des Brandenburger Schöppenstuhls, Band1: Der Brandenburger Schöppenstuhl, Berlin: Vahlen, 1901, S. 517ff.

② Vgl. Heinz Weller, Die Bedeutung der Präjudizien im Verständnis der deutschen Rechtswissenschaft-Ein rechtshistorischer Beitrag zur Entstehung und Funktion der Präjudizientheorie, 1979, S. 20.

③ Vgl. Heinrich Gehrke, Die privatrechtliche Entscheidungsliteratur Deutschlands. Charakteristik und Bibliografie der Rechtsprechungs-und Konsiliersammlung vom 16. bis zum Beginn des 19. Jahrhunderts, in: Jus Communesonderheft 3, S. 30.

④ Vgl. Heinz Weller, Die Bedeutung der Präjudizien im Verständnis der deutschen Rechtswissenschaft-Ein rechtshistorischer Beitrag zur Entstehung und Funktion der Präjudizientheorie, 1979, S. 20-21.

⑤ Vgl. Heinz Weller, Die Bedeutung der Präjudizien im Verständnis der deutschen Rechtswissenschaft-Ein rechtshistorischer Beitrag zur Entstehung und Funktion der Präjudizientheorie, 1979, S. 111.

森宪法①。

在法学理论方面,中世纪即便在判例理论最核心的部分存在共识,但对于判例的法律意义、地位和约束力的看法是存在分歧的。② 判例汇编的作者和编者对于司法判例具有法定效力范围持有一种更积极的认知趋势。只要这些司法汇编的作者和编者确认了法院习惯的法律性质,那么也就拒绝了判例在未来同等案件中的僵硬的拘束力:一个曾在判决汇编中出现过的过去的判例想要获得遵循,其理由必须具有说服力。一个判例如果要在未来同类案件中获得遵循,必须要呈现合理性(rationalität)和与法律的一致性(Kongruenz)。然而,此时"遵循判例"这一印象其实也并不准确,因为法院依据法律作出的法律涵摄,并不能有助于讨论判例的约束力问题,而是在同一的法律问题再次出现时的进一步确证:借助法律和逻辑获得的法律解释结果是否与之前的一样。

总之,后案的法官至少受限于将判例汇编的使用和价值作为在未来法律事务中的建议和劝导。判例在未来同类型案件中的约束力并非法律意义上的,而是一种与权威(autorität)有关的问题,涉及论证的可信性、编者的出身与个人见解,以及法院的情况,这些都是最重要的因素。③

(二)法典化前后

虽然在中世纪,神圣罗马帝国与各邦国始终采取不同的法律发展模式,但是1806年神圣罗马帝国的解体终结了至此为止帝国法院所保持的至少在"形式上"的德国法律统一。④ 各邦国的最高法院迫不

---

① Vgl. Heinz Weller, Die Bedeutung der Präjudizien im Verständnis der deutschen Rechtswissenschaft-Ein rechtshistorischer Beitrag zur Entstehung und Funktion der Präjudizientheorie, 1979, S. 58-59.

② Vgl. Heinz Weller, Die Bedeutung der Präjudizien im Verständnis der deutschen Rechtswissenschaft-Ein rechtshistorischer Beitrag zur Entstehung und Funktion der Präjudizientheorie, 1979, S. 60.

③ Vgl. Heinz Weller, Die Bedeutung der Präjudizien im Verständnis der deutschen Rechtswissenschaft-Ein rechtshistorischer Beitrag zur Entstehung und Funktion der Präjudizientheorie, 1979, S. 48.

④ Vgl. Heinz Weller, Die Bedeutung der Präjudizien im Verständnis der deutschen Rechtswissenschaft-Ein rechtshistorischer Beitrag zur Entstehung und Funktion der Präjudizientheorie, 1979, S. 78.

及待地取代帝国法院在本邦国原来的地位，获得本地区最高司法机关的地位。而各地最高司法机构的意义的提升，使得各邦国司法判例汇编大量增加。[①] 但是由于在德国的理性观念和自然观念中，人们认为存在一种永远有效、确定的"自然"法律秩序，因此在各邦国之间往往仍然能够保证法律的确定性和司法的一致性。[②] 汉诺威判例法（1838年9月7日）序言中称："由于新时期越来越多的法院对争议法律问题的理解，导致臣民对法律不确定性的恐慌，因此为了避免对法律的误解，也为了高级法院的判例对今后同等案例的法律适用相一致，制定本法……"[③]相应的观点在巴伐利亚和普鲁士等地区也有所规定。[④]

另一些值得注意的事件包括，国家统一进程下的法律汇编对判例的影响。虽然法律汇编本身对于司法判例没有直接的意义，但是对于加深普通民众对判例的理解起到重要的影响，即使得法律实证主义中漏洞填补的观念以及法官对法律的紧密约束观念在这一过程中都更加深入人心。[⑤]

在德国法制史上，继受罗马法与实现法典化被认为是两个最重要的事件[⑥]。判例制度在德国的发展也与这两个事件有密切的联系。德国成为以法典为主要法的渊源的民法国家这一传统可以追溯至中世纪后期对罗马法的继受。然而继受他国法律必然要与本国法律人的实践结合起来，由于当时的德国没有自己的制定法，因此在面临"如何将罗马法使用于德国生活"这一难题时，法律人在实践中逐步总结出

---

① Vgl. Heinz Weller, Die Bedeutung der Präjudizien im Verständnis der deutschen Rechtswissenschaft-Ein rechtshistorischer Beitrag zur Entstehung und Funktion der Präjudizientheorie, 1979, S. 78.

② Vgl. Heinz Weller, Die Bedeutung der Präjudizien im Verständnis der deutschen Rechtswissenschaft-Ein rechtshistorischer Beitrag zur Entstehung und Funktion der Präjudizientheorie, 1979, S. 82.

③ Otto Rudorff, Das hannoversche Privatrecht, Hannover 1884, S. 6-7.

④ Vgl. Heinz Weller, Die Bedeutung der Präjudizien im Verständnis der deutschen Rechtswissenschaft-Ein rechtshistorischer Beitrag zur Entstehung und Funktion der Präjudizientheorie, 1979, S. 83-85.

⑤ Vgl. Franz Wieacker, Privatrechtsgeschichte der Neuzeit unter besonderer Berücksichtigung der deutschen Entwicklung, 2. Aufl., 1967, S. 35.

⑥ 参见何家弘主编：《外国司法判例制度》，中国法制出版社2014年版，第165页。

通过判例来规范法官司法裁量权的做法。在这一背景下,17—18 世纪判例在德国扮演了很重要的角色。[①] 这期间出版过大量的判决汇编。以至于到了 19 世纪普鲁士等地甚至还曾发起过对“判例崇拜”[②](Präjudizienkult)的声讨。因此,在完成本国的法典化之前,德国法律体系中的很多最重要的部分都是以判例法的形式出现和得以表达的,也即由具体的判决产生出法律原则。[③]

判例在德国的出现和发展过程也与法律发展的基本规律相吻合。

关于各邦国最高法院的持续性判决,一般被认为只要其不具备习惯法的性质,就不具有约束性。但是,在 19 世纪上半叶,通过一系列判例法,对各邦国最高法院判例的正式认可,通过直接或者间接的方式使得司法受限于最高法院的判例。这一在普鲁士时期发展起来的对最高法院判例的间接约束,在帝国统一后成为了帝国的一个主要原则,至今仍然有影响。[④]

随着 19 世纪 70 年代德国国家统一后《德国法院组织法》(Gerichtsverfassungsgesetz,1879)的出台,各州的判例法(Prajudizialgesetze)随之退出历史舞台,也失去了其所支持的各邦国的法学作为理论基础。[⑤]然而,历史法学派对判例的理解,既不是基于罗马法,也非各邦国的法律规定,萨维尼和普赫塔认为法律并不是理性(Vernunft)和自然法的化身,即不是国家立法者的理性产品,而是一个民族基于共同生活形

---

① See Neil MacCormick & Robert S. Summers eds., Interpreting Precedents: A Comparative Study, 1997, p. 40.

② 关于 Präjudizienkult 的理解可以参见 Hans Heinrich Rupp, Die Bindung des Richters an das Gesetz, NJW 1073, 1769。文中对“判例的迷信”论述如下:“如果有人将所罗门王式的人物作为法律王国的主人,并且将其判决作为唯一具有正当性的法的渊源,那么此时的问题不只是在制定法,而且在法学研究领域都给予判例一个并不恰当的角色:法学将止步于判例的迷信,其任务完全在于将所有司法判决进行汇编并供精细挑选。”

③ Vgl. Reinhold Zippelius, Rechtsphilosophie, 5. Aufl. 2007, S. 96.

④ Vgl. Heinz Weller, Die Bedeutung der Präjudizien im Verständnis der deutschen Rechtswissenschaft-Ein rechtshistorischer Beitrag zur Entstehung und Funktion der Präjudizientheorie, 1979, S. 111.

⑤ Vgl. Heinz Weller, Die Bedeutung der Präjudizien im Verständnis der deutschen Rechtswissenschaft-Ein rechtshistorischer Beitrag zur Entstehung und Funktion der Präjudizientheorie, 1979, S. 93.

成的非理性(irrationale),即民族精神。[①] 民族精神是一种看不见的、具有创造性的力量。因此作为民族的法,其形式应该包含法律、习惯法和法律科学。[②] 此时法律规定的内容就被视为民族的法律的直接产物,因为立法者是一个国家与其精神的交接点。

德国历史法学派代表人物萨维尼反对其同时期的实证法学派所主张的法的产生就是基于"主权者的命令"这一观点,强调"民族精神"作为其内生动力,司法判决、习惯乃至习惯法都恰恰是这种民族精神得以表达的重要载体。这也佐证了马克斯·韦伯在回答"新的法律规则是如何产生的"这一问题时的观点。

马克斯·韦伯认为:虽然在现时代新的法律规范通常以立法形式产生,即按照特定的宪法要求有意识地制定法律,但这显然不是最早的立法形式,甚至在经济或社会已经错综复杂的发达社会中,也不是常规形式,[③]法律的发展演进在历史上往往是司法实践长期积累的产物,比如英国的"普通法"和德国的"习惯法"。因此,马克斯·韦伯认为新的法律规范有两个基本来源:一个是某些共识性认识,特别是目的性协议的标准化(更像商业惯例);另一个就是判例。[④]

在近代德国法典化完成后,主要是自1871年德国统一以来,随着《德国刑法典》《德国民法典》等成文法典的颁布,德国判例制度的发展主要经历了帝国最高法院时期、"二战"后英占区高等法院时期以及联邦法院时期三个阶段,判例的角色也逐渐发生着转变。

自1896年《德国民法典》颁布后,历史法学派在德国之影响告一段落,德国法律的方法论逐渐被概念法学所取代[⑤],慢慢转向对如何解释和适用法律的探讨。因此,判例的传统在20世纪的德国经历了两

---

① Vgl. Friedrich Carl von Savigny, System des heutigen römischen Rechts, 1. Band, 1840, S. 33.

② Vgl. Georg Friedrich Puchta, Das Gewohrheitsrecht, Ⅰ/Ⅱ, 1965, S. 138ff.

③ 参见[德]马克斯·韦伯:《经济与社会》(第2卷)(上册),阎克文译,上海人民出版社2010年版,第890页。

④ 参见[德]马克斯·韦伯:《经济与社会》(第2卷)(上册),阎克文译,上海人民出版社2010年版,第896页。

⑤ Vgl. Oscar Adolf Germann, Präjudizien als Rechtsquelle, Eine Studie zur den Methoden der Rechtsfindung, 1960, S. 12.

个主要变化。

一是用词的变化。在学术著作中,原本与英美判例(precedent)具有相同词源的“判例”(Präjudizien)逐渐被“法律者法”(Richterrecht)一词所替代,后者在德语语境中强调了一种事实层面上法官在司法实践中形成和凝结的一种法律传统,而不似“判例”给人与普通法系判例制度之间天然的联想,由此“法律者法”有了自己的语境和研究对象。

二是关于判例的理论研究逐渐减少,实证法学者将判例以及判例制度视为是自然法的隐匿形式。

这一阶段影响最大的是贝尔哈特·温德沙伊德,他认为法的渊源只有两种:制定法和习惯法。一个判决只有在满足了习惯法的要求时才能成为法的渊源(longa consuetudo, opinio necessitatis)。因此,一个判决的权威性和实践效力来自其判决理由的质量。① 此后,判例常被一些学者以法院惯例(Gerichtsgebrauch)的名义和形式而划归在习惯法之下,②与之对应的是判例的效力被理解为一种事实约束力,其作用侧重于对成文法的漏洞填补和法外空间的探讨③,这一派观点成为了德国学界最主流的通说。

(三)帝国法院时期和英占区高等法院时期

现代德国作为民法法系国家的代表,以成文法作为主要法的渊源。在19世纪末德国整个成文法律体系形成之后,人们受法律实证主义和概念法学的影响,一度认为法典是完善的,一切法律问题均可以依据现行法律规定,通过逻辑推理获得解决。与此同时,受到其理论的影响,人们普遍认为法院只有司法权,没有立法权,法官必须严格受制于法律,不得逾越。④ 然而,随着社会形势的发展变化,法律的滞

---

① Vgl. Bernhard Windscheid, Lehrbuch des Pandektenrecht, Vol. 1, Frankfurt a. M: Rütten und Loenig, 1891, S. 16, 22.

② 参见 Oscar Adolf Germann, Präjudizien als Rechtsquelle, Eine Studie zur den Methoden der Rechtsfindung, 1960, S. 45。

③ 依据卡尔·拉伦茨的观点看来,并非判例本身,而是其中被正确解释和具体化的规范(Norm)才具有约束力。Karl Larenz, Methodenlehre der Rechtswissenschaft, 5. Aufl., 1983, S. 412; 关于其判例效力的观点另见其文章:Karl Larenz, Über die Bindungswirkung von Präjudizien, in: Festschrift für Hans Schima: Zum 75 Geburtstag, hrsg. v. Hans Fasching, S. 247。

④ 参见何勤华主编:《德国法律发达史》,法律出版社2000年版,第52页。

后性问题逐渐展现,适用法律首先需要对法律进行解释。正如考夫曼所说,“制定法的不完备性,并不是一种缺陷,而是一种先验且必然的结果……自身封闭、完备、无漏洞、明确的制定法将使得法律的发展陷入停滞状态”[①]。固守成文法典既不明智,也无法适应社会发展的需求。因此德意志帝国法院开始改变态度,弹性解释法律,作出了许多情势变更的基本判决。

也正是由于德国近代的主要法典和法律理论体系大多是在德意志帝国时期确立的,因此帝国法院作出的很多对法律进行解释和续造的判例至今仍具有重大的作用。[②] 其中的典型代表当属 1897 年德意志帝国莱比锡法院的癖马案判例(1897 年)。该案件由德意志帝国法院第四刑事部作出,被称为癖马案,该判决为“期待可能性”理论的产生提供了契机。该案件的被告是受雇于马车店的马夫,以驭马为生。因马有“以尾绕缰的恶癖”,极其危险。被告此前曾要求雇主换掉该马,遭到了雇主的驳斥,并且被雇主以解雇相威胁。当该马恶癖发作时,被告无法控制,使得该马狂暴而撞伤了路人。依据当时的《德国刑法典》规定,被告应负有过失致人伤害罪。但原审法院和二审法院均宣告其无罪,驳回了检察机关的抗诉[③]。法庭提出的主要判决理由在于:判断是否属于违反义务的过失责任,不仅应当考察被告是否具有认识到危险存在的可能性,而且还要考虑能否期待被告排除这种危险。被告因生计所迫,很难期待其放弃职业拒绝驾驭该马,故被告不负过失伤害罪的刑事责任。由这则判例衍生出一条新的法律原则:“假如行为人为违法行为时存在着为合法行为的可能性,此时具有期待可能性,行为人应当对违法行为承担责任;反之,如果不存在为合法行为的可能性,就不具有期待可能性,行为人就不应承担责任。”[④]这也是对“法不强人所难”这一古老法律原则的具体应用。在本书第四章中还有对于帝国法院时期刑法判例的援引使用的例子。

---

① [德]阿图尔·考夫曼:《法律哲学》(第 2 版),刘幸义等译,法律出版社 2011 年版,第 113 页。

② 参见范剑虹:《德国法研究导论》,中国法制出版社 2013 年版,第 276 页。

③ 参见何勤华主编:《德国法律发达史》,法律出版社 2000 年版,第 439 页。

④ 参见何勤华主编:《德国法律发达史》,法律出版社 2000 年版,第 439 页。

“二战”之后,盟军将德国暂时划分为四个区域进行分别治理,其中的英占区、美占区在1945—1950年曾短暂地施行普通法,在此期间,英占区法院颁布的判例在所辖区域内具有正式的约束力。

(四)联邦法院时期

第二次世界大战期间,由于纳粹法律所展现出的立法专断摧毁了德国法治传统,更给德国人民带来了巨大灾难,“二战”之后德国人民试图从司法权中寻找突破口来实现公权力之间的均衡和抗衡。

一方面,于1951年成立的德国联邦宪法法院在为公民基本权利提供保障措施方面,要求该法院判决之效力高于那些与“基本法”相抵触的法律。另一方面,1952年成立了德国联邦最高法院,它在继承帝国法院弹性解释法律、创制法律原则之传统的同时,鉴于社会之需要,更加积极大胆地创造法律原则,比如在民法上创立一般人格权①。由此,“二战”以后经历了纳粹之殇的德国试图通过《德国基本法》和联邦宪法法院的制度设计弥补此前在人权保护方面的过失和不足,正因如此,联邦宪法法院的判例又与其他法院系统的判例效力有所区别:“在基本法的使用范围内,法律者法是一种事实”②,联邦宪法法院也视其为“现代国家不可或缺的”③。

在其他法律领域,判例在当今德国的影响也呈上升趋势,恩吉施做了一个恰到好处的总结,“今天的情况是,法院和行政机关受制定法的约束虽然不是大规模地被松动,一如本世纪(注:20世纪)初所谓的‘自由法学派’认为它是不可避免的和正确的,但是仍然以我们的方法论思考必须转向新的道路这一方式被松动了”④。总体而言,在法典化完成以后,德国等民法法系国家的司法判例主要是随着成文法的局限性被人们所认知,随着法官自由裁量权的相对扩张而发展起来的⑤。

---

① 参见何勤华主编:《德国法律发达史》,法律出版社2000年版,第53页。

② Friedrich Müller, Richterrecht-Elemente einer Verfassungstheorie Ⅳ, 1986, S. 9.

③ BVerfGE 65, 182ff. (Sozialplan im Konkurs), 190. 破产中的劳资协定。

④ [德]卡尔·恩吉施:《法律思维导论》(修订版),郑永流译,法律出版社2014年版,第131页。

⑤ 参见何家弘主编:《外国司法判例制度》,中国法制出版社2014年版,第25页。

第二章　判例在德国的法源地位

判例的法源地位涉及三方面的问题:第一,对于德国司法裁判而言,判例拥有何种拘束力?第二,不同判例的拘束力是否存在程度差别?判决拘束力的大小受哪些因素的影响?第三,在德国司法实践中,判例可以拘束哪些主体?它分别以何种方式拘束这些主体?这三个问题分别涉及判例的性质、判例的分量和拘束的对象。

一、性质论:判例拥有何种拘束力?

(一)实务意见

在德国的司法实务中,判例的拘束力与其类型有关,而判例的类型又与德国的司法体制(详见本书第四章)相关。德国的法院系统包括宪法法院、普通法院、行政法院、财税法院、劳动法院和社会法院六套法院系统。除了宪法法院外,普通法院与专门法院系统中的联邦一级法院都构成了相应州一级法院的上诉法院。所以,德国的"最高法院"实际上并不是一家,而是包括了联邦宪法法院、联邦最高法院、联邦行政法院、联邦财税法院、联邦劳动法院、联邦社会法院六家。它们所作的判决均可被视为"最高判例"。

这些"最高判例"的法源地位包括两种情形:

（1）联邦宪法法院的判例具有正式拘束力。[①] 根据《宪法法院法》第 31 条第 1 款，联邦宪法法院的判决对于联邦所有宪法机关、州以及所有法院和机构有效。《宪法法院法》第 31 条第 2 款还规定，在重大的案件中，特别是法院判决法律规定无效的案件中，这些判决具有与制定法同等的效力。该约束力将扩展至全体公民，具有了对全体的约束力。联邦宪法院的判例被登载在《联邦制定法年鉴》上公布，甚至对于所有公民均有拘束力。所以，联邦宪法法院的判决对于下级法院来说无疑具有严格拘束力，假如下级法院不遵从联邦宪法法院的判决，那么下级法院的判决就将是非法的，也应当在上诉中被推翻。因为在基本法的设计下，联邦宪法法院和立法机关共同承担了将法治国从概念转换为具体法律规范行为模式的任务。两者之间存在合作关系。就宪法实践的程序而言，立法者是第一解释者，司法者是第二解释者。宪法法院通过对普通立法进行规范审查（违宪审查），等于被赋予了"消极立法"的权力。[②] 当然，联邦宪法法院并不受自己判例的拘束，它可以基于实质理由偏离先前的判决。《德国基本法》第 20 条第 3 款要求司法受"制定法和法律"的约束，由于这一条款，联邦宪法法院不需要服从判例的约束，因此偏离这些判例原则上并不属于违背《德国基本法》第 20 条第 3 款的行为，"他们对于超过案件本身的效力主张仅仅是基于对其判决理由说服力的确信以及基于法院权威与能力"。[③]

（2）所有其他的"最高判例"都不具有正式拘束力。不可否认，先例在德国法院扮演着重要角色。它们在各家最高法院的大部分公报判决中被援引。假如要偏离法院自己的判例，它就要获得普遍认可和进行实质证立。关键的问题在于，这种实践说明判例具有什么样的拘束力？

---

① 有学者指出，联邦宪法法院的判例拥有三重裁判效果，即既判力（Rechtskraft）、拘束效果（Bindungswirkung）和法律效力（Geseteskraft）[Knut Nörr, Zur Bindungswirkung von Entscheidungsgründen: das Beispiel des deutschen Budnesverfassungsgerichts, in: W. Hamilton Bryson/Serge Dauchy (Hrsg.), Ratio decidendi: Guiding Principles of Judicial Decisions, 2006, S. 274-275]。

② 参见沈有忠：《德国再起》，台北，新学林出版股份有限公司 2018 年版，第 133、136 页。

③ BVerfGE 84, 212(227).

对此联邦宪法法院与联邦最高法院的观点并不完全相同。根据德国联邦宪法法院的意见，判例可以被视为一种介乎具有法律上的拘束力与不具有法律上的拘束力之间的第三类型，即判例不具有规范意义上的正式拘束力，但又不是没有效力，而是具有一定的指导性或者支持性，能够为判决提供进一步的支持。在联邦宪法法院看来，只有内容上的正确性才能给予判例之力量，所以只要有更好的理由就可以偏离判例，并不需要存在占优势（prevailing）或不可抗拒（compelling）的理由存在。联邦宪法法院曾经指出，最高审级法院的裁判不是制定法，因此不会产生同等的法律拘束力，它们对于超越个案之外的效力只是基于其裁判理由的说服力以及法院的权威和职能。①

但是在联邦最高法院看来，只要判例因时间的经过成为“最高法院的惯常见解”（gefestigte höchstrichterliche Rechtsprechung），其就具有初步的拘束力。用它自己的话来说：“在这些案件中，诸如法的确定性和信赖保护等法律价值应当被前置，且一般要求遵循业已选择的法律发展道路。对于持续性判决的偏离只能以例外的形式出现，即应当有明显重要或绝对压倒性的理由对其予以支持。”②所以一般而言，遵从判例是义务，而偏离判例则是例外。只有当“明显更重要的”理由，尤其是“绝对不可抗拒的”理由出现时，才存在这种例外。这意味着，要想偏离判例就必须承担论证负担。③ 对于联邦普通法院而言，所有这些都与法律的概念或者其他简单的理论问题无关，都是规范性的，事关法律确定性或信赖保护之价值或原则，但如果某个最高法院的判决具有高度的争议，这些价值此时就丧失了重要性。联邦普通法院认为“深远的法教义学质疑和与预期结果的不一致”已经足以在案件中对判例的改变进行正当化了。④ 因为遵从判例意味着法律发展的连续性，而法律发展的连续性承载着法的安定性与信赖保护等重要价值。偏离判例就是对这些价值的破坏。

---

① 参见张倩：《自成一体的德国判例制度》，载《人民法院报》2016 年 2 月 26 日，第 8 版。

② BGHZ 85，64（66）；BGHZ 87，150（155）；BGHZ 125，218（222）.

③ Vgl. Martin Kriele，Theorie der Rechtsgewinnung，2Aufl.，1976，S. 243，247.

④ BGHZ 106，169（174）.

所以,在司法实务中,除了联邦宪法法院判例外,其他判例、包括各家“最高法院”的判例都不被认为具有正式拘束力,但它们也不仅仅像宪法法院所主张的那样,只有内容正确才具有力量。它们至少具有一种“优势性”效力。判决先例对于最高法院之判决有着极大的事实上的重要性,最高法院会高度地趋向于其以前所作成的判决,而且极不愿意作成与判决先例不同的判决,因为此时最高法院犹如以前罗马教会法时代的教皇,对于案件有着最终的决定权威。事实上,德国法院在偏离自己或者上级法院判决时都会引用判例,并且指明判例中具有实质错误的判决理由以及为什么自己的判决更好。在偏离同级其他法院的判决时的做法也通常相似。判例不一致的情况常常会被明确提出,并且通过讨论而使之无效,这也是判例具有“优势性”效力的一个主要原因。

但是除此之外,与学界的某些观点一样,实务界也认为,判例并不独立于制定法之外。判例之所以具有力量,是因为它是对特定制定法的解释,制定法正是通过判例所给定之解释来适用的。在这种意义上,在德国,判例从它们所解释的法源(制定法)那里获得了力量。形式上,起到拘束作用的是制定法;实质上,起到拘束作用的则是判例。[①] 即使是在立法长期不作为而由法官法构成主体的法律领域,比如集体劳动法(尤其是罢工等劳工行动)领域,联邦宪法法院在其判决中也强调:一方面,对结社自由的规制原本属于立法者的任务,只有当立法者不作为时法官才能起到补充作用;另一方面,法官借助于“公认的法律发现方法”从相关法律关系领域的“一般性法律基础”——一般法律原则——那里获得实体法。[②] 这种“借壳上市”的做法实际上相当于否认了判例的独立法源地位。此外,法官造法仅限于私法领域,涉及国家与公民关系的公法领域以及“罪刑法定”原则的刑法领域,法官绝不可从事这种活动,相关判例只能是解释性的。

---

①　参见[德]罗伯特·阿列克西、[德]拉尔夫·德莱尔:《德国法中的判例》,高尚译,载《中国应用法学》2018 年第 2 期。

②　BVerfGE 84,212 (226). 中国学界亦有认为“判例是法律原则的具体化”者,参见王夏昊:《判例在法律适用中的意义与作用》,载《中国政法大学学报》2008 年第 2 期。

（二）学界观点

1. 规范拘束力与事实拘束力

德国学界对于判例性质的理解呈现出更加多元化的局面。这里首先要辨明一对概念，那就是“规范拘束力”与“事实拘束力”。从表述上看，事实拘束力与规范拘束力是相对立的概念，因为前者似乎暗示判例不具有规范性，但不得不在这种范围内被遵从，即它们事实上通常被遵从。德国实务界也包括部分法学者之所以提出“事实拘束力”的说法，主要就是为了说明，最高法院的判例并不具备像制定法那般的规范拘束力，但事实上却被下级法院所遵守。但是，“事实拘束力”的定位在理论上要么是自相矛盾的，要么不具有吸引力。

首先，事实拘束力的上述内涵本身就显得很怪异，因为“拘束力”一词在很多情况下本身就暗示着规范性，而不仅仅是对判例事实上的遵从。当然，从下级法院的角度来说，它的确可以认为，某个判例究竟具有规范拘束力还只是被作为事实上可用的裁判理由，或者说作为制度性权威还是事实性权威，对它来说没太大差别，因为从现实出发两者都是它必须要遵从的。但是，除非我们否认“义务”与“强制”、“被迫”，“法律上应当做的”与“事实上在做的”这些范畴的区分，否则我们通常不会说事实上的遵从就是拘束力。事实上，在法律实践的参与者看来，判例的较弱约束力也可以被视为具有规范性质的，而不仅仅是一种经验上的规律。①

其次，这种观点在理论上也不具有吸引力。事实的拘束力是一个描述性概念，在它背后起支撑作用的实际上是一种描述性的法理论立场。它描述的可以是一种外在事实，也可以是一种内在事实。前者的例子如法社会学者，他们可以用“事实拘束力”这个表述来指涉某种具有统计学意义的外在规律性（行为），假定通过经验观察可以确定法官有规律地去遵从特定类型的判例。后者以心理学法学者为代表，在他们看来，判例的事实拘束力意味着判例实际上扮演着法官之动机

---

① 参见［德］罗伯特·阿列克西、［德］拉尔夫·德莱尔：《德国法中的判例》，高尚译，载《中国应用法学》2018年第2期。

(motivating part)的角色或至少是它的组成部分。[①] 就此而言,在司法裁判中对判例的尊重只具有心理学上的力量。但作为一种实践性理论,更具有意义的视角是对司法裁判的“参与者的立场”[②]或对法律实践的内在理解。这种视角和观点将司法裁判视为寻求理由支持的论证活动,裁判的成立与否取决于裁判所借助的理由能否被证立。事实拘束力这种非规范性概念的不足就在于它将遵从判例的理由摒弃掉了。假如某种做法是由于特定理由而被遵从的,那么这些理由就必然具有规范性。遵从判例的法院必然被认为拥有这么做的理由,否则遵循判例的实践就将是非理性和不可理解的。法官的确通常遵循判例,也感到要去这么做,但之所以这么做或有这种倾向是因为其可以基于可被陈述的规范性理由之上。一种描述性或说明性的姿态无法为司法裁判的这种特性提供任何帮助。[③]

所以,事实拘束力与规范拘束力的对立是一种虚假的对立,因为它们压根不在同一个概念层面上。前者是描述性、说明性、经验性的概念,而后者则是规范性、证立性、应然性的概念。判例的效力或法源地位只能通过规范性拘束力来得到说明,而不能用事实拘束力来指涉,否则的话就会导致另一类范畴错误:从“是”(is)推导出“应当”(ought),从“实效”(efficacy)推导出“效力”(validity)[④]的错误。

此外,规范拘束力并不等同于法律拘束力或正式拘束力。之所以有人认为除了联邦宪法法院的判例外,其他法院哪怕是最高法院的判例都不具备规范拘束力,就是因为将规范拘束力等同于法律拘束力或正式拘束力。尤其是在基本法赋予联邦宪法法院判决法律拘束力的前提下,其他最高判例都不具备法律拘束力,而这一点也就自然而然地被等同于不具备规范拘束力。但这种观点是偏颇的。规范拘束力

---

① See Alf Ross, *On Law and Justice*, Berkeley & Los Angeles: University of California Press, 1959, p. 84-85.

② [德]罗伯特·阿列克西:《法概念与法效力》,王鹏翔译,台北,五南图书出版股份有限公司2013年版,第42-43页。

③ See Alexander Peczenick, *The Biding Force of Precedent*, in Neil MacCormick and Robert Summers ed., Interpreting Precedents: A Comparative Study, 1997, p. 465-466.

④ 这两个概念的区分参见[奥]凯尔森:《法与国家的一般理论》,沈宗灵译,中国大百科全书出版社1996年版,第31页以下。

并不是一个“全有或全无”的范畴，它拥有程度性的差异，既有规范拘束力强度最浓厚的情形，即制定法的拘束力，也有规范拘束力强度不那么浓厚的情形。只要承认这一点，那么就无法否认：尽管在德国，判例不是制定法，因而不具备法律拘束力，但它同样可能具有规范拘束力，只是其拘束力不如制定法来得大。在此认识的基础上，德国学者提出了对判例之法源地位进行定性的不同学说。

2. 诸法源性质学说

德国学界关于判例之法源性质的代表性主张大体可被归为三类，即效力渊源说、认知渊源说与效力—认知渊源说。

(1)效力渊源说

效力渊源说认为，在满足特定条件的情形下，判例可以具备法的效力。它又可以分为两种学说，即习惯法说和制度说。

①习惯法说

习惯法说是德国法学界的通说。由于受罗马法和法典编纂传统的影响，德国学界长期以来认为法律作为一种理性的产物只能从历史传统和制定法中去发现，亦即历史理性与建构理性，并以一种体系化的方式展现出来。而发现或创造法本就属于法学家与立法者的任务。法官的任务并不在于造法，而在于适法(适用法律)。在概念法学与制定法实证主义甚嚣尘上的年代，法官甚至被认为只是一架“自动售货机”，“判决就是将法律概念(在法典化之后即为法条)作为(数学)因数进行计算的结果”①。尽管今天经由自由法运动、利益法学与评价法学的反复批判，对于法官功能的定位有了极大的改变，但是主流观点依然认为“法制定”与“法适用”有着根本不同，②法官所从事的只是法适用而非法制定。判例是法院进行法律适用的产物。所以，不管是下级法院的判例，还是上级法院乃至最高法院的判例，概莫能外。德国学界的主流观点强调：真正的法源只有制定法与习惯法，判例——有

---

① Bernard Windscheid, Lehrbuch des Pandektenrechts, 9. Aufl., Bd. Ⅰ, 1906, S. 110.

② 对这一区分的具体探讨，参见黄舒芃：《宪法解释的“法适用”性格：从德国公法上法学方法论传统对“法适用”与“法制订”的区分探讨联邦宪法法院解释活动的本质》，载《政大法学评论》2004年第81期。

时被德国学者称为“法官法”(Richterrecht)——并不具有法源性质,[1]除非判例已被强化成习惯法的程度。当判例被反复适用,成为前文所说的“最高法院的惯常见解”时,它就树立起了一种普遍的法的确信。此时判例也就成为了习惯法,具备了类似于制定法般的规范拘束力。这种判例法理论的内核从其在旧制度中诞生之日起直至当代都一直是德国法学界的通说。

除了罗马法的传统外,这种判例法理论另有其历史成因。16 世纪的德国法学承认稳定的司法判决对于法的安定性和有机的法的续造的价值,但与罗马法一样否认判例具有独立的法源地位。一方面是因为专制主义的特殊立法,它确保了主权者享有对法律创制的垄断,通过颁布对判例不友好的法律条款来防止这种创制权被司法所稀释。另一方面是因为理性法和自然法的思想背景,它在排斥法的历史性的前提下认为立法规整之唯一标准在于合乎理性和合乎目的,并相信通过大规模的法典化能够创设出一个自我闭合的“正确”规范的体系,从而将法官的裁判发现活动限制在纯粹的涵摄活动上。这种限制的目的在于通过严格排除法官的自由裁量权来最大限度地获得法的安定性,这也是旧体制中判例理论的司法政策功能,它顺从地支持着理性法和自然法立法者的努力,并为专制立法者对法律创制权的垄断提供了相应的法理论证立。[2]

尽管理性法和自然法的精神基础已然瓦解,专制国家也转变为了民主宪制国家,但 19 世纪的德国法学并没有动机去对这种判例理论的内容进行改变。训练有素的法官的判决完全是一篇学术文献,它在未来同类案件中的有效性依赖于认知上的正确性,只是没有成为习惯法。这种对判例的理解在法学形式主义与制定法实证主义中达致高峰,后者将全部法秩序理解为一个理论上总是自我闭合的无漏洞的体系,并在理性法和自然法的完美图景中将每种法官的法律发现都完全限于逻辑建构和涵摄。但在理性法和自然法时代之后司法政策的功

---

① Vgl. Bernard Rüthers, Rechtstheorie, 2005, Rn. 236.

② Vgl. Heinz Weller, Die Bedeutung der Präjudizien im Verständnis der deutschen Rechtswissenschaft, 1979, S. 112.

能发生了改变,从一开始法学形式主义主张法官受法学的拘束,到随后制定法实证主义法官受到法典化的法秩序的严格拘束。建构程序和涵摄教条意味着防止司法专断,当然现在并不是为了确保无所不能的统治者对法律创制权的垄断,而是在19世纪自由主义的市民社会中保障法官的中立性,确保其裁判的可预测性。判例理论一直没有放弃这种司法政策功能,即便到了19世纪末成文法秩序无漏洞的条件被证明是一种虚构。利益法学的主张——法官受立法者所追寻之目的的拘束——被法学界看作是对制定法实证主义观点的充分替代物,它认为要避免给予最高法院的司法判决直接的、判例性的拘束力,以防止司法专断。①

与这种“法官法(判例)的习惯法化”相应的,是“习惯法的法官法化”趋势。众所周知,习惯法由两个要素组成:一是长时间持续不断、稳定、均质和普遍的交往实践(consuerudo),也就是不断被运用的事实;二是必要的确信(opinio necessitatis),即这种交往实践的参与者普遍认为它是正确的,或认为这种实践就是在遵从既定的法。前者是外在的客观要素,而后者是内在的主观要素。② 这两种要素是相互支持的,它们合在一起构成了习惯法之法律效力的来源:如果没有内在的主观要素,习惯法就无以区分于纯粹的规律性事实;如果没有外在的客观要素,习惯法就将无以区分于道德规范。在制定法比较欠缺的时代,习惯法有其重要的时代意义。但随着西欧民族国家的次第形成和国家立法的发展,尤其是当西欧各国于19世纪后半叶开始纷纷进入法典化时代之后,绝大部分生活关系被法典所调整,习惯法的意义与重要性大幅度降低。近代法之成文化已经导致习惯法强烈地萎缩。③当以1900年生效的《德国民法典》为代表的法典化时代来临之后,习惯法进一步丧失了独立法源的地位。法院的主要任务变成了将法典

---

① Vgl. Heinz Weller, Die Bedeutung der Präjudizien im Verständnis der deutschen Rechtswissenschaft, 1979, S. 112.

② Vgl. Joachim Vogel, Juristische Methodik, Berlin: Walter de Gruyter, 1998, S. 39. 拉伦茨认为关键在于“必要的确信”[参见[德]卡尔·拉伦茨:《德国民法通论》(上册),王晓晔、邵建东等译,法律出版社2003年版,第17页]。但这两个方面互为表里,缺一不可。

③ 参见[德]克理斯提安·史塔克:《法的起源》,李建良等译,台北,元照出版有限公司2011年版,第9页。

的条款适用于个案,因而围绕立法条款适用而产生的“法官法”成为法源理论关注的焦点。

19 世纪末 20 世纪初,随着法院判决的重要性越来越受到重视,学说上逐渐出现了认为习惯法无非就是法官法的见解,或者说习惯法的法官法化趋势。它又包括两种立场上有所不同的观点:[①]一种观点认为,社会现存的习惯只有被法院的判决所确认才能被提升为习惯法,可以被称为“确认说”(Feststellungstheorie)。这种见解只是将法院判决的功能定位为对既有习惯的确认,它其实是前述“承认说”的一个变种。所不同者,承认说将习惯法的效力拟制为立法者的承认,而该说则将习惯法的效力系诸司法机关或法官的认可,只是代表国家的机关发生了改变而已。由于司法机关或法官是在个案中对习惯予以认可的,所以有别于以立法来进行的一般认可,它更多是一种个别认可。例如,凯尔森(Kelsen)就认为,“即使在私法领域,习惯法无非也只有引发法院对其加以适用的作用而已”[②]。奥尔特曼(Oertmann)也指出,“原本由社会所创造的道德规则,只能通过国家司法机关或行政机关承认其为习惯法”[③]。拉伦茨则更明确地点出,一项长期判例(有时甚至是最高法院的某项一次性裁判)可以促使某种习惯法的形成或使之明确化。[④] 也就是说,习惯或许仍然自由地在社会中形成,但必须一直等到法院承认它,才能取得其法律效力(成为法)。当然,这种观点只是强调需要得到法院的认可才能成为习惯“法”,而非强调由法院自己产生习惯法。换言之,习惯法的质料依然来自社会民众的实践,但习惯法的效力则来自法院的裁判。另一种观点有所不同,因为它进一步将法院的裁判视为习惯法的构成要素,因而可被称为“构成说”(Konstitutionstheorie)。如埃利希就认为,习惯法其实应该是由两个要

---

① 参见吴从周:《民事法学与法学方法(第五册):法源理论与诉讼经济》,台北,元照出版有限公司 2013 年版,第 34-36 页。

② Hans Kelsen, Hauptprobleme der Staatsrechtslehre: entwickelt aus der Lehre vom Rechtssatze, 1923, S. 102.

③ Paul Oertmann, Rechtsordnung und Verkehrssitte, insbesondere nach Bürgerlichem Recht, 1914, S. 10.

④ 参见[德]卡尔·拉伦茨:《德国民法通论》(上册),王晓晔、邵建东等译,法律出版社 2003 年版,第 16 页。

素糅合而成的，一方面是使其形成的社会机制，另一方面是将其提出来的裁判规范。[①] 康特罗威茨（Kantorowicz）也认为，习惯绝非只是民族的习惯，相反它是由法官、律师、公证人及其他法律人所塑造和发展出来的（法律人法）。[②] 由此，法官的判决不仅只是给予习惯法国家的承认，更是习惯法得以形成的依据。

但无论是确认说还是构成说，其实际的效果均在于使得习惯法的效力根据被掏空和转移，差别只在于具体的操作方式而已：习惯法产生拘束力的根据在于特定的规范性实践，这种实践由外在的交往实践与内在的必要的确信相互支撑而成。确认说其实相当于是从外部着手，将习惯法的效力根据从这种规范性实践转移到了司法机关的行为，因为只有当这种实践得到法院认可时，它才是有效的裁判依据，从而使得习惯法丧失了独立的效力来源。构成说则相当于从内部着手，重构了习惯法的要素，将原本作为其要素之一的民众的必要确信替换成了法院的确信（通过判决来体现），从而同样移花接木式地阉割掉了习惯法原本独立的效力根基。从习惯法理论自身的角度而言，之所以如此，是因为判断习惯法的内在要素——民众的"必要的确信"——究竟是否存在、如何确定十分困难。所以通说认为，这需要适用"法官知法"（Jura novit curia）的原则，由法官依据其职权考量相关法律文献、法院判决、相关社会团体内的行为与意见、熟悉法律的地方机关之意见、专家意见等综合加以决定。[③] 在实际的运作上，这相当于委托给了法官去决定何谓"必要的确信"，或者说用法院的确信去取代了民众的确信，因为前者（通过判决体现出来）的可识别性更强。

可见，近代以来，正是在"法官法（判例）的习惯法化"和"习惯法的法官法化"这两种对向趋势的合力之下，习惯法说成为了界定判例（"最高法院的惯常见解"）性质的主流学说。

---

① Vgl. Eugen Ehrlich, Die Tatsachen des Gewohnheitsrechts, in ders., Gesetz und lebendes Recht, hrsg. V. Manfred Rehbinder, Berlin: Duncker und Humblot, 1986, S. 120f.

② Vgl. Hermann Kantorowicz, Die Rechtswissenschaft-eine kurze Zusammenfassung ihrer Methodologie, in: ders., Rechtswissenschaft und Soziologie, hrsg. V. Thomas Würtenberger, Karlsruhe: Müller, 1962, S. 93.

③ 参见吴从周：《民事法学与法学方法（第五册）：法源理论与诉讼经济》，台北，元照出版有限公司2013年版，第37页。引用时表述略有不同。

②制度说

德国学者梅耶-拉德维奇(Meyer-Ladewig)在制度法思维的基础上提出了法官法的制度说。在他看来,法官裁判的意义并不为个案的争议裁决所穷尽,司法活动具有造法、补充制定法、续造制定法,甚至毁损制定法的力量。法官对于法律生活的意义体现为司法的制度化力量。宪法和法律的规定必须要由法官自己来适用,也即由法官来解释,有时也由他来续造。在埃塞尔(Esser)和施密特(Schmidt)等学者看来,一个制度(Institut),就是通过司法和学说或通过立法者来具体化的法律思想。[①] 在当代法学方法论中,制度是法官法提出的命题,是司法和学说对制定法所表述的或超制定法的法律思想、原则或基本概念的整合和联结,从中法官可以为个案中的法律发现得出合理的推论。[②] 制度的形成是一个过程(制度化过程),这个过程包括了问题发现、原则构造到体系固化等环节,这个过程周而复始,因为即便是在形成体系之后,依然有可能在个案中发现新的问题,从而再次经历问题发现、原则构造到体系固化这一系列的环节。在这个过程中,司法实务与法学界之间是相互协同的:制度构造或者说法的续造的任务固然要由司法来承担,但学术讨论也可为制度构造作出贡献,它们可以发现问题,划定界限,表述出法官法命题,并为司法提供解决办法的建议。最终,学界最重要和最根本的任务还在于构造一体性和闭合化的法律体系。

制度法思维最核心的问题在于制度的拘束力。梅耶-拉德维奇强调,要区分判例的事实拘束力(它能使得司法的制度化变得容易)与制度本身也即法官法规范的拘束力。制度化是一个过程,制度的拘束力是一件程度性的事。制度的不同结构、它们存在的不同年限、制度受到司法裁判和学说支持的程度等都会造成拘束力程度的差异。如果

---

① Vgl. Joseph Esser, Grundsatz und Norm in der richterlichen Fortbildung des Privtasrecht, 4. Augl. , 1990, S. 321; Reimer Schmidt, Die Obliegenheit: Studien auf dem Gebiet des Rechtszwanges im Zivilrecht unter besonderer Berücksichtigung des Privatversicherungsrechts, Karlsruhe: Verlage Versicherungswirtschaft, 1953, S. 26.

② Vgl. Jens Meyer-Ladwig, Zur Problematik des institutionellen Rechtsdenken im Zivilrecht, ungdr. Hamb. Diss, 1959, S. 260.

一个制度年代久远,它长久以来一直得到稳定的司法见解和学界通说的支持,那么这一制度就拥有极大的权威,就会极大地拘束法官等主体。如果制度形成比较晚,尚未在人们的法律意识中扎根,这种拘束力就相对较小。所以,制度是可能具有拘束力,从而成为法律规范的。成为法律规范一开始的形态就是习惯法。如果制度性的规范长期以来被均质地践行,并形成一种必要的确信,就可能构造出一种习惯法。要注意的是,判例只是制度化的起点,而不等同于制度。因此,将判例和制定法在同等意义上称作法律规范是不正确的,因为制定法的拘束力要比判例大得多。只要判例尚未转化为制度,它就不能被视为习惯法,即便是一系列的判例也是如此。但即便是制度也并非毫无疑义就具有习惯法的形态。只有当制度长期以来被均质地适用且形成一种必要的确信时,习惯法才得以形成。[①] 由此可见,制度是一个非常宽泛的概念,它既包括习惯法形成前的状态(形成中的习惯法),也包括习惯法形成后的状态(习惯法本身)。它是一个比法更宽泛的范畴。

要判断某项制度是否属于习惯法是困难的,因为就像今日所普遍认可的那样,判例已然具有一定的拘束力。当更多的判例彼此支撑时,判例的拘束力就会增长;当判例获得来自学说的支持时,它的拘束力就会进一步增长。制度性的固化会带来拘束力进一步增长的结果,而当制度成为习惯法时,这种拘束力仍会增长。最后,当制度性或习惯法的规整被立法所采纳时,制度的拘束力就达到了它的顶峰。故而从判例、到判例群、再到制度,并在制度内部从习惯法到制定法,法官受到的拘束越来越大。为了更为直观地展现这一点,可以见图2-1:

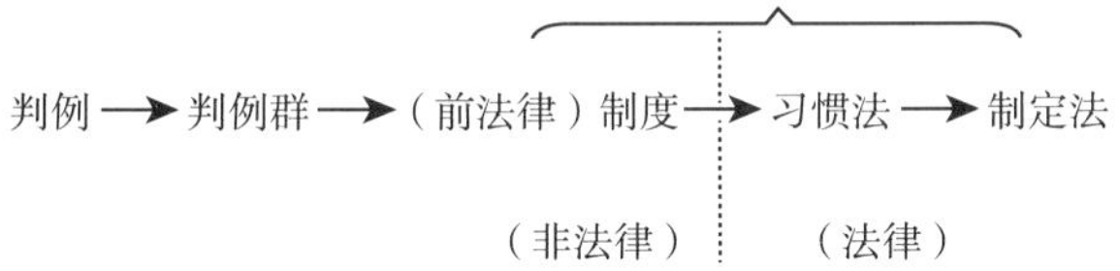

图2-1　自判例至制定法的拘束力变化

---

① Vgl. Jens Meyer-Ladwig, Justizstaat und Richterrecht: Zur Bindungswirkung richterrechtlicher Institute, Archiv für die civilistische Praxis 161 (1962), S. 107-111.

这里要注意几点：其一，即便是在“判例”或“判例群”的阶段，不同的判例（群）也会因为作出的年代、受到学界支持的程度、受到司法裁判支持的程度等因素而有差异。其二，由于在这个发展的过程中，法官受到的拘束力是在不断连续增长的，相关规则从哪个点开始成为法律规范是难以判断的，有时甚至是任意的切割。其三，非法律与法律之间的界限在制度概念的内部流动。故而制度既位于界限的这边，也位于界限的那边。它们既可能是法律规范（这是例外），也可能比法律规范具有更小的拘束力。某个规则流动性增长的拘束力也说明，将规则归类为法律规范在理论上的问题有多大。之所以如此，尤其是因为根据今天主流的教义学观点，即便是反于法律的裁判（偏离制定法的裁判）也同样被允许。因此拘束力不是一件要么有、要么无的事，而是一件可以去争议多或少的事。法官是否应当遵从这些规整，无法作一般性的判断，而只能在个案中根据利益权衡（尤其是顾及法的安定性）来决定。这一点对于判例和制定法来说没有差别，只是在后者那里，稳定性的利益要比前者那里大得多。①

（2）认知渊源说

认知渊源说认为，判例并不具备法的效力，但它们可以对法官裁判的认知和说理起到拘束效果。比较典型的认知渊源说有拉伦茨等人的正确内容说和帕弗洛夫斯基（Pawlowski）的教义性内容拘束力说。

①正确内容说

以拉伦茨为代表的学者认为，判例在德国并不是正式的法的渊源，而应当被理解为法律的认知渊源。拉伦茨曾明确指出，“不是判例本身具有拘束力，而是在判例中所表达对规范的解释与具体化才具有拘束力，只要它们是‘正确的’。法院受‘正确的’判决拘束的理由不在于赋予判例本身拘束力，而在于判例中被正确地承认、解释或续造之规范”②。当然，除非有重大理由可以毫无疑义地采取与判例不同的

---

① Vgl. Jens Meyer-Ladwig, Justizstaat und Richterrecht: Zur Bindungswirkung richterrechtlicher Institute, Archiv für die civilistische Praxis 161 (1962), S. 112.

② Karl Larenz, Über die Bindungswirkung von Präjudizien, in: Festschrift für Hans Schima: Zum 75 Geburtstag, hrsg. V. Hans Fasching, 1969, S. 262.

见解,否则都应该赋予其“特别的重要性”,不能任意偏离该判决。[①]换言之,判例并不具有直接强制法官予以援用的法律上或规范上的拘束力,但在事实上享有很大的拘束力,所以有时拉伦茨称之为事实拘束力。但是,一旦判例中所表达的实质论点已不再令人满意,就可以偏离该判例。因此在这种观点看来,对于法官的裁判而言,判例只是一种重要的参考。在无法提供更强的实质理由之前,法官在认知和说理上要服从于判例表述出的实质观点。但一旦当在新的案件裁判中法院可以提供充足的理由说明判例所表述的观点已不合时宜或不再正确,这种拘束力就会消失。

许乃曼(Schünemann)曾从德国法律文化的特征出发指出,德国判例的存在和实效构成一种相对抗的结构:相比于普通法,德国法秩序的特征是法典编纂,即高度的体系化和大部分法律部门中存在的完善的法典。但即便德国在法律解释方面有着极其精密的方法论,由于最高法院每一个重要法律裁判的公开,以及由于学术型律师在法学期刊中对裁判文书大量公开的讨论,大多数法律解释和适用问题都会在一段时间的讨论后得到解决,而支撑起一份具体裁判的就是大量的判例和压倒性的学术观点。因此,在对下级法院没有正式拘束力的情况下,这类裁判的判决理由就成为得到普遍接受的法典解释的一部分,进而指导未来的法学,直至共同体法律观念发生更深层的转变。[②] 或许正如自由法运动的法国代表惹尼(Gény)所观察到的,在德国,判例只是照亮解释者之途的火炬,规定不了他的方向;它们只能帮助解释者进行推理,却打消不了他自己的主动性。[③]

②教义性拘束力说

与此类似的是帕弗洛夫斯基的观点。在他看来,一方面,判例的拘束力不来自判例本身,而来自判例背后的一般性规范。是否适用判例要看待决案件与判例之间是具有本质上的相同性还是相异性。但在不同案件中,关于什么是本质性的、什么是非本质性的认识,只有当

---

① Vgl. Karl Larenz, Methodenlehre der Rechtswissenschaft, 6 Aufl., 1991, S. 434.

② 参见高尚:《德国判例使用方法研究》,法律出版社 2019 年版,第 42 页。

③ See François Gény, *Methode d' Interprétation et Sources an Droit Privé Positif*, 2d ed., trans. by Louisiana State Law Institute, Louisiana State Law Institute 1963, p. 351.

人们将案件事实与其背后的一般性规范关联起来才有可能。只有当人们找到这样一个规范,它只抓住这些案件中的一组,而将另一组案例展示为“不同”时,作出不同的判决才是正确的。属于法律知识的不仅只是对既有的判例的认识。法律知识(它构成了法律认识的前提)毋宁是从对那些构成裁判之基础并证立案件或事实之相同或不相同的规范的认识开始的。换言之,判例的规范性其实来自一般性规范的规范性。[①] 这样一来,帕弗洛夫斯基就否定了判例具有独立的规范性,而将其规范性诉诸制定法的一般规范。这无疑符合大陆法系学者的传统认知。

另一方面,司法判决是基于且在其证立框架内(教义性地)发挥拘束力的。在此起决定性意义的是平等原则。平等原则要求,法院在疑难案件中受到自己在先判决(判例)的拘束,尤其是假如后者符合通说时。所以联邦最高法院曾多次强调,只有当出于压倒性的理由为必要时,它才能够偏离其自身稳固的司法判决——而非基于其今日之考量想要作出不同判决时它就可以这样去做。因此不同的司法判决拥有不同的法律拘束效果,因为它们也间接是在“教义性拘束力”(dogmatische Bindung)的基础上发挥效用的,无论如何它们都要保障平等。出于法律的理由,司法判决不仅直接具有不同的“判决效果”(如内在于和外在于诉讼的拘束效果、既判力、构成要件效果、塑造效果、执行效果等),诉讼法也调整着不同形式的判例拘束力。[②]

(3)效力—认知渊源说

效力—认知渊源说实际上对判例提供了一种介于效力渊源与认知渊源之间的定位。它要么认为判例同样具有一定的规范拘束力,但起到的是一种辅助制定法裁判的作用,具有推定拘束力;要么主张判例拘束力是分层次的,是规范拘束力和认知拘束力的结合。前者的代表是辅助拘束力说和推定拘束力说,后者的代表是分层拘束力说。

---

① Vgl. Hans-Martin Pawlowski, Methodenlehre für Juristen: Theorie der Norm und des Gesetz, 3. Aufl., 1999, S. 35.

② Vgl. Hans-Martin Pawlowski, Methodenlehre für Juristen: Theorie der Norm und des Gesetz, 3. Aufl., 1999, S. 230, 468.

①辅助拘束力说

比德林斯基(Bydlinski)指出,判例并不只对当前的案件,即并不只在当事人双方之间具有法律效力,而且关涉今后所有将采用同一论证的案件,更类似于一种介于制定法规则以及个案判决之间的一种具有间接抽象的高度。[①] 因此,在例外情况下,判例不仅具有事实拘束力,而且具有规范拘束力,这是民法法系所具有的"与普通法系相同的真正的法官法"。但另一方面,比德林斯基也承认,判例虽然对下级法院乃至对社会交易有着广泛的拘束力,但这种拘束力只是一种纯"法社会学上有益的事实",是对预测法院下一个判决有重要意义的"法院习惯"。(不是"习惯法"!)"不管是司法界人士、提供法律咨询的人士……任何一位实务工作者,其工作的绝大部分就是在寻找判例,寻找一个'适合'他目前个案、并且可以加以'适用'而作出法律判决的判例。即使学术界人士也不断在跟这种'法律惯例'对话。"[②]

所以,比德林斯基走的是一条中间道路。在他的观念中,判例的效力应当介于完全意义上的法的渊源与完全不具有法律意义之间。一方面,判例相对于制定法明显是一种更弱的、辅助性的渊源。只要无法证明另一种解决办法明显更符合(方法论上包含地对作为基础的目的和原则充分利用的)法秩序(不包含判例),判例就有拘束力;但是即便当另一种解决办法"同样合理"时,它依然有拘束力。所以法官对判例有"有限服从义务",判例具有可反驳的或者说推定的拘束力。法院习惯的这种拘束力是法律生活的最重要的稳定化和连续性要素之一。另一方面,判例的法源性质在"事态不明"(non liquet)的领域最为突出。因为在这里只有遵守判例才能为在不同解决可能性之间进行无法律标准的选择提供出路,从而说明法官法的构成性效果。这里遵守判例是被要求的,因而其拘束力也被承认。这不仅"在事实上"起作用,而且是"规范性的"。法官法在此起到了一种真正的补充性渊源的作用。法律顾问或官方机构如果忽略稳固的司法实践,就可能构成

---

① Vgl. Franz Bydlinski, Grundzüge der Juristischen Methodenlehre, 2. Aufl., 2012, S. 116.

② Vgl. Franz Bydlinski, Juristische Methodenlehre und Rechtsbegriff, 1991, S. 502, 503.

过错。[1] 因此,判例的辅助性拘束力既不同于效力渊源(如将判例视为习惯法的观点),也不同于认知渊源,而是介于两者之间。可见,这一理论试图在尊重制定法优先地位的前提下,既赋予判例以弱的规范效力,又让判例在法律发现过程中发挥认知方面的实际效果,既保障其具有一定的拘束力,又让法官在偏离它时承担必要的论证负担。

②推定拘束力说

阿列克西(Alexy)在狭义上的法律论证中来定位判例。他沿袭了内部证成与外部证成的区分,并将外部证成的对象分为三类,即实在法规则,经验命题,以及既非经验命题、亦非实在法规则的前提,进而将判例列为六组既非经验命题、亦非实在法规则的前提之一。[2] 这其实相当于已经否定将判例视为拥有如同实在法规则那般的拘束力。进言之,判例适用的基础是可普变化原则,其为一切作为形式条件的正义理念(同样的事情应同样地对待)确立了根据。但可能有这样的情况:某个个案与以往另一个已决的案件的相关条件非常近似,但人们却想作出不同的判决,因为对这个条件的评价在此期间发生了变化。假如人们在这里单单坚持遵守可普遍化原则,那么就将排斥这个不同的判决。然而,对任何改变都加以如此的排斥,却又与"任何判决均应服从正确性要求"不相一致。除此之外,实现正确性要求也正好属于可普遍化原则的实现。但这只是一个条件,普遍的条件是通过论辩的可实现性。在这种情形下,一方面要求原则上要遵循先例,另一方面也允许某种偏离;对此,若有人想要偏离先例,则要被施加论证负担。只有当能够为此提出充足的理由时,才允许改变一个先前的裁决。据此,阿列克西提出了两项判例适用的普遍规则:其一,当一项判例可以引证来支持或反对某一裁决时,则必须引证之。其二,谁想偏离某个判例,则谁就要承受论证负担。[3]

---

① Vgl. Franz Bydlinski, Hauptpositionen zum Richterrecht, JZ 40 (1985), S. 152, 153-154.

② 参见[德]罗伯特·阿列克西:《法律论证理论》,舒国滢译,商务印书馆 2020 年版,第 289-291 页。

③ 参见[德]罗伯特·阿列克西:《法律论证理论》,舒国滢译,商务印书馆 2020 年版,第 343-344、347 页。

在近似的意义上，克里勒（Kriele）提出了较“法律习惯”更强的论证，认为判例具有这样一种推定拘束力，即“容许背离判例，但须说理”。[①] 具体而言，法官可以将判例视为思考的起点，从检视判例的说理出发，将法律结论是否与联邦最高法院的判例一致作为检验论证结果正确与否的标准。当然，法官也可以谨慎地论证，与判例进行对话、区分、限制或扩张，主张相关判例不符合眼前的新情形，甚至主张判例一开始就是错的，进而提出具有说服力的反对性理由。但如果法官无法提出具有说服力的反对性理由来反对判例，那么判例就被推定具有拘束力。换言之，从论证义务的角度而言，判例虽然对于公民、行政机关和司法机关没有真正意义上的规范性拘束力，但在未来的司法实践中却为自己带来了一种作为补充论证的“推定的拘束力”。[②]

值得注意的是，推定拘束力说与认知渊源说（如正确内容说）看起来在效果上很接近，但其实是不同的。如果判例的效力只是源于其内容的“正确性”，那么想要偏离一个判例只需要更好的判决理由就可以了，甚至都不需要一个明显优势的或压倒性的理由，因为此时的目的只是用更高级的认知取代较差的理解，而不是摆脱某个机构的行为。[③] 但是，推定拘束力说其实预设了作出判例的某个机构（如联邦最高法院）的权威，所以推翻或摆脱先例并不仅仅是某种认知行为，它意味着对判例之（某种程度上的）规范性的偏离。

③分层拘束力说

菲肯切尔（Fikentscher）提出了一种可称为判例的分层拘束力的学说。这种学说建立在他著名个案规范理论（Theorie der Fallnorm）的基础上。菲肯切尔区分了客观法与实在法。客观法（无疑拥有法律效力）由个案规范（既包括过去的个案规范，也包括未来的个案规范）的总和组成。在此意义上的个案规范是作为总体概念的个案规范，故而要区分于各个具体的个案规范。后者是单称意义上的个案规范。[④] 他

---

① Vgl. Martin Kriele, Recht und Praktische Vernunft, 1979, S. 104, 329.

② Vgl. Martin Kriele, Theorie der Rechtsgewinnung, 2. Aufl., 1976, S. 243.

③ 参见［德］罗伯特·阿列克西、［德］拉尔夫·德莱尔：《德国法中的判例》，高尚译，载《中国应用法学》2018 年第 2 期。

④ Vgl. Wolfgang Fikentscher, Methoden des Rechts Ⅳ, 1977, S. 176, 217ff.

将个案规范定义为“这样一些客观法的规则，它们将某个调整个案的法律后果归属于某个需要解决的案件事实”①。相反，要与之严格区分开来的实在法则由制定法、习惯法和已然存在的过去的判例组成。实在法不外乎是对于个案规范的“证明辅助”(Bestätigungshilfe)。对于菲肯切尔而言，“证明辅助”这个术语与法源理论中通常称为认知渊源的含义差不多。由此可知，一方面，实在法与客观法在原则上要被严格地区分和对立；另一方面，两者只是在过去的判例这一范围内例外地重合。②

在此前提下很清楚的是，制定法和习惯法从迄今为止被确立的一流领域作为客观法滑落下来，只在二流领域才作为认知渊源被给予一席之地。故而要坚定地在效力方面否定制定法与习惯法的资格。法的渊源这一术语通常在各种意义上被理解。首先，在强意义上，法的渊源意味着某个主张拘束力意义上之规范性效力的法律规范的形成基础(Entstehungsgrund)。在此意义上，在内国法的领域，只有立法和习惯才能被称为法源。其次，黑克(Heck)也曾在强意义上将法的渊源理解为在其严格意义上之法律规范(主要是假定法秩序的规范)获得效力的形式。只有制定法和习惯法才被视为这样的法源，以便将自治的产物，即章程与戒律排除在外。③ 与此相近的是法的渊源的第三种含义，也是强意义上的法源，它提出了这样一个问题加以讨论，即(提出“在此法是什么”这一问题的)法官和当事人从哪里去提取规范。④菲肯切尔忽视了这些强意义上的法源。弱意义上的法的渊源要么意味着所有那些在法的创设和续造过程中发挥作用的要素，要么意味着法的认知渊源。菲肯切尔只是在后一种意义上将制定法和习惯法视为法源，如此一来它们必然在这一法源领域中与学说法或事物本质等

---

① Wolfgang Finkentscher, Eine Theorie der Fallnorm als Grundlage von Kodex-und Fallrecht, Zeitschrift für Europarecht, Internationales Privatrecht und Rechtsvergleichung, 1980, S. 167.

② Vgl. Wolfgang Fikentscher, Methoden des Rechts Ⅳ, 1977, S. 221.

③ Vgl. Philip Heck, Grundlagen des Rechts, in: Günther Baußer (Hrsg.), Deutsche Staatsbürgerkunde, Stuttgart: Poeschel, 1922, S. 154.

④ Vgl. Gustav Rümelin, Gesetz, Rechtsprechung und Volksbestätigung auf dem Gebiet des Privatsrecht, Archiv für civilistische Praxis 122 (1924), S. 166.

指导方阵发生竞争。

同类案件的判例对于法官而言具有何种拘束力？菲肯切尔提出了一种多层次的理论，它由三个同心圈组成：首先，在最内层的圈中，也即在制定法的严苛和确定之法概念的词义界限之内，判例并无拘束力。这里不存在有拘束力的法官法，但这只是一种例外情形。菲肯切尔认为："尽管在词义界限内也仅有个案规范在起作用，但制定法的'政治意义'及其语义表达的可能性免除了法律适用者遵循先例的义务。"[①]由于在这里制定法包含着个案规范，所以制定法的拘束与个案规范的拘束是一致的。其次，在词义界限外，但在制定法的规范目的界限内（不确定法律概念、空白规范、一般条款和法官续造的法），才存在有拘束力的判例法。遵循先例在此发挥作用。法官法的拘束力意味着与先前判例进行商讨的义务。因而每个法官都应当与可在过去的判例中识别出的个案规范进行商讨，并尽力避免作出所谓转向性裁判（Schwenkentscheidung）。在此意义上，个案规范等义于规定性的判决理由（ratio decidendi）。菲肯切尔补充道，判例具有拘束力，并不意味着法官就一定要受错误裁判的拘束，其只会导向一种与判例进行商讨的义务，尤其是导向进行相应判决证立和判决撰写的义务。最后，在制定法的评价界限外（事态不明的情形［non-liquet-Fälle］），也即最广泛的晕圈中，适用严格的遵循先例原则。在此也显现出菲肯切尔与比德林斯基的区别：如果说比德林斯基只是在事态不明的情形才接受有拘束力的判例法的话，那么菲肯切尔则只在制定法的词义界限内才否认法官法的拘束力。[②] 由此可见，对于菲肯切尔而言，判例（个案规范）的拘束力是与制定法的拘束力成反比的：制定法的拘束力越大，判例的拘束力就越小。在制定法拘束力最大之处（词义界限之内），判例没有拘束力；当制定法的拘束力弱化之处（词义界限外、规范目的界限内），判例的拘束力就增强，但这种拘束力并不绝对，而是相对的，也即是说判例的拘束力可以因实质说理而被解除；在制定法的拘束力几近消失之处（规范目的界限外），判例就取得了严格的拘束力。对此可以

---

① Wolfgang Fikentscher, Methoden des Rechts Ⅳ, 1977, S. 240.

② Wolfgang Fikentscher, Methoden des Rechts Ⅳ, 1977, S. 240.

参见图 2-2：

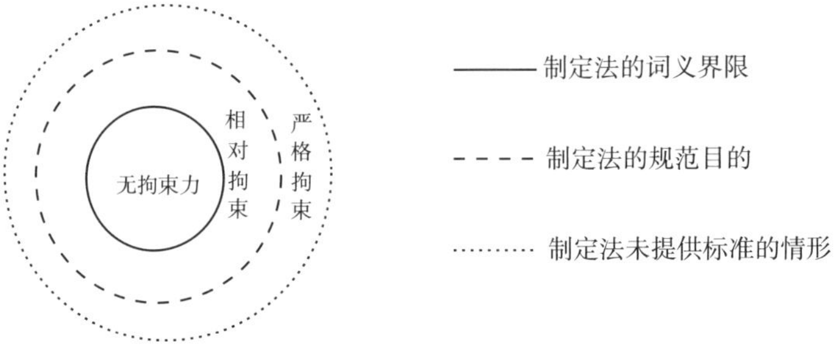

图 2-2 判例的拘束力

综合德国学界关于判例之法源性质的见解，可以归纳出这样一种核心观点：通常情况下，判例在德国不具有绝对的拘束力。它们在司法裁判中具有辅助法官进行裁判说理的功能，在无法提出更强理由的时候，法官负有尊重它们的义务。因此，判例对于司法裁判只具有初始的拘束力（prima facie Verbindung）。争议只在于两个方面：其一，是否存在判例被强化为法的特殊情形。效力渊源说认为判例可以在特殊情况下被浓化为习惯法，由于习惯法是法，因而此时判例就具有了法的效力。分层拘束力说则认为在制定法不明的情形中，要严格服从遵循先例的原则，此时的判例就相当于英美法系中的判例法。其他学说则没有对这些特殊情形另眼相待。其二，判例的初始拘束力是一种纯粹的认识论的拘束力，还是兼有规范论的意义。认知渊源说主张前者，认为判例的初始拘束力源于它对法律规范的正确解释，或者其在教义学上的认知辅助功能。相反，效力—认知渊源说尽管也主张判例只具有初始拘束力，看来与认知渊源说立场相近，但其背后已然蕴含着“因权威而有拘束力”，而不仅是“因正确而有拘束力”的意思，它更看重的是欲偏离判例者所要承担的论证负担。除此之外，学者们的意见大体是一致的。

二、分量论：判例的拘束力受哪些因素影响？

（一）影响因素概览与对比

1. 影响德国判例分量的因素

虽然在德国，除宪法法院的判决外，其他判例（包括五家“最高法

院”的判例）都不是正式法源，但判例之拘束力同样有强弱之别，而拘束力的强弱同样受到诸多因素影响。兹分述如下：[①]

（1）法院层级是个重要因素，五家联邦“最高法院”的判决就被认为要比其他法院判决的分量来得大。联邦宪法法院的判决则不仅具有正式约束力，而且从实质角度看仍具有特别重要的意义。

（2）判决是由普通合议庭、大合议庭还是联合合议庭作出的。它们的拘束力被认为呈依次递增的趋势。

（3）由于在德国并不公开司法意见是由哪位法官撰写的，所以法官的个人声誉一般来说并不相关。法院的声誉也不起到重要作用，即使有所影响。

（4）政治、经济或社会背景的变迁对于改变“最高法院的惯常见解”具有重要意义。因为当早前判决作出以来发生了政治、经济或社会背景的变迁时，“明显更重要的”理由就被认为出现了。

（5）判例是否代表着某种趋势也具有重要意义。假如最高法院引证自己的判决，并将其视为“最高法院的惯常见解”，这就表示该判例分量重大，它轻易不会更改。但如果存在诱发改变惯常见解的整体趋势，那么判例的分量就会下降。

（6）对判决的学术批评具有重要意义。因为依照联邦宪法法院的观点，如果对某判决批评激烈就代表公民对于司法连续性的信任已不值得保护。联邦最高法院也认为，具有高度争议性的判例价值较低，存在影响深远的法教义学质疑与其结论的不融贯性就足以推翻它们了。所以，学术批评能弱化判例的力量。

（7）相关领域的法律制度变迁通常也被认为会影响判例的分量。例如，当立法者在社会法与劳动法领域开始将非婚姻的伙伴关系与婚姻关系等同对待时，司法裁判将这两者在租房法中等同对待就是容许的。[②]

（8）法院可能有一个事实的趋势，就是相较于其他法院的判决，更倾向于遵循自己先前作出的判决。

---

① 参见［德］罗伯特·阿列克西、［德］拉尔夫·德莱尔：《德国法中的判例》，高尚译，载《中国应用法学》2018年第2期。

② Bverf GE 82,6（14）.

(9)在判决意见中支持结论之论据的合理性对于后续裁判来说是最重要的。在联邦宪法法院看来这是遵从判例最重要的原因。

(10)判例的年代并不重要。例如,前帝国法院和前普鲁士高等行政法院的判决至今仍在不存在新法或晚近有分歧较大之判例的法律领域中被引证。

(11)是否存在异议对判例的拘束力没有影响。由于只有在宪法领域才会公开异议,所以是否存在异议只对联邦宪法法院的判决有影响。

(12)判例所涉及的法律部门没有什么影响。

总的来说,影响判例之分量的最重要因素是法院的层级、判例是否代表惯常见解(持续性判例与代表性案件)以及支持判决结论之论据的合理性。

2. 对比:影响美国判例分量的因素

我们可以将影响德国判例分量的上述因素与英美法系代表性国家,即美国判例分量的影响性要素进行对比,以从中窥得德国判例在某些方面的特色。

首先要注意的是,虽然同为联邦制国家,但不同于德国的"合作式联邦制",美国的司法系统由一个联邦司法系统和50个州司法系统组成。并且这50个州司法系统并不相同,它们所创设的是50套不同(且基本自足)的州普通法制度,而不是一套统一的普通法制度。并且普通法(私法)上的判例主要是由州法院系统发展起来的。所以从这个角度来说,所谓美国的"最高判例"其实包括了联邦最高法院的判例与50个州最高司法机关的判例。例如,纽约州的司法系统从上到下依次为上诉法院(Court of Appeals)、最高法院上诉庭(Supreme Court Appellate Division)、最高法院初审庭(trials courts of the Supreme Court),此外还有各类特殊的下级法庭,如城市法庭、县法院、镇法院、遗嘱检验法庭、家事法庭等。因此,上诉法院是真正意义上的"纽约州最高法院",它的判决对于其他各个法院(庭)都具有规范性拘束力。所以夸张一点说,50个州司法系统就有50套判例制度,在每个州中,判例的分量受到哪些因素的影响未必完全相同。以下除了"法院层级"这一要素外,其他要素主要以纽约州为例来进行说明。

在影响判例分量的因素方面,最具决定性的因素当然是法院层级。法院在司法系统中所处的层级越高,它所创设的判例的拘束力就越大。所以,联邦最高法院的判决在联邦法院系统中的拘束力最大。这与联邦最高法院的特殊地位与功能有关。联邦最高法院不仅是特定类型案件的初审机关、一般案件的上诉机关,也是针对违宪案件的司法审查机关。通过政治司法化的方式,美国最高法院深深地卷入了美国的政治体系之中,对于重大的政治问题发挥着举足轻重的影响力。[①] 它与国会及政府之间时常进行着政治博弈,有时会通过技术化的方式取得博弈优势,因而确立起自己的权威。例如"布什诉戈尔案"的判决就直接决定了美国大选的结果。正是这种制度性权威的地位决定了联邦最高法院的判决在联邦先例体系中拥有很大的规范拘束力。类似地,纽约州上诉法院的判决对于州最高法院初审庭具有很大的拘束力,而州最高法院上诉庭对于后者的拘束力就要弱一些。最高法院对于下级法院的优势还体现在,最高法院可以推翻自己早前的判决以及下级法院的判决,而下级法院只能推翻自己早前的判决,却无法推翻最高法院的判决。如果它想要偏离上级法院的判例,就只能进行"区分",证明当下案件不同于判例的事实。这说明,在效力上,具有纵向拘束力的判例是绝对的权威性判例,而具有横向拘束力的判例是条件式的权威性判例。[②]

除了法院层级外,某个特定判例(包括"最高判例")分量的大小还受到诸多其他因素的影响。以纽约州为例,可以总结出这样一些因素[③]。

(1)判例所涉及的领域。纽约州的判例可以分为三类:第一类是

---

① 格林豪斯曾精辟地说:"重要的最高法院案件犹如一出大戏,各大权力机关都是演员,最高法院也不例外。"([美]琳达·格林豪斯:《美国最高法院通识读本》,何帆译,译林出版社 2013 年版,第 74 页。)

② 两种判例的区分参见 John Salmond, *The Theory of Judicial Precedents*, The Law Quarterly Review 64 (1900)。当然,权威是个关系性范畴,对于某个判例对于一个法院来说是绝对的,对于另一个法院而言有可能就是条件式的(Ibid., p. 381)。例如,最高法院的判例对于下级法院来说是绝对的,对于自己来说则是条件式的。

③ See Robert Summers, *Precedent in the United States (New York State)*, in Neil MacCormick and Robert Summers ed., Interpreting Precedents: A Comparative Study, Dartmouth: Ashgate, 1997, p. 371, 374-377.

合同、侵权和财产领域的普通法判例，这类判例被视为真正独立的法源，因为它们不需要在制定法或习惯中去寻找终极基础，这些领域一直以来就是由判例来支配的；第二类是解释制定法的判例，这些判例的功能被认为在于解释相关制定法条款的立法意图；第三类是解释州宪法的判例。一般来说，从解释制定法的判例到普通法判例、再到解释州宪法的判例，法源分量呈现逐次递减的趋势。为什么解释制定法的判例分量大而解释州宪法的判例分量小，这个问题涉及对宪法与制定法理解的不同。美国学者认为，制定法主要由规则构成且易于修改，一旦发生导致不正义的结果，修改它属于立法者而不是法官的任务。而宪法涉及大量的政策与价值原则且不易修改，所以一方面法官因应当下政策与价值的需求要比遵循先例的稳定性更加重要，另一方面对宪法不断地进行再解释才能保证宪法的与时俱进。①

(2)判决是由合议庭还是由全席会议作出的。在理论上，判例由何种审判组织作出，在规范拘束力上并无差别，但是全席会议判例会引发更多的关注，更不容易被推翻。

(3)法院的组成。某些法院所作的判例比其他法院所作的判例影响更大。例如，由于先前的纽约州上诉法院由更受尊敬的法官组成，所以其要比后来的纽约州上诉法院所作的判决分量更大。

(4)政治、经济或社会背景的变迁可能会影响法院对先前判决的态度。这些变迁通常是抛弃旧判例的主要动因和正当化依据。当政治、经济或社会背景保持大体稳定时，判例的拘束力比较大。反之，判例的拘束力就会下降。

(5)判例存在的时间。某些判例非常久远，因而令人尊重，尽管它们不再具有正当性。公民依赖这些先例本身就足以为遵从它们提供足够的正当化依据。

(6)是否存在“不同意见”。在美国，判决书中的法官意见分为多数意见(majority opinion)，协同意见(concurring opinion)和不同意见

---

① See Robert Summers, *Precedent in the United States* (*New York State*), in Neil MacCormick and Robert Summers ed., Interpreting Precedents: A Comparative Study, Dartmouth: Ashgate, 1997, p. 372.

(dissenting opinion)三类。[①] 判例的结论是依据多数意见作出的。一般来说,在案件判决中有没有法官持不同意见并不影响判例的拘束力程度,但是异议可以为后来的法院区分或推翻判例提供可行的论据,从而潜在地影响判例的拘束力。

(7)判例所涉及的法律部门。在不同法律部门,判例的拘束力是不同的。在某些假定对既定判例赋予较高依赖程度的领域,需要严格遵从先例,例如涉及财产权与合同权利的判例的拘束力被认为是"不可抗拒的"。侵权责任案件判决的拘束力就要弱一些。宪法案件判决的拘束力与涉及纯粹程序问题的先例拘束力也比较弱。相反,刑法领域由于存在保护被告人权利的政策倾向,所以一般存在较严格地遵从先例的做法,但改变判例有利于被告人的除外。

(8)整体趋势。法院会考虑其他州的判例,当它们认为自己的判例有悖于整体趋势时有时也会修正或推翻自己的先例。

(9)学术批评。学术著作如果频繁支持或批评某个判例,就会为摆脱这个判例的拘束提供支持,从而影响到嗣后法院的立场,增强或削弱这个判例的分量。

(10)相关领域的法律制度变迁。这会使得法院来检验这种变迁与它们要处理的法律问题的关联性。如果相关,某些判例的分量就会下降乃至消失。这些因素都可以看作是运用实质理由偏离特定判例之难度的外在依据。

为了形成更为直观的对比,我们可以参见表 2-1。

表 2-1　美国、德国影响判例分量的因素对比

影响因素	德国	美国(以纽约州为例)
法院层级	√	√
审判组织	√	×
政治、经济或社会背景的变迁	√	√
判决意见中支持结论之论据的合理性	√	×
判例是否代表着某种趋势	√	√

① See James Calvi & Susan Coleman, American Law and Legal Systems, Beijing: Higher Education Press 2002, p. 91.

续表

影响因素	德国	美国(以纽约州为例)
是否存在对判决的学术批评	√	√
相关领域的法律制度变迁	√	√
判例的年代(存在的时间)	×	√
判案法官对判例是否存在异议	×	×
判例所涉及的法律部门	×	√
判例所涉及的领域	×	√
法院的组成/法官个人声誉	×	√

可见,在德国和在美国,影响判例分量的因素既有共同之处,又有不同之处。共同因素包括法院层级,政治、经济或社会背景的变迁,判例是否代表着某种趋势,是否存在对判决的学术批评,相关领域的法律制度变迁。其余因素为不同因素,造成差异的原因是德国与美国不同的司法体制构造、法律文化传统等。具体而言:(1)审判机构的组成。德国的审判组织包括普通合议庭、大合议庭和联合合议庭,其中大合议庭或联合合议庭就是为了解决不同普通合议庭之间的裁判不一致问题而设置的,因而其所作判决的权威性要高于普通合议庭。相反,美国法院没有类似的设置,因而不存在因审判组织不同而影响判决分量的情况(虽然全席会议的决定要比合议庭的决定更受关注)。(2)判决意见中支持结论之论据的合理性。前已述及,德国司法实务界主要将判例视为具有推定拘束力的裁判的支持性论据,其可以因为压倒性的或更强的实质理由被偏离,因而判决理由的实质合理性很重要。相反,由于美国是判例法国家,法官有遵循先例的义务,判决理由的实质合理性并不重要(除非在推翻的情形中)。因为遵循先例恰恰要求的是法官搁置自己的判断去服从判例——判例因其是判例就对法官具有拘束力。(3)判例的年代(存在的时间)。在德国,判例存续的时间没有绝对影响,除非是为了证明特定判例构成持续性判决。但在美国,判例存在时间越长,公民依赖其计划和行为的预期保护就显得越重要。时间长的判例就是被牢固树立的法。(4)判例所涉及的法律部门和领域。在美国,由于在不同领域和不同法律部门,普通法(判例法)与制定法的关系并不相同,所以判例拘束力的大小有区别。但

在德国并不存在这种关系，所以判例拘束力不会因为领域和法律部门的不同而有所不同。(5)法院的组成或法官个人的声誉。在德国，享有崇高声誉的法律人代表是法学家，而不是法官。法官属于公务员序列，且长期以来在涵摄技术的外衣下从事司法活动，所以法官的个人声誉不彰。但在美国，长期拥有司法造法的传统，法律人的典型代表更多的是法官，享有崇高声誉的法官所作的判决向来为公众所瞩目。

(二)持续性判例与代表性案件

在影响德国判例之分量的最重要因素中，法院的层级涉及德国司法体制构造，具体我们到第四章再来介绍。支持判决结论之论据的合理性涉及具体案件情形中的价值判断，在此无法作一般性概括。这里仅就"判例是否代表惯常见解"再稍作论述。这就涉及了持续性判例与代表性案件的问题。

实践中一般将长期形成的稳定一致的系列判例称为"持久性判例"。单一判例和持续性判例之间的拘束力是有区别的，持续性判例的分量要高于单一判例。例如，有些法院在裁判理由中提到："联邦宪法法院在持久性判例中的意见认为……"其缩写"st. Rspr"在司法判决中经常被使用。此种情况下，通常不再提及系列判例中的第一个判例。除此之外，联邦法院还经常提到："高级法官们的持久性判例认为……"只有在例外情况下，才能背离此类判例。持续性判例的判断标准并无定论，但最主要包括：(1)时间的长短，如果一个判例几十年来被坚持沿用，它就可能被视为持续性判例；(2)学界检验，如果一个判例经受住了学界的批评性检验，它就可被视为持续性判例；(3)经历辖区，如果一个判例经历了各个司法辖区实践的检验，它就可被视为持续性判例。满足这几个条件，则持续性判例具有特殊的分量。

持续性判例内部也可以区分出不同类别，尽管它们之间的界限非常模糊。第一种是重复性判例("仅仅多次重复"的判例)。联邦宪法法院有一个此类的例子，在判决中声称政党在关于其宪法地位的纠纷中不允许提起本来对任何人都开放的宪法诉愿，而只能启动一个对宪法机构的"机关争议"的诉讼程序。在此法院甚至没有努力去追溯到1965年的"代表性判决"。要想寻找初始的判决则要去找到最初的引用，这可以被视为对代表性判决的一次间接适用。第二种是"确认性"

判例。仅仅对判例进行多次重复使用与明确地对判例予以确认后的一种接续,二者是有区别的。明确适用能为持续性判例提供特别的分量,对于只是多次重复的判例群而言,突然的改变可能会引起惊诧,而一个突然的改变又辅之以明确的确认将会引起震惊。第三种是整合性判例。这方面的一个有趣的例子,是联邦普通法院在审理民主德国国防委员会的成员指示士兵恣意屠杀逃亡者时的刑事责任问题。此时问题的关键在于民主德国最高军事指挥成员能否被视为间接犯,即作为肇事者隐藏在作为直接肇事者的一般士兵之后,或者这样一种弱意义上的参与是否妥当。联邦普通法院认为这引发对民主德国最高军事指挥官的直接作案的一种确认。[①] 这被简化为一项基本规则和一个明确的例外条款,以至于这一持续性判例如今表明了一个明确且相对明晰的方向。如今,在整个判例群中,这一合成判例具有最重要的地位。持续性判例中出现"冲突"(曲折)的情况相对很少,但确实存在。无论如何,由多数决产生的有争议且反复的判决,其先例效果必然更弱。[②]

持续性判例通常是由一个代表性案件开始的。只要持续性判例没有发生根本的转变,代表性案件总是处于主导的重要地位,这一点在仅仅是多次重复的持续性判例中最为常见,有时会被称为"持续性判例的代表性案件"。如果一个持续性判例被终止或变更,则相应会有"终止判决"或"变更判决"的称谓。这些案件如果形成了一个新的持续性判例,也就同时成为了新的持续性判例的代表性案件。一则判例能否成为代表性案件不仅取决于其重要程度,还取决于对法律进行解释和适用的法律共同体。数量庞大的案件中只有少量能够引起人们的注意并被铭记。而从那些从未停止流动的大量判决中挑选一个作为代表性案件,既需要理解其中哪些具有重要性,同时也要降低复杂性。[③]

---

① BGHSt 40,218(236).

② 参见[德]罗伯特·阿列克西、拉尔夫·德莱尔:《德国法中的判例》,高尚译,载《中国应用法学》2018年第2期。

③ 参见[德]罗伯特·阿列克西、拉尔夫·德莱尔:《德国法中的判例》,高尚译,载《中国应用法学》2018年第2期。

三、对象论：判例以何种方式拘束哪些主体？

在司法裁判的语境中，法源意味着裁判基础的来源。判例作为法源，即意味着判例可以作为今后法官审理同类案件之裁判基础的来源。故而法官是判例当然的拘束对象。但是，司法裁判活动有诸多的参与主体，在法律生活中，法官的判决也可以“溢出”具体司法裁判的语境之外对其他主体发生影响。以下分述之。

（一）判例对检察机关的拘束力

联邦最高法院第三刑事法庭在 1960 年 9 月 23 日所作判决的附带意见中，阐明了关于判例对检察机关之拘束力的观点。① 它论证认为，刑法典是否被违反，因而对于检察机关而言是否存在强制追诉的义务，取决于刑法典的内容。但刑法典不会自行开口说话，所以有管辖权的法院对它进行的解释和稳定的适用实践就具有决定性意义。在此实践中，检察机关可以通过在主审程序中的协同作用发挥影响。即便检察机关并不赞成最高法院的惯常见解，它也不能对之不加理睬。相反，如果预期可以定罪，它将不得不提起诉讼。合法性原则就要求这么做，因为这一原则只有在被固定地勾勒出的界限内才能因检察机关的自由裁量权被破除。因为不是检察机关，而是法官才被托付去进行司法判决。检察机关并不是制定法的守护者。只有立法者才能改变某个稳固的司法判决。如果某个刑法条款是新颁布的，或者对它而言尚不存在最高法院的司法判决，那么检察机关就可以根据被认可的解释规则去检验，是否有可能进行定罪。如果存在个别化的、附带性的或彼此矛盾的最高法院的裁判，那么它在进行检验时要顾及其中所包含的思想。

有学者对联邦最高法院的上述观点进行了批评。在他看来，检察机关是一个独立的司法机关，从法治国的视角看，为了使刑事诉讼得以进行，它的协力是必要的。对于检察机关而言只可能存在“追求真和正义的意图”。因此，“在法律问题上，对它来说起到根本作用的只能是基于合乎义务之法律考量通过独立的精神活动获得的法律观

---

① MDR 1961，158（159f）.

点”。对持续性判例的偏离并非“违背合法性原则的‘机会主义考量’,而是一种为其自身的法律确信所要求的对合法性原则的贯彻”。不仅是法官,而且检察机关也要参与去竭力获得更佳的法律观点。因而先例并不拘束检察机关。①

可见,联邦最高法院与该学者的出发点是不同的:联邦最高法院的出发点在于制定法与稳固的司法判决的一体性。它的立场是,制定法自己不能开口说话,因而制定法恰恰就是司法裁判从中取出的东西。与此相反,在联邦最高法院看来,检察机关从制定法中解读出来的东西只是检察机关的个人观点,因为法官才是被委托去解释制定法的主体。当然,当不存在稳定的司法判决实践时,这一观点就无法成立了。此时联邦最高法院必须做出让步。相反,上述学者想要严格区分制定法与司法判决。在他看来,制定法并不只是法院从中提取出的东西,而且是每个受过训练的法律人都必然从中提取出的东西。因而对于他来说,对于制定法的司法判决只会在判例拘束的框架内(也即在判例法制度中)才会变得紧要。

在上述两种对立的立场中,更值得赞同的是联邦最高法院的观点。它关于制定法与判决实践一体化的观点与晚近的方法论认识相符。制定法所包含的规范性概念和制定法的其余空隙需要通过决疑论来填补。决疑论只能给出制定法所包含的东西。因而联邦最高法院正确地诉诸了合法性原则。如果检察机关忽略了通过司法判决所获得的制定法的内容,它就违背了追诉(控诉强制)的义务。在此,也无须过于担心,根据联邦最高法院所主张的观点,检察机关会否丧失其独立性,或者受到羁绊。确如上述,对于何时某个稳定的司法实践会出现这一问题,并非总是可以作出确定的回答,而且也会促使相对立的、附带性的裁判等例外情形的出现。而且判例也不是制定法规范,并没有严格的拘束力。例如,检察机关的确不能反对上级法院的稳固司法判决,将故意理论作为禁止错误(Verbotsirrtum,即对法律的禁令所产生的错误认识)的基础,但没有人能够阻止它在罪责理论的

---

① Vgl. Eb. Schmidt, Rechtsauffassung der Staatsanwaltschaft und Legalitätprinzip, MDR 1961, S. 269f.

基础上,出于个案的特殊情形,主张不能对犯罪嫌疑人进行定罪。所以我们无须高估这里所处理的问题的实践影响。①

司法判决是被托付给法官的。检察机关所能发挥的协力并非基于对制定法的解释和续造(它们延及一般法律思想和原则)之上。通过司法过程发展法律制度是一个漫长的过程,中间有延续、有中断、有前行、有倒退,要解决新的问题属不属于特定问题框架,要解决既有的答案是否需要被修正。只有当法院能对存疑的争议问题进行处理时,这种发展才能进行下去。如果检察机关有权剥夺法官对特定争议问题的认知,就会威胁到这一法律发展的过程。通常检察机关的态度命令会终结对法律上存疑之问题的评判,因为检察机关的工作依然是隐而未显的。对其决定的批评以及对随后之决定的有益影响通常并不可能。因而检察机关没有能力来保证法律发展是一个有益的制度化过程。法律的发展掌握在法院的手里。就此而言,检察机关负有支持法院的义务。但重要的是,检察机关只对稳固的司法判决实践负有尊重的义务。故而它没有义务为法院形成见解提供帮助。从方法论的角度而言,提供这种帮助无疑是很有意义的,但由于检察机关的独立地位,要求它这么做是不现实的。② 由于检察机关对可疑问题的法律评断可能意见不一,因而一些检察机关提起诉讼的行为就足以被视为是法律制度发展的开端,而随后每一个检察机关都要服从于这种制度。

(二)判例对律师的拘束力

根据诉讼法的规定,律师同样要承担一种特定而独立的任务。他们也对法的赓续共同发挥着作用。但他们服务于司法的地位要比在检察机关那里清晰得多。律师可以对案件事实进行透彻的独立思考,没有人会因为这一点去责怪他们。相反,完全可以期待他们会对法律要求进行符合各方利益的理解。但律师对于裁判以及法律发展的影响只限于尝试从自己的法律立场出发去说服法院。故而相对于法院

① Vgl. Jens Meyer-Ladwig, Justizstaat und Richterrecht: Zur Bindungswirkung richterrechtlicher Institute, Archiv für die civilistische Praxis 161 (1962), S. 114-115.

② Vgl. Jens Meyer-Ladwig, Justizstaat und Richterrecht: Zur Bindungswirkung richterrechtlicher Institute, Archiv für die civilistische Praxis 161 (1962), S. 115-116.

而言,律师是自由的。他可以提出自己的法律观点,并主张自己认为是对的东西。

但相对于当事人而言就不是如此了。如果一位律师要为其当事人的法律利益负责,他就要承担某些注意义务。在此领域内,他不能忽略法官法的发展。埃塞尔(Esser)曾针对公证员(他所负的咨询义务与律师是一样的)强调说:"如果公证员在为当事人提供咨询时忽略了持续性判例,对他的法律制裁就主要体现为他要承担的赔偿责任。他的观点可能按照'书本上的法'(law in the books)来说是正确的,但他对'行动中的法'(law in action)的不妥协却是一种技术错误(Kunstfehler)。"[①]故而为了当事人,律师必须从"行动中的法"也即法官法出发。他必须向当事人指明已有的司法判决,并从中推导出法律纠纷胜诉机会的判断。就此而言,判例向他施加了如下义务:律师必须持续关注法官法的发展,通过专业期刊来了解它们。[②] 如果他不熟悉个案的判例,他就必须去了解它。如果对于争议案件而言具有决定性的法律问题已在上级法院的判例中被决定,他就必须关注到这一判例,其行为也必须依此来校准。[③] 如果涉及的是新的规范甚或并不存在稳固的法律实践,律师就必须根据制定法的词义和其他解释规则来作业,并形成自己的观点。但即便在这种情形中,律师也处于一定的依赖关系之中,因为针对围绕某个法律问题发生争议且不同法院提供不同解决办法的情形中,他必须选出对其当事人最可靠的方式。[④] 但除此之外,当对他来说重要的争议问题尚未形成法官法时,他就处于一个相对自由的地位。只要他提供的解决方案是站得住脚的,且不违反清晰的词义和规范的意义,对他就无可指摘,即便嗣后法院认为他的观点是错误的也不影响这一点。[⑤]

因此,律师所受的法官法拘束要比检察机关受到的拘束大得多。

---

① Joseph Esser, Grundsatz und Norm in der richterlichen Fortbildung des Privatrechts, 4. Augl., 1990, S. 241.

② BGH NJW 1952, S. 425.

③ Ermann-Groepper, BGB, 2. Aufl., 1958, § 276 Anm. 4 gbb "Rechtsanwalt".

④ RGZ 151, S. 259, 264.

⑤ RG JW 1938, S. 947.

上文中联邦最高法院所支持的主张也适用于律师：律师要服从制定法，但制定法自己不会开口说话，澄清制定法说的是什么属于法院的任务。之所以律师受到的拘束更大，是因为他们不仅要受到“持续性判例”或“最高法院的惯常见解”的拘束。对于检察机关而言，只有当控诉强制来自上级法院的持续性实践时，合乎合法性原则的控诉强制才存在。例如，在联邦最高法院提起诉讼时，如果不了解并顾及同一审判庭的一份公开且被法律评注中载明的关于同类案件的判决，那么无疑就违反了义务，虽然此时可能尚未形成一项制度化的持续性判决。就此而言，公证员和执法官员也承担着与律师类似的受判例拘束的义务。

（三）判例对行政官员的拘束力

根据《德国基本法》第 20 条第 3 款，行政机关要服从制定法。联邦最高法院对于检察机关所说的也适用于行政官员：制定法的内容来自司法判决。因此行政官员同样被要求遵从和顾及针对制定法所作出的司法判决。如果行政官员违背了制定法的清晰、确定和毫无疑义的词义，或者他的解释与最高法院的惯常见解相对立，那么该官员就会被谴责为违背了职责。与律师一样，行政官员在解释新制定法或尚未通过判例来阐明的制定法时可以提供进一步的理解，如果他没有命中嗣后法院的解释的话。

如果行政官员被容许根据其合乎义务的自由裁量权来采取行为，他就只需遵守司法判决已为践行裁量权所规定的一般性方针即可。只是他仍需遵守个案决疑论所明确的裁量权界限，并顾及司法机关概括出的授权目的。在此他当然被赋予了更大的自由。与此相关的是要注意到，根据司法裁判中占支配地位的思潮不同，免于法官法审查之领域的范围有时大，有时小。如果说迄今为止人们可以看到的是这种趋势，即不确定的和司法可控的法律概念正在取代裁量性概念（从裁量到不确定法律概念的趋势，或者从行政决断到司法决断的趋势），那么现在则出现了一种回潮。在不确定法律概念的领域，行政机关一再被赋予所谓的评判余地（Beurteilungsspielraum）。人们可以用这一关键词来称呼这一趋势：从法律概念到评判余地，或者，从司法决断回到有限的行政决断上去。这些思潮表明了，行政机关在其固有的领域中在多大程度上依赖于法官法的发展。

总的来说,行政官员相对于政府所承担的义务与律师对当事人,或法律顾问对私人企业所承担的义务类似。作为利益代表,他们必须要为其雇主选择法律上最可靠的方式。就此而言,他们也要尊重判例和受到判例的拘束。

(四)判例对立法机关的拘束力

由于一些基本原则,法官要受到制定法的拘束。而制定法是由立法机关颁布的,所以也可以说法官要受到立法机关之意志的拘束(当然,由于现代的立法机关都是民意代表机关,所以也可以说法官是受到人民意志的拘束)。而"判例对立法机关的拘束力"则听起来是一种反向的拘束,但它显然合乎宪法。因为宪制的两条"腿",一条是民主(人民主权),另一条则是人权(基本权利)。对于立法而言,这意味着要为通过民主程序产生的普通法律套上绳索,检验其是否合宪,这就意味着要对立法进行司法审查。一旦宪法为了保障法治国的要求让宪法机关的功能受到司法检验,并将其与违反义务的广泛后果相联结(就像基本法所做的那样),那么立法机关受到判例的拘束就是必然的。但是,立法机关仍保有相对于法官的优势地位,法官仍要受到制定法的拘束。例如,如果立法机关不希望看到某种法律发展,它就可以通过颁布制定法来阻止法官法的继续发展,直接命令要求实施另一种法律制度。没有任何法官能够不去服从这种立法措施,只要立法行为没有基于宪法或法官法的理由而被宣告无效。如果立法机关进行了这种干预,它就剥夺了迄今为止通过判例发展起来的制度的基础,同时为一种新的法律制度提供了新的基础。当然,在这里也不排除,新的法律制度又(通过法官法)以一种立法者未曾预料,甚至不曾希望的方式发展下去。

联邦议会的决定,即《德国基本法》第38条规定的自由的良心决定(它借此来对利益冲突进行调整)要经受司法的检验。对后宪法时代之制定法的决定权的垄断操持在联邦宪法法院的手中。但对于这些制定法而言,每个法院都必须提出这样的问题,即一部制定法的倾向与决定是否仍留在宪法所规定的框架之内。在这里又会遇见类似的问题:宪法规范的固有内涵是什么,依然由司法判决来决定。可以举一个例子。如果立法机关想要颁布一部可能具有征收性质的制定法,它就必须根据《德国基本法》第 14 条以及第 19 条第 1 款和第 3 款去检验,是否必须同时规定补偿条款。它将从关于所谓一揽子条款的司法判决中提炼出这样的要旨,即不规定补偿条款的制定法是无效的(《德国基本法》第 14 条第 3 款第 2 句)。甚至根据联邦宪法法院的判例,在一开始压根不可能估算出补偿效果的前提下,不规定补偿条款的制定法也是无效的。根据通过这一判例所创设的对《德国基本法》第 14 条的解释,立法机关必须将司法裁判中发展出来的"宪法上的财产概念"作为基础,并去检验,被计划的制定法所损害的利益是否能够落入其下。如果涉及的是某种为公法所保障的法律地位,那么立法机关的检验就将聚焦于这一问题,即根据关于公法上征收的判例,这一法律地位是否构成一种财产概念意义上的主观财产价值权利。[①] 在此检验过程中将另有具体行为理论和保护价值理论的用武之地;相关的判例必须被考虑到。故而对某部制定法的预先检验必须在围绕宪法规定所创设出的法律制度的轨道内进行。在州立法的领域内,预先检验还要延及这一问题,即计划的制定法是否与判例所确定的联邦制定法的内容相矛盾。

但在这里,也正是在这里,司法判决为立法机关保留了一种宽泛的裁量框架。例如,立法机关要受到"平等原则"的拘束,也即判例对《德国基本法》第 3 条之解释的拘束。据此,只有当立法者疏于"顾及有待规整之生活关系的事实上的平等或不平等(它们是如此重要,以至于在进行导向于正义思想的观察时,它们必须被注意到)"时,平等原则才被违反了。但在此立法者拥有一种"十分宽泛的形成自由"。联邦宪法法院并没有主张自己有权去检验,立法者是否"在各个时候都找到了最公正和最合乎目的的规整",而只是关注那些最远的边界是否得到了确保。在此联邦宪法法院确认:立法者在那些界限内可以首先自由地来选择可比较的特征,他将制定法规整的平等和不平等导向于那些特征。[②]

---

① Vgl. Hermann von Mangoldt, Das Bonner Grundgesetz: Kommentar, 7. Aufl., München: C. H. Beck, 2018, Art. 14 Anm. B1.

② BVerGE 9, 206, 337.

(五)判例对个人的拘束力

公民个人在其日常事务中受法官法拘束的前提,与上文提到的其他主体相同。个人要服从制定法,有时制定法要对他进行制裁,无论是民事的还是刑事的。如果在这类情形中要将制定法适用于个人,那么仍然需由司法判决来决定制定法说的是什么。

可以想象的是,个人在某些法律关系之中,例如在合同关系之中,如果不想遭受不利的话,就必须满足某些合同的或制定法的要求。如果他并不清楚这些义务是否存在,或不清楚这些义务的范围有多大,他就会陷入某种法律错误。在民法中,法律错误并非故意,但有可能是出于过失。在判断这一问题时,与之前的司法判决不同,现在设定的不是一种特别严格的标准,而是一种接近于构成要件错误的标准。[①]据此,个人——必要时在法律专家的帮助下——必须来检验,对他来说有疑问的问题是否依然为判例所决定。如果判例中存在相矛盾的想法或相关裁判压根就尚未出现,个人就可以将通过惯常解释方法获得的、且并非不理性的想法作为基础。即便在刑法领域,犯罪嫌疑人也要受法官法的拘束。在此的论证与在民法中法律错误问题的论证类似:禁止错误是一种智识上的失误,它可以被用来对犯罪嫌疑人进行谴责,假如他并没有全力去做他可以被正当地要求去做之事的话。[②]在此,如果犯罪人没有受过法学教育当然可以被原谅,一个合乎情理的判决也不会要求他必须经过法学教育。但对于某些特殊的职业群体(如药剂师、建筑工人)而言必须承担学会处理法律状况的义务。这里同样要强调的是,不懂法之人在存疑情形中不能依赖自身的判断;他必须进行法律咨询。在新颁布或尚未被司法判决所阐明之制定法的情形中,犯罪嫌疑人享有与上文提及的情形类似的自由。但判例倾向于,在错误禁止的领域对谨慎注意和知晓提出相比于过失更高的要求。但毕竟有时个人也会被判例赋予一种裁量空间。要考虑的是个人被施加利益权衡义务的情形,例如在超越制定法的紧急状态、代表

---

① Vgl. RGZ 146,S. 133,144.

② BGHSt 4/5,352.

正当利益，以及职业保密义务、民法中的一般人格权等情形中。①

一个有趣的问题是“罪刑法定”原则（nulal poena sine lege）是否适用于法官法。联邦最高法院的判例曾强调，如果存在相关法官法，那么它即确定了制定法的内容或替代了制定法的位置。结果是，如果犯罪嫌疑人的行为根据行为当时的判例是不可罚的，那么根据《德国基本法》第 103 条第 2 款和《德国刑法典》第 2 条就不能对他施加刑罚。② 这意味着，为了不违反罪刑法定原则，判例中的观点一旦形成，司法判决就不能偏离。如此一来法官法本身又如何能得到发展呢？但显然相反的原则也不能成立：只有当犯罪嫌疑人的行为在行为当时已被判例视作是可罚的时候，他才能被施加刑罚。因为否则的话一个根据词义与意义可以落入刑法典之下，但却属于新类型的危害性行为就无法被惩罚了。在罪刑法定的背后站立的是法治国的信赖保护原则。如果刑法典的词义与意义未曾被判例所修改，也即如果犯罪嫌疑人不能确信他的行为恰恰根据这一判例可以免于刑罚，那么刑法典就会以惯常的方式发挥威慑作用。由于罪刑法定原则作为法治国的信赖保护原则的性质，指明这一原则意义上的制定法恰好就是判例从中提炼出的内容，是无法令人满意的。③

（六）判例对法官本身的拘束力

通过法官法发展出的法律制度应被置入实在的规范体系之中，而这种体系的“几何学轨迹之网”也要“以此方式逾越于制定法和习惯法之外得到加大的稠化”④。法官在个案中从事解释性活动时恰恰要从这个网出发，所以他受到判例的拘束是毋庸置疑的。

当然，同样毋庸置疑的是，法官作为法官法的创造者相对于判例拥有更大的自由。基于教义学的理由，这种自由无疑是必要的。“如

---

① Vgl. Jens Meyer-Ladwig, Justizstaat und Richterrecht: Zur Bindungswirkung richterrechtlicher Institute, Archiv für die civilistische Praxis 161 (1962), S. 123-124.

② Vgl. Adolf Schönke, Strafgesetzbuch: Kommentar, 30. Aufl., München: C. H. Beck, 2019, § 59 Anm. V2c.

③ Vgl. Jens Meyer-Ladwig, Justizstaat und Richterrecht: Zur Bindungswirkung richterrechtlicher Institute, Archiv für die civilistische Praxis 161 (1962), S. 124.

④ Reimer Schmidt, Zum heutigen Stande der Diskussion über die juristische Methodenlehre, Juristische Zeitung 1955, S. 396f.

果人们在被现实践行的法之外忘记了应被践行的法，这恰恰就是一场灾难。"[①]判例不能僵化，它不应停止发展，不应停止对"正确法"的探寻。因而法官有权对判例进行持续的批评。如果法官法所包含的规整并不完全等同于制定法或正义的理念，那么在附带某些保留的前提下，法官就有权偏离判例。进而，只有当法官为法官法的有机发展作出贡献时，法官法才能形成和出现。判例成为法律秩序的组成部分不等同于判例意见的固化。毋宁说，新思想和对旧思想的新塑造会通过决疑术和学术讨论进入法官法之中。法官完全可以使得法官法与新的关系和价值判断相匹配，将新出现的事实和问题境况包含进法官法之中，将旧的关系和事实剔除出法官法之外。故而判例对法官的拘束从这一角度而言是比较宽松的。

为法官提供精确的指引，告诉他们在何种情形中应当服从判例，什么时候又应当修正或偏离判例，是不可能的。但可以确定的是，法官通常应当将既有的法官法作为其裁判的基础。但他可以在这类情形中——它们涉及对制定法的调整、漏洞填补和修正等——偏离法官法的规定。只有当他基于彻底的研究获得这样的确信，即法的安定性价值并不受这种偏离影响时，他才能这么做。[②] 通常来说，法的安定性价值所获得的分量在法官法这里要比在制定法那里来得小。但判例毕竟也担保着均质的法律适用，因而不能被草率地忽视。判例安定性的价值以及反对偏离之理由的分量无法以统一的方式被确定。自由法运动的成员容(Jung)曾指出，在进行利益权衡时，如果"对一方期待的失望(不遵守实在规则)相对于另一方因在此情形中遵从规则所带来的实质伤害更能被容忍，看起来是更可期待的伤害"时，支持偏离之利益就要被赋予更高的价值。[③] 卡尔·施密特(Carl Schmitt)也论证道："法官需要努力使自己的决断符合现实中同行的做法，而一旦他要偏离主流观点，则须提供易懂的论据，以证明自己的偏离仍在可预见

---

① Arthur Baumgarten, Die Wissenschaft vom Recht und ihre Methode (Bd. 2-3): Kasuistik und zusammenfassende Darstellung, 1922, S. 297.

② Vgl. Johann Friedrich Kierulff, Theorie des gemeinen Civilrechts, I. Bd., 1839, S. 37ff.

③ Vgl. Erich Jung, Positivismus, Freirechtschule, neue Rechtsquellenlehre, Archiv für die civilistische Praxis 143 (1937), S. 57.

和可计算的范围之内。以此观之，裁判理由有时确乎具备开创意义，但前提是它们能够影响其他法官的作为，引发一种均匀的实践。换言之，在裁判的任何节点上，法官的裁量都不是绝对自由的，不能任其追随自己的主观特性或独有信念。"[①]判例的不同结构、得到司法裁判和学说支持的不同程度等因素，都在决定"是否可以偏离判例"这一问题的利益权衡过程中发挥着作用。如果主流学说与判例意见相矛盾，那么判例对于法的安定性的价值就会由此被削弱。如果判例属于法秩序之最牢固的组成部分，也即长期以来未遭受过质疑，那么安定性的价值就会获得如同在制定法那里那般的强度。

总之，情形不一，法官的做法也不应同一。在原则上，法官必须努力去把握判例对于法的安定性价值。如果他想要偏离某个判例，他就必须考虑安定性的价值，并将它与其他价值相权衡。如果他认为，安定性的价值并不反对这种偏离，那么他就有权这么去做。相对而言，在上述众多主体中，反而法官作为判例的创设者相对于法官法拥有最为自由的地位。[②]

---

① ［德］卡尔·施密特：《法律与判决》，韩毅译，载吴彦主编：《魏玛国家学》（法哲学与政治哲学评论第6辑），商务印书馆2021年版，第213页。

② Vgl. Jens Meyer-Ladwig, Justizstaat und Richterrecht: Zur Bindungswirkung richterrechtlicher Institute, Archiv für die civilistische Praxis 161 (1962), S. 127.

第三章　判例在德国司法裁判中的作用

德国虽然是成文法国家，但是在其司法判决中很少有完全不援引先例的情况。① 这种现象的形成，既有整个法治国环境的体制性原因，同时也是判例自身在司法实务中所扮演的功能性角色使然。考察判例在德国司法裁判中的作用，既需要从法治的整体思路，即判例对于平等对待、法的安定性和信赖保护角度来理解；同时也不能忽视判例在补充成文法、积累司法裁判智慧、加强论证等方面的作用。

一、践行法治国原则

（一）平等对待诫命（Gleichbehandlungsgebot）

正义包含两种要素，即平等的正义和实质的正义。其中平等的正义也就是合法则性（Gesetzmäßigkeit），要求同等事务相同处理；实质的正义则侧重于事理上的正义（Sachgerechtigkeit）。在某些意义上，法学更多是在探讨人们如何恰当地确定平等性的学问，而不是

---

① See Robert Alexy & Ralf Dreier, *Precedent in the Federal Republic of Germany*, in D. Neil MacCormick & Robert S. Summers eds., Interpreting Precedents: A Comparative Study, Aldershot: Ashgate/Dartmouth, 1997, p. 16.

从根本上研究什么是平等。[①] 这也解释了类似案件类似审判作为一种形式正义,为何能够跨越时代、国界乃至法系,因为类似案件类似审判原则是实现形式公正的基本要求,是司法公正的构成性因素,有助于规范法官的自由裁量权,限制司法专横,保证判决合理。[②]

《德国基本法》第 3 条第 1 款规定“法律面前人人平等”。这一宪法要求被称为“平等对待诫命”,它要求法律在没有充足理由不同等对待时,需要同等对待两个案件事实。当某一法院想要偏离先例作出裁决时,需要慎重考虑其是否有充足的理由能够对两个案件做不同处理。当然,平等诫命本身不构成对独立审判的限制:如果法官所作出的偏离判决在内容上具有充分理由(inhaltlich vertretbar),此时法官可以依照《德国基本法》第 97 条第 1 款“法官享有独立的地位,只服从法律”(独立审判条款)的规定,以之作为不同等对待的法定辩护理由。[③] 由于法律判决的证成在所有案件中都要求回顾其普遍性的前提,其结果就是带来对形式正义原则的要求——相同案件相同对待。对这一原则的考虑是合理的法律论证所不能放弃的条件。[④]

事实上,平等对待是一种理想,但法官在作出裁判时,往往需要在不同的论据和解释准据中进行权衡。例如,从文义解释、体系解释和立法者原意解释出发,会得出的不同论证结果。因而在对各种论据和解释准据进行权衡的过程中,法官就会获得更多的判断空间。[⑤] 此时,判例恰恰是平等性诫命的保障和体现:判例对法律理解的一致性作用,能够保障法律面前人人平等,而且具体判例也成为人们对类似案件类似审判的一种参照。

---

① [德]卡尔·拉伦茨:《法学方法论》(第 6 版),黄家镇译,商务印书馆 2020 年版,第 211 页。Pawlowski, Hans-Martin: Methodenlehre für Juristen, 1981, Rn. 345.

② 参见张骐:《论类似案件应当类似审判》,载《环球法律评论》2014 年第 3 期。

③ Vgl. Daniel Effer-Uhe, Präjudizienbindung, Rechtssicherheit und Vertrauenschutz, in: Jahrbuch des Öffentlichen Rechts der Gegenwart, Neue Folge/ Band 68, 2020, S. 45.

④ Vgl. Neil MacCormick, *Legal Reasoning and Legal Theory*, Oxford: Clarendon Press, 1978, p. 73.

⑤ Vgl. Daniel Effer-Uhe, Die Bindungswirkung von Präjudizien-Eine Untersuchung aus dem Blickwinkel von Prinzipientheorie und Fuzzy-Logik, 2008, Rn. 30, 36.

(二)法的安定性诫命(Gebot der Rechtssicherheit)

任何一种实在法,若不考虑其内容,自身均有安定性的价值。① 要为社会提供公共行动的判断标准,法律就必须具有安定性。法的安定性包含两个层面:一是可预测性(Vorraussehbarkeit),针对的对象是普通公民,即法律应当保障普通公民能够预见到具体法律决定的可能;二是对裁量权的约束(Bindung des Ermessens),主要指向法官和其他政府官员,指的是法官和政府官员必须以事前确定的一般规范作为司法和执法的依据,②避免享有过大的裁量权。法的安定性是形式法治的重要内容。富勒所勾画的法律应包含的八项内在道德将稳定性纳入进来,因为频繁改变的法律和溯及既往的法律具有同样的危害性,会表明立法的动荡性。③ 拉兹也提出法律应当相对稳定,这是保障法律权威性的重要原则之一。④

在德国法律框架下,法的安定性诫命是以《德国基本法》第 20 条第 3 款"立法应遵循宪法秩序,行政和司法应遵守正式法律和其他法律规范"(法治国原则),和由其推导出的法律应具备可识别性和可信赖性(Erkennbarkeit und Verlässichkeit des Rechts)要求所引出的⑤。除基本法的法治国原则条款外,德国在司法运行机制上进行了设计和改革,制定多项具体的法律办法。譬如《德国法院组织法》(Gerichtsverfassungsgesetz)第 132 条第 2、4 款的分歧提交和原则提交规定(详见第五章);以及 1968 年颁布的《保障联邦各最高法院司法裁判一致性法》(Gesetz zur Wahrung der Einheitlichkeit der Rechtsprechung der obersten Gerichtshöfe des Bundes),其中第 2、11、16 条规定了联邦各最高法院在司法裁判发生冲突时的提交和解决途径。上述规定确保了大审判庭和联邦大审判庭对司法发展的掌控,其目的一方面是通过提

① 参见[德]古斯塔夫·拉德布鲁赫:《法律的不法与超法律的法》,舒国滢译,载雷磊编:《拉德布鲁赫公式》,中国政法大学出版社 2015 年版,第 9 页。

② 参见雷磊:《法律方法、法的安定性与法治》,载《法学家》2015 年第 4 期。

③ 参见[美]富勒:《法律的道德性》,郑戈译,商务印书馆 2005 年版,第 55 页及以后。

④ 参见[英]约瑟夫·拉兹:《法律的权威:法律与道德论文集》,法律出版社 2005 年版,第 215 页。

⑤ Vgl. Josef Isensee und Paul Kirchhof (Hrsg.), Handbuch des Staatsrechts der Bundesrepublik Deutschland, Band Ⅱ, 3. Aufl., Heidelberg: Müller, 2004, § 26 Rn. 81.

供将分歧向上提交的渠道,从而保障法律续造的可能性,在法律稳定性和灵活性之间寻求平衡(特别是《德国法院组织法》第 132 条第 3 款第 1 句)。譬如,在“帝国遗产与联邦”(Reichsvermögen und Bundesrepublik)一案中,联邦最高法院明确表示:德国联邦最高法院大审判庭承接续造法律之任务,与宪法要求法官遵从法律这一约束并不违背。①另一方面是通过保障最高法院判决的一致性来维护法院裁判的安定性和可预见性(Vorhersehbarkeit)。从对司法的经济和效率来分析,法律的可预见性能够帮助法院避免多余的程序。可预见性越强,法律的一致性也就越高。②

(三)确定性诫命(Gebot der Bestimmtheit)

所谓“确定性诫命”是指司法机关有对刑法规定的内容加以明确化,并限定其范围之任务。③ 由于宪法对法律规范提出的确定性诫命要求法律规范的内容必须清晰确定,能够无歧义地适用于生活场景,而判例依其能够将事物分类讨论的“类型化功能”,其能够辅助司法机关推进这一确定性。确定性诫命的要求源自《德国基本法》第 103 条第 2 款,是由“罪刑法定”原则引申出来,其目的在于保障公民权利,使公民能够知悉其行为是否触犯刑法。宪法法院笼统地将对不确定法律概念的解释视作是刑事审判机关的职责。④ 然而,在具体案件中对刑法构成要件含义的具体化需要通过判决逐一探讨。而且早在 1955 年联邦宪法法院就提出,即便是刑法中也仍然可以适用那些具有一般性和开放解释性(interpretationsoffener)的法律概念。⑤

大量判决表明,宪法法院在对不确定法律概念作出宪法上的具体化方面发挥了重要作用。⑥ 联邦宪法法院在“背信判决”(Untreue,

① BGHZ 3,308.

② Vgl. Daniel Effer-Uhe, Präjudizienbindung, Rechtssicherheit und Vertrauenschutz, in Jahrbuch des Öffentlichen Rechts der Gegenwart, Neue Folge/ Band 68, 2020, S. 46.

③ BVerfGE 4,352(357f).

④ BVerfGE 50,205(216).

⑤ BVerfGE 4,352(357f).

⑥ Vgl. Mehrdad Payandeh, Judikative Rechtserzeugung: Theorie, Dogmatik und Methodik der Wirkungen von Präjudizien, 2017, S. 337.

BVerfGE 126,170)[①]中发展出的“精确化诫命”(Präzisierungsgebot)确定了上级法院的一项义务,刑法的构成要件及其相对模糊的构成要件要素需要通过司法加以精确化,通过对不明确的构成要件给予确定的定义使公民更好地知悉和了解其行为是否可以被涵摄在刑法构成要件之中。

1. 罪刑法定的含义

罪刑法定原则的首要根源在于刑法的一般预防功能。刑法对法益的保护的根本方式是通过刑罚的威胁来降低一般大众的犯意。如果刑法的规定出现不确定的情况,这一目的就无法完全实现,因为当公民不知道何种行为是被允许的,何种行为又是被禁止的,这种预防效果就无法实现。而“罪刑法定原则”还有第二个根源,亦即所谓的国家学的根源。前者要追溯到德国刑法学者费尔巴哈,后者则要追溯至孟德斯鸠。在孟德斯鸠的理论中,法官应当只是“立法者命令的嘴巴”。但是当立法者的法律并不确定时,而只有通过法官的精确化才能得到清晰的含义时,则法官绝不仅仅是“法律之口”,而是形塑了最终的法律。罪刑法定原则有两方面含义:一是从立法者角度看,法律应当明确,因此有一种需要对法律规定进行精确化和具体化处理的需求,《德国基本法》第103条中的这一要求在实践中的体现就是联邦宪法法院要对公民针对刑事判决向联邦宪法法院提起宪法诉愿时作出裁判和回应,判例群的存在是对这种精确化努力的一种外在表现,也是实现精确化要求的重要途径;二是从司法角度看,禁止类推是罪刑法定原则的基本要求,但是法官在具体案件中对于法律的解释往往形塑了对于法律如何使用的理解。联邦宪法法院在“BVerfGE 126,170”判决中作出的对刑法中背信罪构成要件进行阐明/阐释的诫命(Präzisierungsgebot Untreuetatbestand)。其中的判例要旨(Leitsatz)中这样写道:“在孤立看待刑法构成要件的范围时产生的合宪性疑虑,可以通过最高法院的判决予以消解。正因如此,司法有义务通过确定化

---

① 该判决的判决原文参见 http://www.bundesverfassungsgericht.de/SharedDocs/Entscheidungen/DE/2010/06/rs20100623_2bvr255908.html;判决要点参见 http://www.bundesverfassungsgericht.de/SharedDocs/Pressemitteilungen/DE/2010/bvg10-060.html。

和具体化的解释，扫清对刑法规范的使用范围的模糊性。《德国基本法》第 103 条第 2 款规定了罪刑法定原则，这意味着在使用具体的刑法规范时，其规范的使用范围需要通过法律解释进行具体化地阐释（Präzisierungsgebot）。第 103 条第 2 款确立的严格法律保留增加了宪法法院的审查密度。"①

因此，联邦宪法法院的判例虽然对于联邦和州宪法法院具有约束力，其他最高法院的判例对于下级法院没有法定约束力，但是本案中通过联邦宪法法院对申诉人基本权利的裁定，构成对于《德国刑法典》第 266 条背信罪的解释，具有正式的约束效力。其次，即便有罪刑法定原则，确定性条款也要求对刑法条款进行解释，比如对于《德国刑法典》第 266 条"背信罪"罪名中的"损失"（Schaden）一词的理解和使用都需要具体化和明确化，此时唯有借助判例才能发挥作用。

2. 由罪刑法定引出的精确化诫命

以联邦宪法法院 2004 年作出的"洗钱罪"判决（BVerfGE 110, 226）为例，该判决涉及刑法洗钱罪的构成要件，具体的争点在于：在刑事辩护律师接受通过洗钱得来的资金作为报酬的情形中，其在何种条件下构成洗钱罪。②《德国刑法典》第 261 条第 1 款第 1 句规定："对从本款第 2 句所列之违法行为中所得之物品加以隐藏，掩蔽其来源，或对调查其来源、探寻、追缴、没收或查封此等物品加以阻挠或危害的，处 3 个月以上 5 年以下自由刑。"第 2 款规定："对第 1 款所述之物品为下列行为之一的，处与前款相同之刑罚：1. 为自己或第三人获取，或 2. 保管、为自己或第三人使用该物品，如果行为人在获取该物品时已知悉其来源。"第 5 款规定："在第 1 款或第 2 款的情形下，因轻率过失而不知悉相关物品来源于第 1 款所列之违法行为的，处 2 年以下自由刑或罚金刑。"③

与《德国刑法典》第 261 条明确的文义相反，宪法法院判决应对该

---

① BVerfGE 126, 170-"*Präzisierungsgebot Untreuetatbestand*".

② 参见［德］斯特凡・科里奥特：《对法律的合宪性解释：正当的解释规则抑或对立法者的不当监护？》，田伟译，载《华东政法大学学报》2016 年第 3 期。

③ 《德国刑法典》（2002 年修订版），徐久生、庄敬华译，中国方正出版社 2004 年版，第 125-127 页。

条款做如下合宪性解释：关于辩护律师收取报酬的问题，其只有在收取报酬时对该项资金的洗钱交易污点来源有明确认知的情况下，才应受刑事处罚。宪法法院在对案件进行分析时共采取四个步骤：[①]在第一步，宪法法院确认，如果在解释时不考量宪法的影响，则刑事辩护律师接受报酬的行为的确足以构成《德国刑法典》第 261 条第 2 款第 1 项的构成要件。在第二步，宪法法院探讨了《德国刑法典》第 261 条对于《德国基本法》第 12 条第 1 款职业自由，即刑事辩护律师职业活动的干预强度。宪法法院在第三步确认，如果坚持对《德国刑法典》第 261 条第 2 款第 1 项的宽泛解释，就将不可避免地对从事职业的自由造成侵害。在最后的第四步，宪法法院判决，为了使这一条款与刑事辩护律师的基本权利相符，必须对该条款做合宪性限缩解释：只有在接受报酬的时间点，明确知悉该项资金源于《德国刑法典》第 261 条所列举的违法行为，刑事辩护人接受报酬的行为才符合洗钱罪的构成要件。[②]除此以外的所有其他解释，都属于对从事职业自由的不合比例的限制。在论证的最后，宪法法院还做出了一个实际上已经与合宪性解释原则不相符合的决定："据此，《德国刑法典》第 261 条第 5 款——该款要求在主观方面仅仅'轻率过失'(Leichtfertigkeit)即已足够——不适用于刑事辩护律师收取报酬的行为。"[③] 换言之，宪法法院要求一个完整的条款不再适用。而当某一个条款被径直宣布不予适用时，确定无疑的是，其文义已不再被维持，而毋宁是被逾越。[④]

(四)融贯性(Kohärenz)要求

融贯性，也可以理解为协调(Stimmigkeit)。[⑤] 无论是从法学理论、神经科学抑或社会学进行讨论，融贯性都是人们追求生活，尤其是追

---

① Vgl. Lothar Kuhlen, *Die verfassungskonforme Auslegung von Strafgesetzen*, Heidelberg: C. F. Müller, 2006, S. 54ff.

② BVerfGE 110, 226 (245-268).

③ BVerfGE 110, 226 (270).

④ 参见[德]斯特凡·科里奥特：《对法律的合宪性解释：正当的解释规则抑或对立法者的不当监护?》，田伟译，载《华东政法大学学报》2016 年第 3 期。

⑤ Vgl. Hans-Joachim Strauch, Die Bindung des Richters an Recht und Gesetz-eine Bindung durch Kohärenz, Kritische Vierteljahresschrift für Gesetzgebung und Rechtswissenschaft 85 (2002), S. 320.

求司法判决中应当包含的重要艺术。从社会心理学来讲，主体间的确认（Intersubjektive Bestätigung）与合意，是团体融贯性（Gruppe der Kohärenz）的表现：团队的凝结度越高，团队的融贯性和一致性就越强，个人也就越发依赖主体间确认。[①] 法官看似彼此独立，但实际上共处一个关系极为紧密的职业共同体中，无论是出于规避个人职业风险，还是从满足公众对于司法裁决一致性的期待的角度，法官作出的裁决都应具有内在的融贯性。融贯性的决定性标准是开放性的，需要在无论给定与否的上下文编排中寻找。正因如此，论证中逻辑的严谨程度只是判断法官裁决的要素之一。司法裁判应当能够合理说服（rational überzeugen），但仅仅符合逻辑并不足以证明裁决是正确的（richtig）。[②]

德沃金在《法律帝国》中将一个社会所需要的政治美德阐释为若干个共同的政治理想：公平、正义、程序性正当程序，以及对类似案件予以类似处理的“特殊理想”。它要求政府对所有公民，“必须以一个声音说话、以一个具原则性且融贯的方式来行动，把自己对某些人所使用的公正或正义之实质性标准，扩张至每一个人”[③]。处理这种在形式上不同的问题时，要贯彻一种实质上相同的原则和标准，德沃金将这种特殊要求称为政治整全性美德。德国虽然具有成文法传统，但是在法学理论和司法实践中总结出了非常丰富的判例理论，这一方面可归因于法律人对法律解释和法律续造之于司法裁判重要性，以及统一的法律解释和法律续造对于法的安定性的自觉认识；另一方面受制于类似案件应类似审判的法的平等性诫命要求。

二、作为司法裁判辅助

判例往往成为解释制定法、法典和宪法的载体，而由于上述平等性、安定性、确定性及融贯性诫命的要求，后案法官在遇到类似案件时

---

① Vgl. Manfred Sader, Die Psychologie der Gruppe, 2. Aufl., Weinheim [u. a.]: Juventa-Verlage, 1991, S. 124.

② Vgl. Hans-Joachim Strauch, Die Bindung des Richters an Recht und Gesetz-eine Bindung durch Kohärenz, Kritische Vierteljahresschrift für Gesetzgebung und Rechtswissenschaft 85 (2002), S. 321.

③ 参见［美］罗纳德·德沃金：《法律帝国》，李冠宜译，台北，时英出版社 2002 年版，第 174 页。

常将先前判例作为参考,判例由此成为司法裁判的辅助。判例在德国各个法律领域中都扮演重要的角色,但是其重要性有所区别。劳动法中的很多主要规定都是由法官造法组成的;在行政法领域,1976 年行政法典制定之前,判例是其主要的法的渊源。[①] 而在宪法领域,由于宪法中关于基本权利以及其他宪法性原则部分具有概括性和抽象性强的特点,判例在宪法领域起着决定性的作用。《宪法法院法》第 31 条第 1 款规定了联邦宪法法院裁判的拘束力:联邦宪法法院之裁判,拘束联邦及各邦之宪法机关及所有法院与官署。联邦宪法法院就第 13 条第 6 款、第 6 之 1 款、第 11 款、第 12 款及第 14 款案件所为裁判,具有法律效力。联邦宪法法院就第 13 条第 8 之一款案件,宣告某一法律违反基本法、不违反基本法或无效时,亦同。某一法律经宣告违反、不违反基本法或其他联邦法或无效时,其裁判主文应由联邦司法部长于联邦法律公报中公布之。就第 13 条第 12 款及第 14 款之案件所为之裁判主文,亦同。该条款明确规定联邦宪法法院的判决具有约束力,并且在某些情况下具有制定法的地位。由此构成宪法判例与其他法律领域判例的根本区别和突出特征。违宪适用所谓的三等分法(Dreiteilungsmethode)计算婚后生活费(nacheheliche Unterhalt)的新判决。[②] 本部分主要探讨各法律领域判例的共性,第三节中重点分析宪法法院判例之作用。

(一)司法智慧的积累

温德沙伊德说过:“对于一个历史法学家来说,法典仅仅是历史发展长河中一个片段,它并不比溪水涟漪更加切实确定,其充其量也仅仅是溪水中的一圈小小涟漪而已。”[③]德国虽然是成文法国家,但我们不能忽略,法典化在德国乃至整个西方法治发展历程中只是一个短暂的阶段:毋宁说,法典化只是近代以降出现的产物,作为历史法学的发

---

① Vgl. Reinhard Mußgnug, Das allgemeine Verwaltungsrecht zwischen Richterrecht und Gesetzesrecht, in: Richterliche Rechtsfortbildung: Festschrift der Juristischen Fakultät zur 600-Jahr-Feier der Ruprecht-Karls-Universität Heidelberg, Heidelberg: C. F. Müller, 1986, S. 203.

② BVerfGE128, 193.

③ Bernhard Windscheid, *Historische Schule in der Rechtswissenschanft*, Gesammelte Reden und Abhandlungen, Leipzig 1878, S. 66.

源地,德国法学共同体在尊重成文法的前提下,尤为看重对法律智识和司法智慧的积累。这也解释了为什么很多在历史中形成,但却与当代要求相一致的法律学说和审判理念能够跨越时代而固定下来,[①]被称作一种流动的历史。

判例是对司法智慧的积累,而这种积累受到法律共同体所重视的一个重要表现就是当今德国法官仍然常常援引德意志帝国法院所作的判例。常被提及和援用的帝国法院判例如:1897 年德意志帝国法院刑四庭作出的“癖马案”,法庭的判决中衍生出一条新的法律原则:“假如行为人为违法行为时存在着为合法行为的可能性,此时具有期待可能性,行为人应当对违法行为承担责任;反之,如果不存在为合法行为的可能性,就不具有期待可能性,行为人就不应承担责任。”[②]该判例为“期待可能性”和注意义务理论的产生奠定了基础。当然,帝国法院的巨大成就表现在其始终很谨慎地发展法律,将法律适用于不断变迁的新情形,但同时却又总能避免对法律连续性的破坏。[③]

除了具体的法律观念,德意志帝国时期还为统一而有效的司法建立了简化高效的程序和组织框架,即四部帝国司法程序组织法(Reichsjustizgesetze),分别是《宪法法院法》、《破产法》、《民事诉讼程序法》和《刑事诉讼程序法》。尽管这几部法律时至今日都有所修订,但其中三部法律直到今天依然是以当时的制定法文本为基础的;另外一部《破产法》也是直到 1999 年才被新颁布的《破产重整法》所替代。[④]

这种对法律一贯性的自我规训式的重视,并非现代德国法律人的独创,而是一种根深蒂固的传统。早在德意志帝国法院时期的判决中,就能够找到很多证据表明传统法律与新颁布的法典(如《德国民法典》)之间存在某种或明显或潜在的连贯性。其原因有两个方面:一是法官通常都会努力使自己的先例得到遵守,因此在疑难案件的说理正

---

① 参见[德]莱因哈特・齐默曼:《德国新债法:历史与比较的视角》,韩光明译,法律出版社 2012 年版,第 15 页。

② 何勤华:《德国法律发达史》,法律出版社 2000 年版,第 439 页。

③ 参见[德]莱因哈特・齐默曼:《德国新债法:历史与比较的视角》,韩光明译,法律出版社 2012 年版,第 32 页。

④ 参见[德]莱因哈特・齐默曼:《德国新债法:历史与比较的视角》,韩光明译,法律出版社 2012 年版,第 19-20 页。

当性与合逻辑性方面有所偏重，具有被后来法官参照的实际价值；二是推动法律发展的智力资源可以在19世纪找到源头。因此，从历史的发展脉络上也可以解释为何遵从成文法与遵从先例的传统往往并存于德国法律文化之中。

（二）法典化的重要补充

判例通过补充和矫正法律成为人们适用成文法的重要辅助。齐默曼将成文法颁布后需要判例作为补充和矫正的情形总结为以下八种：(1)法律漏洞需要得到填补；(2)法律制度和起草中的过错必须予以纠正；(3)那些模糊不确定的法律概念必须予以明确；(4)对复杂的行为情形提供法律解决方案（不当得利中涉及三方当事人的各种情形）；(5)解决20世纪初期还无法想象的新法律问题，如错误出生问题（wrongful birth）；(6)社会风俗观念变化，如节假日和休闲时间；(7)各种新型合同；(8)判例在基本原则的应用上发挥至关重要原则。[①] 判例在法官决策时发挥的作用大小，主要取决于与案件相关的其他权威材料是否充足。如果法官可以依据法律的文义作出判决，那么即便法官援引案例，起到的也只是一种论证的补强作用；相反，如果没有相关的制定法，或者相关的制定法需要解释，则判例将发挥重要的作用。由于德国法律体系中的大部分法律都规定在制定法中，所以解释性的判例比补充性或者紧急立法式的判例扮演着更为重要的角色。在很多判决中，解释性的判例比实质的推理、学术文章或者专业评论更重要。[②]

有些法律中留待法官进行解释和续造的空间很小；而有些法律所包含的大量一般性条款必须通过司法裁决予以具体化才有进一步适用的可能。从形式上看，这是法官对法律作出的解释；从实质上看，这是伪装成制定法的、以判例为基础的法律。所有的大型法典汇编均是如此：其中有些部分规定得相当清晰和严格，但有些部分则不是由汇编，而仅仅是由判例法规定的法典的内容。

---

① 参见［德］莱因哈特·齐默曼：《德国新债法：历史与比较的视角》，韩光明译，法律出版社2012年版，第42-43页。

② See Neil MacCormick and Robert S. Summers eds. , Interpreting Precedents: A Comparative Study, Aldershot: Ashgate/Dartmouth, 1997, p. 17-65.

1. 填补法律漏洞

法官的任务是给具体案件提供一个法律上正确的、公正的并且与案件相适应的解决方案。立法者是面向未来的,但却无法真正看见未来。只有法官是面对具体案件的,并且距离问题更近。[①] 法律解释作为立法的辅助,有助于实现法律统一,更好地保持成文法的稳定性。从德国法的发展历史上看,法典化是一种新兴、外来的事物。从法国大革命后开启的法律编纂,再到荷兰、德国等长达一个世纪的继受,德国法律共同体要面对从罗马法到城市法,再到法典的过渡。

法源的复杂性和多样性使得人们普遍感受到法律的不确定性和无效率。[②] 整个社会也需要理解和适应法典,进而形成对法典的统一理解。在这个漫长的过程中,法典制定中存在的漏洞,无论是无意的漏洞,还是“有意的漏洞”[③],都需要司法实践来慢慢发现,并需要用判例来统一。虽然法官需要对法律进行解释,既可以借助判例,也可以完全不借助判例,但是在成文法缺席的时刻,判例往往是一种更好的选择。恩吉施指出:填补这些法律漏洞的方法中最著名的是类比推理,而判例恰恰就是进行类比推理的前提和最主要参考要素。因此,无论是对不确定的法律概念进行解释、对法律漏洞进行填补抑或是对有缺失的法进行修正时[④],都需要法官造法。典型的由法官造法衍生出的制度如缔约过失责任、标的物瑕疵导致合同解除、失效等。

由于联邦宪法法院有权使其判决与制定法的文义相违背,[⑤]而且联邦最高法院有时作出明显超越制定法(contra legem)的判决,联邦宪法法院也会根据基本法确定的当然价值予以支持。[⑥] 受其鼓舞,联

---

① Vgl. Brun－Otto Bryde, Vom richtigen Umgang mit Richterrecht, in: Jahrbuch des Öffentlichen Rechts der Gegenwart, Neue Folge/ Band 68, 2020, S. 204.

② 参见[德]莱因哈特·齐默曼:《德国新债法:历史与比较的视角》,韩光明译,法律出版社 2012 年版,第 11 页。

③ 参见[德]卡尔·恩吉施:《法律思维导论》(修订版),郑永流译,法律出版社 2014 年版,第 172 页。

④ 参见[德]卡尔·恩吉施:《法律思维导论》(修订版),郑永流译,法律出版社 2014 年版,第 129-225 页。

⑤ BVerfGE 34, 269 (268); 35, 263 (278ff).

⑥ 参见[德]莱因哈特·齐默曼:《德国新债法:历史与比较的视角》,韩光明译,法律出版社 2012 年版,第 43 页。

邦普通法院民事大审判庭也开始大量集中讨论法官造法的门槛问题。

“现如今的技术、社会、经济或者法律性质诸多方面的深远的环境变化，导致制定法对法官的约束渐趋松散，因为如果立法者清楚环境将会不断发生变化，则会促使其制定的法律具有不确定性。然而能够永久适应制定法的环境本就不存在。因此，法院的正当任务恰恰是非常谨慎地运用司法来完善法律，并使之与既有的法律价值相一致。”①

这样的做法，更加表明司法造法不只是为了解释法律，而是司法对法律智识的一种认识和解读。

2. 原则性条款的具体化（Konkretierung）

在普遍的法律意识中发现法伦理性原则的具体化，比如联邦最高法院承认一般人格权，以及因严重侵害人格权的金钱赔偿等判例。德国民法典起初只规定了对姓名权的保护，没有针对名誉和隐私的特别规定。侵犯名誉通常被认为是犯罪而非侵权。救济手段不同，名誉诉讼向刑事法院提起，受害者无法通过诉讼要求实质性的损害赔偿。直到“二战”之后，德国法院开始初步支持针对侵害名誉和隐私的民事诉讼。

根据《德国民法典》第 823 条，基本权利只有生命、身体、健康、自由、财产或其他（相似）权利。有人主张将针对名誉和隐私的人格权解释到其他权利之中。因此德国联邦最高法院开始引述《德国基本法》第 1 条和第 2 条，将人格权解释为《德国民法典》第 823 条中的基本权利，这就意味着，德国法院开始承认对名誉或隐私的侵害是具有可诉性的侵权行为。另一个难点是，如何进行损害赔偿救济。根据《德国民法典》第 253 条有关损害赔偿的规定，非物质损害只有在法律明确规定时才能给予金钱赔偿。因此只能请求收回发行刊物（消除影响）等非金钱救济。

例一：骑士案（1958 年）。德国法院开始打破《德国民法典》第 253 条的限制，判决被告因侵犯原告名誉和感情，做出大笔金钱赔偿，联邦最高法院维持判决，并认为《德国民法典》第 847 条精神损害赔偿的规定也应类推适用于此案。但这一判决的类推是有问题的，因为《德国

① BGHZ 85,64 (67f).

民法典》第 253 条的表述明确禁止类推扩大适用。之后,虽然联邦最高法院放弃了类推适用的观点,但其骑士案的结果却得到了维持,因为如果不给予金钱赔偿,那么由基本法确认的人格权这一价值就无法获得恰当的救济。德国最高法院同时也通过限制条件限缩了适用范围:第一,对原告需要造成了实质损害。第二,被告因侵权行为而大规模牟利。

联邦最高法院还指出,民法典颁行以来,技术和社会状况都发生了巨大的变化,尤其是大众媒体的发展远非 1900 年时所能想象得到的,在当代对个人人格权的保护也越来越重要和困难。因此,如果法院认真对待宪法的价值体系,那么就不应当再受到《德国民法典》第 253 条的限制。此后,下级法院广泛地遵循了联邦最高法院的这一判决。索拉雅案也是以这一认识为基础作出的。

例二:索拉雅案(1961 年)。最高法院作出判决,被告人向联邦宪法法院提起宪法诉讼,认为最高法院的做法是对立法权的僭越。联邦最高法院作出判决,认为法院是对法律的发现。

索拉雅(Soraya)王妃是伊朗国王前妻,离婚后居住在德国。被告是出版商和一份插图周报编辑,其所编辑的报纸在全德国发行。1961 年 4 月,被告报刊头版故事声称是对原告的文字采访,看似曝光了很多原告隐私,但实际上完全是一位自由撰稿人虚构的。被告出版该文时没有调查采访的真实性。原告认为被告侵犯自己的人格权而要求损害赔偿,初审的州地区法院裁判被告赔偿 15,000 马克,州高等法院和联邦最高法院维持了原判。被告基于宪法诉由向宪法法院提起诉讼。

被告认为法院作出金钱赔偿,违反了《德国宪法》第 20 条的原则。联邦最高法院发展创造的人格权受侵害的金钱损害赔偿规则超越了制定法的范围,是法院对立法权的篡夺。同时,法院的财产赔偿判决违反了新闻自由原则。宪法法院最终没有支持被告的诉请,最重要的理由是:有时,法律只能在制定法之外才能发现,这种法律源于整个宪法秩序,目的往往在于矫正成文法。这就需要法官发现法律,并赋予其效力。宪法并不限制法院按照他们自己的文义理解适用法律。法官的洞察力或许会揭示一些通常为宪法秩序所默认,但制定法又无法清晰表述的社会价值。法官的裁判对于肯认这些价值有重要意义。[①]

在所有法文化中,“发现问题—形成原则—凝结为体系三者间的循环”反复出现。因此,构成体系的真正要素不是抽象概念,而是法律原则。这些法律原则主要是从个案问题中被认识到的,它们是个案问题解决方案的普遍化。今天经常能发现判例法思维方式和法典化成文法思维二者之间相互趋近的现象,其原因就在于:前者当下正处在形成并凝固原则的阶段,由此已开始体系建构;后者相反正处在松解体系,并重新转向问题思考的阶段。[②]

3. 技术性规定的法官造法

在联邦劳动法院和联邦社会法院的司法判决中可以发现有一些裁判,上述法院在其中不仅针对待决个案,而且针对同类型的全部案件来具体化某一项需要具体化的标准时指出:所有将来的案件将以相同方式来进行处理。比如联邦劳动法院的下列判决:劳动契约约定,在劳动者受领圣诞节奖金后立即终止契约的情形,因其违反善良风俗应返还该奖金。联邦劳动法院在判决中对这一约定何时有效、何时无效提出了调整。参见《劳动法实务判例集》(AP)第15、22、23、24号判决对《德国民法典》第611条奖金一语的界定。[③] 在这里,法院不再是进行个案裁判,而是像立法者一样创造一般性的规则。

不容忽视的是,在这类案件中,法院在金额、期限和百分比等问题上所做的数字界定都带有一定程度的任意性。此类判例的正当性在于,此处涉及的是大量常常以相同方式重复出现的案件,而且诉讼当事人关心的并不是由法院作出的带有偶然性的个案裁判结果,而是更关心某种确定的规则,在此自后全部类似案件的处理都能遵守这一规则。

---

① [德]莱因哈特·齐默曼:《德国新债法:历史与比较的视角》,韩光明译,法律出版社2012年版,第43-44页。

② 参见[德]卡尔·拉伦茨:《法学方法论》(第6版),黄家镇译,商务印书馆2020年版,第219-220页。

③ 参见[德]卡尔·拉伦茨:《法学方法论》(第6版),黄家镇译,商务印书馆2020年版,第545-546页。其他联邦社会法院类似判决可参见《联邦社会法院判例集》第22卷,第44页;第30卷,第167页、第182页以下。

4. 紧急立法

法院没有塑造社会的权限。即便是联邦宪法法院，原则上也并不能制定新的法律(只能宣布其他立法或者司法判决违宪)，需要立法者来作出更为精确的规定。但是在有些情况下，判例所起到的作用类似于紧急立法，也即当立法者长期不作为以至于产生一种真正的法律紧急状态，此时允许法院超越前述界限而为超越制定法的法续造。[①] 典型的案例就是帝国法院在第一次世界大战后通货膨胀末期，帝国法院突破了"马克=马克"的原则，开辟了重新评估契约价值的道路。

帝国法院的 RGZ 107,78 案的裁判要旨在于：第一，抵押贷款的债权人可否因德国马克币的急剧贬值，而主张重新评估自己的地产抵押债权(Hypothekenforderung)？特别是当对方仅依照票面价格支付债务时，能否拒绝发放清偿同意书(Löschungsbewilligung)及返还抵押权证？[②] 第二，帝国纸币和收据在当时的德属西南非洲是否属于法定货币？

本案中债权人系房屋所有人，1913 年其以 13,000 马克将该房屋抵押，该债券在 1920 年 4 月 1 日到期，债权人在银行评估后认为应当返还 18,980 马克。被告以德国马克属于债权发生时德属西南非洲(1884—1915 年)法定货币为由，拒绝重新评估。[③]

再比如前文提到的"帝国资产与联邦德国案"(Reichsvermögen und Bundesrepublik)，裁判要旨在于：(1)德意志帝国遗留在英占区的现有资产，在《德国基本法》生效时已经转移至联邦德国。(2)德国联邦最高法院大审判庭承接续造法律之任务，与宪法要求法官遵从法律这一约束并不违背。

初审、二审法院：汉堡州地区法院、高等法院(海事法院 Schiffahrtsgericht)。

案情：1944 年 9 月 21 日，在波罗的海发生了两船碰撞，一艘是汽轮船"D. R"，其船主是本案被告；另一艘隶属于德国海军舰队，后者被

① 参见[德]卡尔·拉伦茨：《法学方法论》(第 6 版)，黄家镇译，商务印书馆 2020 年版，第 537 页。

② RG,28. 11. 1923-Ⅴ 31/23.

③ RGZ 107,78.

其所伤。1944 年 10 月 12 日经过海事法庭(Seeamt)的裁决(Spruch),被告"D. R"因其不当行驶为此次碰撞负责任,由此产生的损失经评估为 12,900 帝国马克(RM)[①]。被告方因为出租该汽轮船,而对当时的德国海军舰队有无争议的、在 1945 年 5 月 8 日前产生的请求权,该请求权提高了损失金额。

原告以"德意志帝国(英占区),汉堡州首席财务官"的名义,向被告提起了连同利息在内的 1290 德意志马克(DM)的损害赔偿诉讼。双方在 1949 年 12 月 16 日的口头磋商中约定,原告更名为"联邦德国"。被告请求驳回起诉。理由是以船舶租赁合同(Chartervertrag)的反诉来抵消起诉,或者提出无效行使权力之异议。[②]

(三)论证功能

先前司法裁决无论是在判例法国家还是在大陆法系国家,都具有重要的论证功能。依据先例对制定法作出的确凿解释是强有力的,而未顾及上级法院先例或与先例不合的论证则很难成立。[③] 判例是新近出现在某一案件中的需要进行判定的法律问题,已经由法院在之前的另一案件中针对同样的法律问题作出了决定的判决。它是法院在判决理由中对某种法律问题给出的答复,该问题在当前的个案中又以同一方式发生。[④]

判例的重要功能之一就是统一法律认识,在裁判理由中对某一法律问题作出答复,从而避免和减少法律理解争议。法律共同体对法律理解存在争议,不仅常常留下伤痕,并且旷日持久[⑤],且不可避免地造成昂贵的诉讼成本。因此避免和减少法律理解争议,对于提高司法裁判的效率而言是重要的环节,而判例通过在判决理由中的说理,对某一法律问题作出答复,是统一法律理解的必由之路。如果是各最高审级法院的裁判,则下级法院在绝大多数案件中常常会遵循之。最高法

---

① Reiches Mark,简称 RM,1924—1948 年流通的德国马克。

② BGHZ 3,308(315)-Reichsvermögen und Bundesrepublik[1951].

③ 参见雷磊:《法律方法、法的安定性与法治》,载《法学家》2015 年第 4 期。

④ 参见[德]卡尔·拉伦茨:《法学方法论》(第 6 版),黄家镇译,商务印书馆 2020 年版,第 539 页。

⑤ 参见[德]迪特尔·梅迪库斯:《请求权基础》,陈卫佐等译,法律出版社 2012 年版,第 4 页。

院大多也不愿背离之前采取的法律见解,即便有也不常见。因为下级法院遵循上级审法院的裁判先例以及后者维持自己的裁判见解之可能性事实上很大,因此当事人、公司和社团的法律顾问多半会考虑这种情况,并去适应这种情况。结果是:裁判先例,特别是最高审级法院的裁判先例,只要没有重大的矛盾,就逐渐被视同“现行法”。由此就慢慢形成一种补充和续造制定法的“法官法”。①

正因如此,法官法的存在几乎被普遍承认,有争议的只是其范围以及是否具有约束力。

(四)小结

第一,判例作为法律的认识渊源。

基于正义的原因,先前判例至少被认为是法律的“认识渊源”,它涉及的是对特定法律问题在法律论证方式中的一次先前的尝试。② 在此,未来的法官在遇到提出同一法律问题的案件时,可以追溯至此。③然而,在判例的帮助下,任何评判者也只能在特定的范围内节省其工作。一方面,有一些先前判决因为其公开的、不充分的论证而带有完全不正义的特征。但是,明显不正义的“法律认识”④并不是真正的法律认识,而只是一种在法律认识上的失败尝试。因此,在将先前判决的事实判例部分适用于当前案件时,需要“始终谨慎地分析性审视”。⑤ 因此,对于先前判决的机械使用并不能恰当地代替评判者自身的法律思考。但是这些思考确实能够从不可能完成的任务中——每个法律评判者在每个法律问题出现时都必须在问题的所有纵深上进行钻研——从而获得一些解脱。因此,判例作为认识渊源,具有解释作用。虽然人们在司法实践中依据法律进行裁判,但是法律中的规则“本身是语词的形式,毫无价值”。因此,卢埃林指出:“为了使一个一

① 参见[德]卡尔·拉伦茨:《法学方法论》(第6版),黄家镇译,商务印书馆2020年版,第539页。

② Vgl. Franz Bydlinski, Grundzüge der Juristischen Methodenlehre, 2. Aufl., 2012, S. 117-118.

③ Vgl. Franz Bydlinski, Grundzüge der Juristischen Methodenlehre, 2. Aufl., 2012, S. 117-118.

④ Franz Bydlinski, Grundzüge der Juristischen Methodenlehre, 2. Aufl., 2012, S. 118.

⑤ Franz Bydlinski, Grundzüge der Juristischen Methodenlehre, 2. Aufl., 2012, S. 118.

般性命题——无论是法律规则，还是其他任何规则——具有意义，具体的例证、具体例证的积累、当前对诸多具体例证的鲜活记忆，是必不可少的。如果没有具体的例证，一般性命题就会成为阻止前进的累赘、障碍和废物。”①

第二，判例提供法律规则。

相较于我国以往通过个案请示和司法解释推动司法统一适用的方式，在一些判例制国家，法官和法律工作者可以通过判例总结出法律规则，作为对法律的补充和细化，成为重要的法的渊源。纯粹依靠法律的规定来推动法律的适用是有困难的，事实上，“正是社会而不是法律，引发并首先塑造了新的制度；也正是社会，促使法院采取行动”②。因此，“法院只能根据可适用于某类相似纠纷的一般规则对特定纠纷作出判决。我们的法律理论不允许有完全自主的单独判决。如果法官是自由地——实际上是被迫——对无规则可用的全新案件作出判决，他们在作出判决时至少要制定一项规则”③。“通过比较大量的相关判例，阐明某项规则，如果可以的话，还要将规则协调一致地适用于所有相关判例，并且依据事实检验你们的阐释是否违背形式可能有所变化的规则。”④

第三，通过比较实现正义/法律的统一适用。

先例的意义是从类似案件的比较中展现出来的。“任何判例都不可能孤立地有意义！孤立地对待判例，不会给你们提供任何指引。”⑤“在法律话语中，比较正义的核心版本是法律比较正义。法律比较正义要求法官们对既定法律案件类型的每一个个例给予相同的处理。”⑥这一点无论在德国，还是在普通法国家都存在共识。杰弗里·布兰德指出，“法律比较正义具有一定的道德重要性。……如果某人认为法院对他不如对一个在法律上无差别处境中的其他人友好，他可能会遭

① ［美］卢埃林：《荆棘丛》，明辉译，北京大学出版社2017年版，第4-5页。

② ［美］卢埃林：《荆棘丛》，明辉译，北京大学出版社2017年版，第79页。

③ ［美］卢埃林：《荆棘丛》，明辉译，北京大学出版社2017年版，第51页。

④ ［美］卢埃林：《荆棘丛》，明辉译，北京大学出版社2017年版，第67页。

⑤ ［美］卢埃林：《荆棘丛》，明辉译，北京大学出版社2017年版，第61页。

⑥ ［美］杰弗里·布兰德：《法治的界限：越法裁判的伦理》，娄曲亢译，中国人民大学出版社2016年版，第256页。

受情感痛苦。他可能会感到愤恨、沮丧、嫉妒,等等。他可能会对法律体系、司法机关、政府或他所身处的整个社会失去尊重,或质疑它们的合法性。……如果上述情绪通常源自非理性或错误信息,那么,遵守法律比较正义的上述理由可能是弱的,但是,它们并不弱。"[①]

三、宪法法院判例的效果

上文的讨论仅限于各专业法院,联邦宪法法院因为《联邦宪法法院法》第 31 条的规定,其判决的效力有特殊性。从功能上讲,宪法法院判例的最重要作用就是进行合宪性解释。《德国基本法》第 20 条第 3 款规定,立法受到宪法秩序的约束,行政权和司法权受到(议会)法律和其他法规范的约束。因此作为大陆法系的典型代表,基于民主原则,德国司法裁判的主要依据是成文宪法与法律,而非英美法系式的判例法。这一点同样表现在联邦宪法法院的裁判之中。德国《联邦宪法法院法》第 1 条指出,联邦宪法法院是"一个区别于所有其他宪法机关的、独立的联邦最高法院",其主要功能就是维护宪法至上的地位,[②]并基于宪法控制各个国家权力、裁断各类宪法争诉。[③]但是,联邦宪法法院作为"最高的宪法守护者",[④]其裁判和所进行的宪法解释具有极高的权威,不论是在法理上还是实践中,都具有一定的类似于"先例"的拘束效果。对此,本书将结合德国的有关规定、裁判和学界讨论进行简要地介绍和分析,并结合"被遗忘权案"以举例说明。

首先要限定说明的是,所谓"先例拘束"主要是指联邦宪法法院受自身所做出的先前裁判的约束。之所以先予申明,是因为《联邦宪法法院法》第 31 条第 1 款已然规定:"联邦宪法法院的裁判约束联邦与州的宪法机关以及所有法院和部门。"这意味着在有疑义时,联邦宪法法院的裁判结果对于其他各级法院的审理判决形成约束,从而构成了

---

① [美]杰弗里·布兰德:《法治的界限:越法裁判的伦理》,娄曲亢译,中国人民大学出版社 2016 年版,第 255 页。

② Vgl. Klaus Schlaich und Stefan Korioth, Das Bundesverfassungsgericht, 11. Aufl., 2018, S. 9f.

③ Vgl. Klaus Schlaic hund Stefan Korioth, Das Bundesverfassungsgericht, 11. Aufl., 2018, S. 5ff.

④ BVerfGE 1, 184, 195.

一种司法“先例”。[①]但是先例拘束以及判例法制度的要义在于“同案同判”,其根本目的在于实现法的平等性和一致性,因此先例拘束应主要是指同一法院,尤其是具有终局裁判权限的最高法院对先例的遵循。

基于这一出发点,联邦宪法法院的裁判主要有两种路径可对后来争诉产生约束,一是基于裁判本身的司法属性而产生的既判力;二是基于法律特别规定而产生的法定拘束效果。以下分别述之。

(一)既判力

宪法所确立的法治国原则中,非常重要的一点就是法的确定性与安定性,[②]因此司法裁判应当具有确定力(Rechtskraft),从而保证法的安定与和平。形式确定力(formelle Rechtskraft)首先是指司法裁判的不可撤回性(Unwiderruflichkeit),这意味着一旦判决作出,审理法院便不可再收回。[③] 此外是指不可撤销性(Unanfechtbarkeit)。由于联邦宪法法院已经是最高的宪法裁判机关,没有其他的机关可撤销其裁判,[④]因此其裁判的做出即是形式确定力的成就。[⑤] 实质确定力(materielle Rechtskraft)也称既判力,是指当司法裁判具备形式确定力后,除就本案裁判内容而对审理法院及当事人形成约束外,还在一定前提下对后

---

① 这种“先例约束”也不是绝对的,例如普通法院仍然可以对有违宪之虞的、已由联邦宪法法院处理过的法律(如已认为合宪)提出具体规范审查请求,但需要承接论证负担,即说明到底出现了何种新情事使重新审查成为必要。Vgl. Klaus Schlaic hund Stefan Korioth,Das Bundesverfassungsgericht, 11. Aufl. ,2018,S. 369f.

② Vgl. Steffen Detterbeck,Streitgegenstand und Entscheidungswirkungen im Öffentlichen Recht,1995,S. 328f.

③ Vgl. Klaus Schlaic hund Stefan Korioth, Das Bundesverfassungsgericht, 11. Aufl. , 2018,S. 368f.

④ Vgl. Adreas Heusch, in: Dieter C. Umbach, Thomas Clemens, Franz-Wilhelm Dollinger (Hrsg.),Bundesverfassungsgerichtsgesetz,2. Aufl. ,Heidelberg:C. F. Müller,2005, § 31, Rn. 30.

⑤ 联邦宪法法院合议庭的裁判不可被上诉至两庭全会,三人小组针对宪法诉愿的裁判(无论是驳回还是支持)也具备确定力,只有临时命令程序是个例外,相应裁判可以被复议,但宪法诉愿程序中的临时命令程序则不行。Vgl. Klaus Schlaic hund Stefan Korioth,Das Bundesverfassungsgericht, 11. Aufl. ,2018,S. 368f.

来诉讼形成拘束。[①]

由于联邦宪法法院既是宪法机关又是司法救济机关,[②]因此其裁判同样具备各类确定力。[③] 但在宪法程序法中,宪法裁判的既判力范围的确定是难点。由于法治国原则除了要求法的稳定可预期外,同时还要求法律救济能尽力达至实质公正,因此司法过程要避免机械适用法律,尽可能防止法律发展的滞后,使法律在具体的解释适用中得到完善和修正。[④] 因此宪法裁判的既判力并不是无限制的,其具体的内容需要平衡"法的确定性"与"实质正义"两种价值。

基于上述精神以及宪法诉讼作为客观诉讼的主要属性,联邦宪法法院裁判既判力所覆盖的客体范围,只及于在事实上实际进行了宪法处理和审查的诉讼标的,区别于普通法院的"本应考虑到的各类事实和法律问题"都可具备既判力。[⑤]既判力主要是在当事人间生效而非普遍生效,[⑥]其拘束对象主要是当事各方、其他诉讼参与人和审裁法院。宪法裁判的既判力止于新的诉讼,也就是说当旧裁判所根据的事实发生改变,[⑦]或争诉标的发生变动(提出新的待决法律问题)时,[⑧]旧裁判就不再遮断后诉。换言之,宪法裁判中的既判力展开实际上是一种诉讼阻碍,即禁止对已进行确定裁判的事宜由相同当事人重新提起并重

① Vgl. Steffen Detterbeck, Streitgegenstand und Entscheidungswirkungen im Öffentlichen Recht, 1995, S. 327.

② Vgl. Klaus Schlaic hund Stefan Korioth, Das Bundesverfassungsgericht, 11. Aufl., 2018, S. 19ff.

③ Vgl. Klaus Schlaic hund Stefan Korioth, Das Bundesverfassungsgericht, 11. Aufl., 2018, S. 329.

④ Vgl. Steffen Detterbeck, Streitgegenstand und Entscheidungswirkungen im Öffentlichen Recht, 1995, S. 331.

⑤ Vgl. Steffen Detterbeck, Streitgegenstand und Entscheidungswirkungen im Öffentlichen Recht, 1995, S. 333.

⑥ Vgl. Klaus Rennert, in: Dieter C. Umbach und Thomas Clemens (Hrsg.), Bundesverfassungsgerichtsgesetz, Heidelberg: C. F. Müller, 1992, § 31, Rn. 42f.

⑦ BVerfGE 33, 199, 203.

⑧ Vgl. Steffen Detterbeck, Streitgegenstand und Entscheidungswirkungen im Öffentlichen Recht, 1995, S. 338ff.

新裁判或修改裁判。[①]

有争议的是，如果出现了普遍的法律见解的变迁，是否也算是出现了新的"事实"？对此联邦宪法法院的裁判多采取了搁置沉默的态度，[②]并未予以明确的回答，学界则多持肯定说。[③]但也有学者同时强调，所出现的新的法律观点和见解必须足够使人信服并得到充分论证，如此才能使新诉成立并支撑可能的裁判结论的修改，否则不能仅仅以"观点改变"为理由而对同样的情事作出不同判决。[④]

在具体哪些裁判内容具备既判力这一问题上，通说认为，仅对应着诉讼标的的裁判主文（裁判结论）具备既判力，服务于解释主文的裁判说理和对先决问题的附带裁判则不具备。[⑤]虽然联邦宪法法院曾在一些裁判中表现出欲将其所有的裁判理由赋予拘束力的倾向，[⑥]但学界表示了普遍的怀疑与反对。[⑦]

联邦宪法法院认为，若证立裁判结论的重大理由包含宪法（而非仅是对普通法律的）解释，则其亦具备拘束性。[⑧] 这是因为联邦宪法法院将自身视为"宪法的决定性解释者和守护者"和"对宪法问题进行约

---

① Vgl. Georg Seyfarth, Die Änderung der Rechtsprechung durch das Bundesverfassungsgericht, 1998, S. 186.

② Vgl. BVerfGE 20, 56, 87; 33, 199, 204.

③ Vgl. Klaus Rennert, in: Dieter C. Umbach und Thomas Clemens (Hrsg.), Bundesverfassungsgerichtsgesetz, Heidelberg: C. F. Müller, 1992, § 31, Rn. 49; Hans Brox, Zur Zulässigkeit der erneuten Überprüfung einer Norm durch das Bundesverfassungsgericht, in: Menschenwürde und freiheitliche Rechtsordnung. FS für Willi Geiger zum 65. Geburtstag, 1974, S. 809, 822f.

④ Vgl. Steffen Detterbeck, Streitgegenstand und Entscheidungswirkungen im Öffentlichen Recht, 1995, S. 335.

⑤ Vgl. BVerfGE 4, 31, 38 f.; 78, 320, 328; Herbert Bethge, in: Theodor Maunz, Bruno Schmidt-Bleibtreu, Franz Klein, Herbert Bethge (Hrsg.), Bundesverfassungsgerichtsgesetz Kommentar, 2020, § 31 Rn. 94f.

⑥ BVerfGE 36, 1 (16); 72, 119 (121); 93, 121 (136).

⑦ Vgl. Herbert Bethge, Zur Problematik von Grundrechtskollisionen, 1977, S. 416, Fn. 591; Klaus Schlaic hund Stefan Korioth, Das Bundesverfassungsgericht, 11. Aufl., 2018, S. 375 ff.; Josef Isensee, in: Bernd Wieser und Armin Stolz (Hrsg.), Verfassungsrecht und Verfassungsgerichtsbarkeit an der Schwelle zum 21. Jahrhundert, 2000, S. 26, Fn. 28.

⑧ BVerfGE 1, 14, 37; 19, 377, 392; 20, 56, 87; 40, 88, 93 f.; 112, 268, 277.

束性裁断的管辖法院”,[①]乃至有学者认为其参与了宪法的制定。[②] 其固有职责在本质上是续造宪法并使相应内容形成约束,[③]而宪法争诉只是一种纯粹的诱因。[④] 因此联邦宪法法院的具体宪法见解反而尤为重要。另外,宪法裁判中的论证技术也扮演了重要角色。判决书在证立裁判结论时,往往先行列出宪法规定和审查的标尺,而后才结合具体事实予以考察分析,其结果就是抽象审查标尺的逐渐典范化。[⑤]

反对重大理由具有拘束性的意见并未否认联邦宪法法院解释和发展宪法的任务,但认为由此并不能得出应将法院见解典范化的结论。

第一,重大理由的范围无法清晰厘定。到底什么是所谓的重大理由?联邦宪法法院对此的定义是极为形式化的,即“那些不能忽视,否则按照裁判思路就无法得出具体结论的法律话语”[⑥]。这种非实质定义并未能解决如何判定“重要性”的问题。联邦最高行政法院认为,由联邦宪法法院自身公开表述的裁判主旨(Leitsätze der Entscheidung)在判断什么是重大理由时非常关键,其表明了法院所认为的裁判核心和欲形成约束效果的内容。[⑦] 但是裁判主旨往往是对判决论证中普遍重要内容的抽象概括,重大理由亦可以蕴藏在具体的个别判断中,不论是总体论证还是个别论证都可以被法院认定为重大理由,因此裁判主旨并不能完全覆盖。[⑧]

第二,宪法解释需要在宪法的开放性、动态性和宪法法院解释的

---

① BVerfGE 40,88,93f.

② Vgl. Ernst-Wolfgang Böckenförde, Die Methoden der Verfassungsinterpretation: Bestandsaufnahme und Kritik, NJW 1976, S. 2089, 2099.

③ Vgl. Klaus Schlaic hund Stefan Korioth, Das Bundesverfassungsgericht, 11. Aufl., 2018, S. 374.

④ Vgl. Dieter Grimm, Verfassungsgerichtsbarkeit, in: Wolfgang Hoffmann-Riem (Hrsg.), Sozialwissenschaften im Studium des Rechts, 1977, S. 94.

⑤ Vgl. Klaus Schlaic hund Stefan Korioth, Das Bundesverfassungsgericht, 11. Aufl., 2018, S. 375.

⑥ BVerfGE 96,375,404.

⑦ BVerwGE 73,263,268.

⑧ Vgl. Klaus Schlaic hund Stefan Korioth, Das Bundesverfassungsgericht, 11. Aufl., 2018, S. 376f.

刚性约束(本质上是宪法的规范约束性)间取得平衡,妥善处理好两者间的潜在张力。[①] 因此,不能事无巨细地将宪法法院的宪法观点彻底典范化和规范化,否则就窒息了宪法本身与时俱进的可能。

第三,裁判理由的典范化会使宪法法院的裁判逐渐远离具体的宪法条文,使裁判越来越依赖于一种“整全的法律立场”(übergreifende Rechtsvorstellungen),[②]如公平性、合比例性、禁止恣意等教义。一种整全性话语的表现就是,在裁判的主文中联邦宪法法院不仅仅提及被侵犯的基本权利,还常常提及与相应基本权利紧密相连的社会国原则、法治国原则,等等,甚至大而化之地以“与基本法不符”来表述。[③]

第四,裁判理由的典范化也损害了宪法法院作为最高司法管辖的持久性,压抑了下级法院的异议空间,损害了审级制度的弹性空间,剥夺了自身根据其他参与宪法生活的国家机关或司法机关之意见而自我检视的可能。[④]

总而言之,宪法诉讼中既判力产生效果的前提是诉讼标的的同一性,即两个诉讼中的原告诉求和争诉问题相同、涉及的核心生活事实相同以及原被告相同。[⑤] 正是由于既判力有一定的主体、时间和客体方面的限制,因此实践中很少有相同的主体向联邦宪法法院重复提起标的相同的宪法诉讼,因此既判力较少发挥效果。[⑥]但在一些特殊情形中,宪法裁判既判力的“先例性”拘束效果表现会比较明显,即后来裁判中的某些先行待决问题,是先前裁判中的诉讼标的,且两个诉讼程

---

① Vgl. Klaus Schlaic hund Stefan Korioth, Das Bundesverfassungsgericht, 11. Aufl., 2018, S. 377f.

② Peter Lerche, Grundrechtsverständnis und Normenkontrolle in Deutschland, in: Klaus Vogel (Hrsg.), Grundrechtsverständnis und Normenkontrolle, 1979, S. 24, 33.

③ Vgl. Klaus Schlaic hund Stefan Korioth, Das Bundesverfassungsgericht, 11. Aufl., 2018, S. 377f.

④ Vgl. Joachim Burmeister, Vorlagen an das Bundesverfassungsgericht nach Art. 100 Ⅲ GG, in: Christian Starck und Klaus Stern (Hrsg.), Landesverfassungsgerichtsbarkeit, Teilband 2, 1983, S. 399, 408.

⑤ Vgl. Steffen Detterbeck, Streitgegenstand und Entscheidungswirkungen im Öffentlichen Recht, 1995, S. 345.

⑥ Vgl. Georg Seyfarth, Die Änderung der Rechtsprechung durch das Bundesverfassungsgericht, 1998, S. 191.

序的原告或申请人一致,则先前的裁判结果拘束后来诉讼。典型者如在先诉讼为主体性规范审查,后来裁判为附带性规范审查,那么后者就要遵循前者之裁判。例如,针对法院判决的宪法诉愿,经审查法院判决之所以违宪,是因为在先的规范审查程序中已裁判作为审判依据的相应法律违宪。[①]

(二)法定拘束效果

区别于既判力,联邦宪法法院裁判的法定拘束效果源自法律的明确规定。除了既判力框架下裁判对当事人和法院自身的约束外,《联邦宪法法院法》第 31 条第 1 款更对联邦宪法法院裁判拘束对象的范围进行了扩张,即扩大到所有的宪法机关和司法机关。根据这一规定,似乎联邦宪法法院也应受到自身裁判的约束。如此一来,联邦宪法法院的裁判就真正具备了类似英美法系判例法式的先例拘束力了。

但是,联邦宪法法院曾在多个判决中表明了不受自身判决的拘束的观点,宪法法院可以改变其之前裁判中的法律见解。[②] 早在 1954 年关于石勒苏益格-荷尔斯泰因州选举法中 5%得票率门槛的规定的判决中,联邦宪法法院就并未遵循先前裁判的约束,[③]并区分了既判力和根据《联邦宪法法院法》第 31 条第 1 款所产生的约束效力之间的差异,指出既判力仅就相同的诉讼标的和在相同的当事人间产生约束,而法定约束效力主要是将裁判约束效果扩张至其他的宪法机关和法院,但联邦宪法法院自身并不受到约束,除非相应裁判的既判力得以发挥。[④]联邦宪法法院曾在裁判中判定国家对政党的财政支持是合宪的,[⑤]并也在这之后的判决中认为该问题已然得到裁判,[⑥]但却又在 1966 年审理由黑森州政府提出的抽象规范审查时对该问题进行了修

---

① Vgl. Steffen Detterbeck, Streitgegenstand und Entscheidungswirkungen im Öffentlichen Recht, 1995, S. 345ff.

② BVerfGE 20, 56, 86; 33, 199, 203; 70, 242, 249; 77, 84, 104; 78, 320, 328; 82, 198, 205.

③ BVerfGE 4, 31, 38f.

④ Vgl. Georg Seyfarth, Die Änderung der Rechtsprechung durch das Bundesverfassungsgericht, 1998, S. 201.

⑤ BVerfGE 8, 51.

⑥ BVerfGE 12, 276, 280.

正,认为其自身并不受先前裁判观点的拘束。[①]

正如联邦宪法法院[②]和许多学者[③]认为的那样,对于德国法秩序而言,司法权受由自身发展出的法律见解的约束是陌生的。况且作为宪法最高守护者,联邦宪法法院的核心任务就是对《德国基本法》做出具有约束性的终局解释,这直接源自宪法的委托。宪法并未表明宪法法院应受先例约束,其在宪法解释方面的终局权威性意味着其不受任何第三方的约束,因此立法者如果以普通法律(《联邦宪法法院法》)要求宪法法院遵循先例,就妨碍了宪法法院在宪法解释中"定于一尊"的地位。[④]宪法法院基于其认为更恰当正确的见解来修正裁判,在本质上恰恰是对宪法的忠诚和尊崇。如果一方面赋予联邦宪法法院以解释宪法的重要任务,而另一方面又排除了其获得更优认识的可能,进而阻止了宪法的正确解释,那么这就是非常矛盾的。[⑤] 修正行为是为了更准确和客观地释清宪法,这也反映出只有宪法本身才是约束宪法法院的根本规范,凸显了宪法规范的至上性。《德国基本法》第 100 条第 3 款规定,州宪法法院在解释《德国基本法》时若欲偏离联邦宪法法院或他州宪法法院的裁判,则该州宪法法院应征求联邦宪法法院的裁判意见。这一方面再次表明了联邦宪法法院作为专任宪法解释机关的地位,另一方面也说明,如果确有修正的必要和可能,最适机关依然是联邦宪法法院自身,且其当然具备修正自身裁判的权限,否则就没必要如此规定了。[⑥]

此外,支持联邦宪法法院裁判不受先例拘束的一个重要理由是要

---

① BVerfGE 20,56,87.

② BVerfGE 84,212,227.

③ Vgl. Steffen Detterbeck,Streitgegenstand und Entscheidungswirkungen im Öffentlichen Recht,1995,S. 369.

④ Vgl. Steffen Detterbeck,Streitgegenstand und Entscheidungswirkungen im Öffentlichen Recht,1995,S. 370.

⑤ Thomas Lundmark, Stare decisis vor dem Bundesverfassungsgericht, Rechtstheorie 28 (1997),S. 315,327.

⑥ Vgl. Karin L. Pilny, Präjudizienrecht im anglo-amerikanischen und im deutschen Recht,1993,S. 186.

防止宪法的僵化。[①] 宪法裁判不仅仅是类似普通司法程序进行定分止争的主观诉讼过程,更是一个解释宪法的客观诉讼过程。[②] 宪法诉讼对不断出现的宪法疑义的处理,正是与时俱进、不断发展的宪法解释,这保证了宪法文本的活力和规范效果的可持续。宪法解释不可能是一成不变的,具备一定的"变动性"恰恰是宪法解释的应有之义。并且不论是对国家机关还是普通公民,宪法裁判的潜在变动可能都应当落入预期,因为宪法裁判的唯一依据是宪法规范本身,而对固定规范的解释很有可能会因新的客观事实或认知而产生新的见解。通过解释宪法进而保持宪法的发展与续造,是宪法法院的天然任务。[③] 通常而言,如果宪法法院的裁判发生了改变,其并不是以新判决创制了新的宪法规范,而仍然是对既有法的解释,只不过是新的注解和补充。[④]除非宪法法院的裁判具有持续重要的影响,并被广泛接受、承认为习惯宪法,其才成为约束后续宪法裁判的宪法渊源。[⑤] 否则宪法裁判并不会基于所谓的信赖原则而受先例的约束。[⑥]

在德国,欲通过先例遵循制度所达到宪法解释的一致性、平等性以及法的安定性,主要是通过其他的制度来实现,如上诉制度、宪法诉愿制度、具体规范审查中普通法院对联邦宪法法院的移送,[⑦]或者联邦宪法法院内部在遇到疑难案件可能修正先前裁判观点时,需要移交给两厅全会[⑧]。

当然,在实践中宪法法院的裁判常常援引、重复先前裁判的要旨

---

① Vgl. Herbert Bethge, in: Theodor Maunz, Bruno Schmidt-Bleibtreu, Franz Klein, Herbert Bethge (Hrsg.), Bundesverfassungsgerichtsgesetz Kommentar, 2020, § 31 Rn. 118.

② Vgl. Steffen Detterbeck, Streitgegenstand und Entscheidungswirkungen im Öffentlichen Recht, 1995, S. 333.

③ Vgl. Peter Badura, Staatsrecht, 7. Aufl., 2018, Teil H Rn. 50.

④ Vgl. Hartmut Maurer, Kontinuitätsgewähr und Vertrauensschutz, in: Josef Isensee und Paul Kirchhof (Hrsg.), Handbuch des Staatsrechts, Band Ⅳ, 3. Aufl., 2006, § 79, Rn. 149.

⑤ Vgl. Hartmut Maurer, Kontinuitätsgewähr und Vertrauensschutz, in: Josef Isensee / Paul Kirchhof (Hrsg.), Handbuch des Staatsrechts, Band Ⅳ, 3. Aufl., 2006, § 79, Rn. 141.

⑥ Vgl. Herbert Bethge, in: Theodor Maunz, Bruno Schmidt-Bleibtreu, Franz Klein, Herbert Bethge (Hrsg.), Bundesverfassungsgerichtsgesetz Kommentar, 2020, § 31 Rn. 119.

⑦ Christian Pestalozza, Verfassungsprozeßrecht, 3. Aufl., 1991, § 15 Rn. 1-7.

⑧ Vgl. § 16 Ⅰ BVerfGG. 关于这一情况下的进一步梳理,参见 Thomas Lundmark, Stare decisis vor dem Bundesverfassungsgericht, Rechtstheorie 28 (1997), S. 315, 328-329。

或法律见解,[①]并以此提升当下判决的说服力,很少发生裁判修正。其目的一方面是尊重先前裁判的公信力(而非约束力),[②]另一方面也是为了给其他宪法机关尽可能提供稳定、可靠的宪法解释。[③]因此偏离先例的裁判很少,到 20 世纪末也只有约 14 件,[④]而在这期间共有约 78 人担任联邦宪法法院大法官,就更可见偏离数量之少了。联邦宪法法院认为要有"新的认识"出现[⑤],也就是当"发生事实关系的改变而使规范解释发生变迁"、[⑥]出现所谓"本质性变化"(wesentliche Veränderungen)[⑦]或者发生"生活关系或普遍的法律见解的根本性变迁"时,[⑧]才能考虑修正先例。但联邦宪法法院仅仅是对于是否可着手进行先例修正给出了一些具有普遍性的前提限定,并未对修正的程度、方式和边界等问题做出抽象解释,仍借助个案进行具体确定。[⑨]

极少修正先例的另一个原因或许是联邦宪法法院运作的时间还较短,社会变迁的幅度尚没有非常大,所处理过的一些基础性法律问题大多没有重新检视的必要。[⑩]社会同质性和很高的受教育水平,也导

① 在 20 世纪末曾有学者进行过统计,高达 97%的联邦宪法法院裁判曾援引先例,对此参见 Robert Alexy & Ralf Dreier, *Precedent in the Federal Republic of Germany*, in D. Neil MacCormick & Robert S. Summers eds., Interpreting Precedents: A Comparative Study, Aldershot: Ashgate/Dartmouth, 1997, p. 23。

② Vgl. Thomas Lundmark, Stare decisis vor dem Bundesverfassungsgericht, Rechtstheorie 28 (1997), S. 315, 330.

③ Vgl. Michael Sachs, Die Bindung des Bundesverfassungsgerichts an seine Entscheidungen, 1977, S. 187.

④ 关于这些裁判的介绍和梳理,参见 Thomas Lundmark, Stare decisis vor dem Bundesverfassungsgericht, *Rechtstheorie* 28 (1997), S. 315, 331-337。

⑤ BVerfGE 2, 79, 92.

⑥ BVerfGE 39, 169, 181ff.

⑦ BVerfGE 82, 198, 205.

⑧ BVerfGE 20, 56, 87.

⑨ Vgl. Thomas Lundmark, Stare decisis vor dem Bundesverfassungsgericht, Rechtstheorie 28 (1997), S. 315, 340.

⑩ Vgl. Thomas Lundmark, Stare decisis vor dem Bundesverfassungsgericht, Rechtstheorie 28 (1997), S. 315, 341.

致了法官群体价值观的相近。[1]当然最重要的原因,还是对平等原则、[2]信赖保护原则[3]等的坚守,虽然允许一定程度上的先例修正,但仍要尽可能地尊重联邦宪法法院的裁判机制。法官要尽可能地摒弃以个人的政治或社会价值观来主导裁判乃至与先前裁判对立的做法,避免朝令夕改、昨是今非,从而才能维护法治的稳定和一贯,也才能维护联邦宪法法院的权威和存在价值。

总体而言,除了既判力产生约束的情形,联邦宪法法院的裁判对于其自身在后来的相同或相似案件中的审理判决,并没有强制性的法律约束力,相关在先裁判主要被认为是"先例友好型的智识渊源"(Präjudizien willkommene Erkenntnisquellen),[4]即宪法诉讼中的先例裁判为后来裁判中相同或类似法律问题的剖解释清提供了思路样本和论证启发,但并不强制后来裁判必须"萧规曹随"。

---

① Vgl. Thomas Lundmark, Stare decisis vor dem Bundesverfassungsgericht, Rechtstheorie 28 (1997), S. 315, 341.

② Vgl. Kay Hailbronner and Hans-Peter Hummel, *Constitutional Law*, in Werner F. Ebke and Matthew W. Finkin eds., Introduction to German Law, The Hague: Kluwer Law International, 1996, p. 43, 69.

③ Vgl. BVerfGE 84, 212.

④ Vgl. Dieter Wilke, Die rechtsprechende Gewalt, in: Josef Isensee und Paul Kirchhof (Hrsg.), Handbuch des Staatsrechts, Band V, 3. Aufl., 2005, § 112, Rn. 53.

第四章　德国判例运行的体制环境

判例的运行及其作用的发挥离不开其所身处的制度框架。德国判例制度是在特定的体制环境中生发出来的,而其拘束力的发挥更离不开诉讼法上具体制度的支撑。前者涉及德国的司法体制,后者则涉及强制上诉与偏离报告制度。我们将在本章来介绍德国判例运行的体制环境(司法体制),在后一章中再来处理判例运行的制度基础。

在德国,严格说来司法机关仅仅指法院,而检察机关与司法行政机关都属于行政机关。但由于后者与司法活动(侦查、诉讼或司法管理活动)联系密切,因此也属于广义的司法体制的内容。此外,律师制度与法律人的培养模式同样构成了一国司法制度的重要组成部分。这些不同子系统构成的德国司法系统,就是德国判例运行的体制环境。

一、法院系统

(一)设置与审级

德国法院系统具有三个特点:一是设有专门的宪法法院来受理宪法诉讼;二是普通法院与专门法院双轨并行,专门法院类型众多,包括行政法院、财税法院、劳动法院和社会法院;三是设有特殊法院(联邦专利法院与纪律法院)。此外,虽然德国是联邦制国家,法院系统可以分为联邦法院系统与州法院系统,但与美国不同之处在于，德国的两大法院系统之间强调的是一种“功能性协力关系”（funktionelles Zusammenwirken）。反映在法院层级上，除了宪法法院和纪律法庭外，普通法院与专门法院系统中的联邦一级法院都构成了相应州一级法院的上诉法院，而不是像美国那样的完全独立的两套系统。同时，五类专门法院的联邦级法院还建立有“联邦法院联席会议”来处理管辖权纠纷，协调彼此的工作。①

1. 宪法法院

德国宪法法院包括联邦宪法法院（Bundesverfassungsgericht）与州宪法法院两类。② 联邦宪法法院管辖违反德国基本法的案件，而各州宪法法院管辖违反各州宪法的案件。两类宪法法院之间相互独立，不存在隶属和审级关系。目前德国 16 个州均已建立宪法法院。③

联邦宪法法院设在德国西南部城市卡尔斯鲁厄（Karlsruhe），其目标在于维护好德国自由民主的基本秩序以及德国公民的基本权利。具体而言，其职权大致上可归纳为五个方面：（1）维持联邦体制的完整：裁决联邦与州之间或各州之间争议；（2）维持宪法机关整体运作的完整：裁决各宪法机关之间的争议；（3）维持宪法精神与法律体系的完整：审理联邦法律是否合乎宪法精神与价值；（4）维持民主价值与民主政治的完整：对于违宪政党的审理与解散；（5）维持基本人权的完整：当公民认为基本权利遭到公权力侵犯而提出控诉时，联邦宪法法院有义务加以审理。④ 其中最主要的任务是接受宪法诉愿（Verfassungsbeschwerden）和进行规范审查（Normenkontrollen）。遵守德国基本法是

---

① 参见张鹏飞：《简述德国司法制度》，载《中国司法》2004 年第 2 期。

② 德国各州宪法法院的命名并不一致，包括三种：第一种是“州名+宪法法院”字样，如“巴伐利亚宪法法院”（Bayerischer Verfassungsgerichtshof）；第二种是“州名+州宪法法院”字样，如“梅克伦堡－前波莫瑞州宪法法院”（Landesverfassungsgericht Mecklenburg－Vorpommern）；第三种是“州名+国事法院”字样，如“下萨克森国事法院”（Niedersachsicher Staatsgerichtshof）。

③ 2008 年 1 月，德国最后一家州宪法法院石勒苏益格－荷尔斯泰因州宪法法院成立，与州高等行政法院合署办公（但审判活动各自独立）。至此，德国所有州都建立了宪法法院。

④ 参见［德］库尔特·桑泰默、威廉·布莱克：《德国政府与政治》，张安蓝译，台北，五南图书出版股份有限公司 1999 年版，第 319－320 页。关于联邦宪法法院的管辖范围与程序种类，具体参见［德］克劳斯·施莱希、［德］斯特凡·科里奥特：《德国联邦宪法法院：地位、程序与裁判》，刘飞译，法律出版社 2007 年版，第 82 页及以下。

德国所有国家机关的义务,一旦对此发生争议就可以诉至联邦宪法法院。联邦宪法法院是德国最权威的宪法机构,审理案件实行一审终审制,其判决对于一切其他国家机关均具有拘束力。虽然其判决无疑具有政治效应,但它本身并不被认为是政治机构。它审理案件时仅以基本法为唯一准则,而不考虑政治目的,它只确立政治活动的宪法框架。联邦宪法法院由 16 位大法官组成,均分为 2 个审判合议庭(Senate),每个合议庭中又可由 3 位大法官组成小法庭(Kammer)来负责立案审查。各州宪法法院的组成不一(比如柏林州宪法法院由 9 位法官组成,而石勒苏益格-荷尔斯泰因宪法法院由 6 位法官组成),但审理案件时一般采取全席会议的形式。

与其他国家的司法审查体制相比,德国联邦宪法法院有着较为自主的审查权力:首先,就审查对象而言,联邦宪法法院具有最高的违宪审查地位,也因为宪法在法律体系中具有"最高性",因此所有宪法机关都在联邦宪法法院的审理范围内,包括法院体系、行政体系、立法体系及州政府等。其次,就规范审查的类型而言,德国联邦宪法法院具有"抽象规范审查"及"具体规范审查"的权力。抽象规范审查指的是宪法法院可以在法律公布以前或是实施以后,在没有具体适用案例的条件下,由申请人提请联邦宪法法院进行司法审查。而具体规范审查则是当法律公布后,因为该法律实施而有了争议案例时,宪法法院才得以在申请人提请审查的情况下进行的司法审查。当然,对于宪法法院判例而言,更有意义的是具体规范审查。最后,德国联邦宪法法院不回避政治问题的争议。美国司法审查中发展出所谓"司法自制"原则,也就是尽量避免司法审查介入政治运作。它强调的是民主优先,因而对于政治问题是否合乎法律规范的审理,司法审查应自我回避并交由民主程序来解决。但德国联邦宪法法院不适用这一原则,它可以就政治问题进行法律规范的解释或审查,使得宪法法院不仅成为宪法机关,也成为解决政治争议的重要机构。①

2. 普通法院

德国普通法院系统包括联邦最高法院(Bundesgerichtshof)、州高

---

① 参见沈有忠:《德国再起》,新学林出版股份有限公司 2018 年版,第 131-132 页。

等法院（oberlandesgerichte）、州法院（Landesgerichte）与地方法院（Amtsgerichte）四级，实行三审终审制，管辖民事与刑事案件。在州及以下的层面上，普通法院与下述专门法院都实行与行政区划适当分离的司法管辖制度。州的普通法院系统共有三级。全国共计州高等法院24家，其中11个州分别只设1家州高等法院，2个州各设有2家州高等法院，3个州各设有3家州高等法院。设1家州高等法院的，有的以所在州来命名，有的则直接以所在城市来命名[①]。设2家或3家州高等法院的，一般以所在城市来命名。[②] 州法院共有116家，均以所在城市来命名。地区法院共有661家，小城市设1家地区法院，大城市则可能按地域设多家地区法院。[③]

联邦最高法院是最高上诉法院（除了极少例外）。它的任务主要是通过澄清基本法律问题和进行法律续造来确保法律的统一性。联邦最高法院包括12个民事审判庭、5个刑事审判庭和8个专业委员会。民事案件原则上遵循专业领域来划分。截至2012年1月1日，12个民事审判庭主管的审判业务领域分别为[④]：第一审判庭主管著作权法、行业法、运输、仓储和货物法案件；第二审判庭主管公司法以及金融市场稳定基金法下产生的争议；第三审判庭主管国家责任法、公证员责任、居间法、委托法、无因管理、因法院审理和刑事侦查程序超期的赔偿；第四审判庭主管继承法、保险合同法案件；第五审判庭主管

---

① 属于后一种情况的共有4个州：德累斯顿州高等法院（萨克森州）、法兰克福州高等法院（黑森州）、瑙姆堡州高等法院（萨克森-安哈尔特州）、罗斯托克州高等法院（梅克伦堡-前波莫瑞州）。此外，柏林的州高等法院在称呼上与其他法院不同，被称为 Kammergericht Berlin（柏林高等法院），它的前身是皇家最高法院。

② 它们分别是：巴登-符腾堡州的斯图加特州高等法院和卡尔斯鲁厄州高等法院，莱因兰-普法尔茨州的科布伦茨州高等法院和普法尔茨的茨威布吕肯州高等法院，拜恩州的慕尼黑州高等法院、班贝格州高等法院和纽伦堡州高等法院，下萨克森州的不伦瑞克州高等法院、策勒州高等法院和奥尔登堡州高等法院，北莱因-威斯特法伦州的科隆州高等法院、哈姆州高等法院和杜塞尔多夫州高等法院。

③ 有德国学者曾将普通法院系统在全德的分布在德国地图上直观地标注出来，参见 Peter Gilles, Der Prozeß als Mittel zur rechtlichen Konfliktlösung, in: Dieter Grimm (Hrsg.), Einführung in das Recht, Heidelberg: Müller Juristischer Verlag, 1985, S. 270。

④ 要注意，德国法院内部各个审判庭的业务领域（或受案范围）以及法官的组成并不固定，可能会在每一年初制定的业务分配计划中调整。各个专门法院内部的审判庭也同样如此。

地产法、剥夺自由事项、相邻权法、住房所有权法案件；第六审判庭主管侵权行为法（如事故责任、产品责任和医疗责任）案件；第七审判庭主管承揽合同与建筑师合同法案件；第八审判庭主管买卖与房屋租赁法案件；第九审判庭主管支付不能法（指破产法和和解法）、关于律师与税务顾问责任的争议；第十审判庭主管专利与发包法、旅行合同法案件；第十一审判庭主管银行与资本市场法案件；第十二审判庭主管家事法与营业租赁法案件。刑事案件的分配主要按地域来划分，5 个刑事审判庭分散在全国 5 个地区，每一个审判庭都下辖数家州高等法院，作为它们的上诉法院：第一审判庭受理班贝格、慕尼黑、纽伦堡、斯图加特和卡尔斯鲁厄州高等法院的上诉案件；第二审判庭受理法兰克福、耶拿和科隆州高等法院上诉案件；第三审判庭受理策勒、杜塞尔多夫、奥尔登堡、罗斯托克和科布伦茨州高等法院上诉案件；第四审判庭受理哈姆、瑙姆堡、茨威布吕肯州高等法院以及来自卡尔斯鲁厄州高等法院下辖的巴登-符腾堡、弗赖堡、康斯坦茨、奥芬堡、瓦尔德舒特-提恩根州法院的第三审上诉案件；第五审判庭受理来自柏林高等法院以及勃兰登堡、布伦瑞克、不来梅、德累斯顿、汉堡、萨尔布吕肯和石勒苏益格-荷尔斯泰因州高等法院的上诉案件。但有一些特定类型的案件却是由指定的法庭单独受理的：第一审判庭集中受理军人犯罪、破坏国防安全犯罪、税收以及关税犯罪案件；第三审判庭集中受理颠覆国家的案件；第五审判庭集中受理交通方面的犯罪。值得一提的是，刑事审判庭还附设有调查法官（Ermittlungsrichter），6 位调查法官中除了第 4 位负责国际刑法上规定的犯罪活动外，其余 5 位分头负责涉及国家安全的各类犯罪活动。此外，目前联邦最高法院还设有 8 个专业审判委员会，即卡特尔委员会、公证事务委员会、律师事务委员会、专利代理事务委员会、农务委员会、审计师事务委员会、税务咨询与代理事务委员会、联邦公务法庭（《德国法官法》规定之法官、检察官等事项）。

为了维护和促进司法的统一，联邦最高法院设有大审判庭（Große Senate），包括一个民事大审判庭和一个刑事大审判庭。其任务主要在于对不同审判庭对相关法律问题所持的不同观点进行协调，并对具有根本性意义的法律问题做出决定。民事大审判庭由院长和每个民事审判庭各派一员组成，刑事大审判庭由院长和每个刑事审判庭各派二员组成。院长是该审判庭主席，当院长不能履职时，由大审判庭中任职时间最长的成员代任主席，后者也不能履职时，由大审判庭中任职时间次长的成员代任主席。此外，联邦最高法院还设有联合审判庭（Gemeinsamer Senat）来对共同的法律问题做出决定。它由普通法院和各专门法院的院长、各家法院内各个审判庭的庭长以及各个审判庭再派一员组成。

3. 专门法院

（1）行政法院。德国的行政法院分联邦行政法院（Bundesverwaltungsgericht）、州高等行政法院（Oberverwaltungsgerichte）和地方行政法院（Verwaltungsgerichte）三级，实行三审终审制。行政法院主要审理国家行政机关侵害公民合法权益的案件，实行复议前置。[①] 目前全国共有 15 家州高等行政法院，除了柏林与勃兰登堡两州共设一家高等法院（位于柏林）外，其余 14 家州高等法院与州一级行政区划一一对应。[②] 地方行政法院共有 51 家，除了位于石勒苏益格的石勒苏益格－荷尔斯泰因行政法院（Schleswig－Holsteinisches Verwaltungsgericht）外，其余均以所在城市来命名。

联邦行政法院位于德国东部城市莱比锡（Leipzig）。根据 2014 年年度业务分配计划，联邦行政法院分为上诉审判庭、专门审判庭、纪律审判庭、兵役审判庭、大审判庭等组织。上诉审判庭依据受案范围分为 10 个审判庭，专门审判庭审理《行政法院组织法》第 189 条确定范围内的案件，纪律审判庭受理根据联邦纪律条例确定的官员纪律案件，兵役审判庭按照受案范围分为 2 个审判庭。大审判庭的职责范围根据《行政法院章程》第 11 条确定，它由联邦行政法院院长担任主席，并由 10 个上诉审判庭、纪律审判庭和 2 个兵役审判庭各派一员组成。另外，联邦行政法院还设有调解法官（Güter Richter）。以 2014 年为例，该院共有二位调解法官，一位主管所有不涉及第八上诉审判庭业

---

① 参见王公义主编：《中外司法体制比较研究》，法律出版社 2013 年版，第 105 页。

② 州高等行政法院有两种命名方式：一种是“州名+高等法院”字样，如“汉堡高等法院”（Hamburgisches Oberverwaltungsgericht）；另一种是“州名+最高法院”字样，如“黑森最高法院”（Hessischer Verwaltungsgerichtshof）。

务的调解程序,另一位主管其他案件。

(2)财税法院。德国的财税法院分为联邦财税法院(Bundesfinanzgericht)与地方财税法院(Finanzgerichte)两级,实行二审终审制。财税法院审理纳税人告国家财税局的案件,但如触犯刑法则由普通法院管辖。目前全国共有19家地方财税法院。12个州分别只设有1家财税法院,一般以州名来命名。[①] 拜恩州设有2家财税法院,即慕尼黑财税法院与纽伦堡财税法院,其中前者在奥格斯堡还设立有涉外法庭。北莱因-威斯特法伦州在杜塞尔多夫、科隆和明斯特设有3家财税法院。而柏林与勃兰登堡两州共设一家地方财税法院(位于柏林)。联邦财税法院是管辖税收与关税案件的最高法院,位于南部城市慕尼黑(München)。根据2014年年度业务分配计划,联邦财税法院依据受案范围分为11个审判庭。大审判庭的职责范围根据《财税法院章程》第11条第2、4款以及第184条第2款第5目确定,它由联邦财税法院院长担任主席,并由各个审判庭各派一员组成。

(3)劳动法院。德国的劳动法院分为联邦劳动法院(Bundesarbeitsgericht)、州劳动法院(Landesarbeitsgerichte)和地方劳动法院(Arbeitsgerichte)三级,实行三审终审制。劳动法院审理劳动纠纷和工会纠纷,且仅受理双方有书面合同的争议,否则归普通法院管辖。[②] 目前全国共有18家州劳动法院,其中12个州分别设1家州劳动法院,均以州名来命名。拜恩州设2家州劳动法院,即慕尼黑和纽伦堡州劳动法院。北莱因-威斯特法伦州设3家劳动法院,即杜塞尔多夫、科隆和哈姆州劳动法院。柏林与勃兰登堡两州共设一家州劳动法院(位于柏林)。地方劳动法院共有125家,一般以所在城市来命名,但也有少数城市设有两家地方劳动法院的。联邦劳动法院位于德国中部城市埃尔福特(Erfurt)。根据2014年年度业务分配计划,联邦劳动法院依据受案范围分为10个审判庭。联邦劳动法院在审理案件时由三位职业法官与二位荣誉法官(来自雇主与雇员群体)[③]组成合议庭进行。大

---

① 只有一个例外,黑森州的财税法院是前面被冠以法院所在城市的名字,即卡塞尔的黑森财税法院(Hessisches Finanzgericht Kassel)。

② 参见肖扬主编:《当代司法体制》,中国政法大学出版社1998年版,第139页。

③ 荣誉法官相当于我国的人民陪审员。

审判庭的职责范围根据《劳动法院组织法》第45条第5款第1目来确定，由联邦劳动法院院长担任其主席，并由各个审判庭各派一员组成。

（4）社会法院。德国的社会法院分为联邦社会法院（Bundessozialgericht）、州社会法院（Landessozialgerichte）和地方社会法院（Sozialgerichte）三级，实行三审终审制。社会法院审理保险、事故、失业金、退休金、社会救济等由政府负责的赔偿及国际法律规定的福利费等。企业福利的发放产生的纠纷归普通法院管辖。社会法院审理案件不收费，不许律师参与，主要以调解结案。[①] 目前全国共有15家州社会法院，其中12个州分别设1家劳动法院，均以州名来命名。拜恩州设2家州社会法院，即拜恩州社会法院与位于施魏因富特的拜恩州社会法院第二分院。柏林与勃兰登堡两州共设一家州社会法院（位于柏林）。联邦社会法院位于德国中部城市卡塞尔（Kassel）。根据2014年年度业务分配计划，联邦劳动法院依据受案范围分为10个审判庭。根据2014年年度业务分配计划，联邦劳动法院依据受案范围分为14个审判庭，每个庭由庭长加上二到三位法官组成。联邦社会法院在审理案件时也须由荣誉法官参审，所以除了联邦劳动法院外，它是唯一一家需要荣誉法官参审的联邦法院。大审判庭构成复杂，由审理涉及被保险人、雇主、雇员、赡养权人、残疾人、熟悉残疾人补贴法和合伙法的人、合同医生、心理理疗医师、合同牙医、医疗保险公司的案件的部分审判庭成员，以及审理涉及市政首脑联盟联邦协会案件的部分审判庭成员组成。

4. 特殊法院

（1）联邦专利法院。联邦专利法院成立于1961年，位于慕尼黑，是最大的联邦法院（118位法官）。其审判组织包括6个专利无效宣告审判庭、1个法律诉愿和无效宣告审判庭、13个专利技术审判庭、7个商标诉愿审判庭、1个实用新型诉愿审判庭、1个品种保护诉愿审判庭。在组织上它归属于联邦司法部。它既可以作为一审法院受理宣告专利无效的诉讼，也可以作为二审法院来受理针对联邦专利与商标局就专利、商标、实用新型、外观新型做出之决定的诉愿，以及针对联

① 参见张鹏飞：《简述德国司法制度》，载《中国司法》2004年第2期。

邦品种局异议委员会就品种专利权做出之决定的诉愿。侵害工业专利权的案件不归联邦专利法院管辖,而由普通法院管辖。

(2)纪律法院(庭)。德国设有官员、法官、士兵、公证员、律师、审计师、建筑师、医生等职业的纪律法院(庭),[①]负责审理涉及职业人士触犯纪律问题的争议。以律师纪律法院(庭)为例,德国在联邦最高法院、州高等法院和州法院3个审计均附设或设有对应的律师法院(庭)。原则上一个州的全体律师组成一个律师公会,而每一个律师公会都设有一个州律师纪律法院。州律师纪律法院可按需要设立多个法庭,每个法庭由庭长和2名成员(均为荣誉法官)组成,他们均为所在地律师公会成员。州高等律师纪律法院(庭)附设于州高等法院,由2名职业法官和3名执业律师(荣誉法官)组成。联邦最高法院也设有律师纪律法庭,由联邦最高法院院长以及3名最高法院法官和3名作为陪审法官的律师组成。[②]

(二)法院内部的机构设置

1. 审判机构

德国法院的业务部门即审判机构,主要表现为审判合议庭。地方法院中通常设有专门处理亲属案件的家事法庭。刑事案件除了由法官独任审理外,还设有参审法庭,后者由一名职业法官和2名参审员组成。州法院设民事合议庭与刑事合议庭。民事合议庭由3名法官组成,除非根据诉讼法规定由独任法官裁判。刑事合议庭有大小之分,大合议庭由包括庭长在内的3名法官2名参审员组成,小合议庭由庭长和2名参审员组成。小合议庭只负责审理不服地方法院法官或参审法庭判决的上诉案件。此外,在设有监狱或保安处分等刑罚执行机构的地区的州法院,还设有刑罚执行庭。各州还可以在州法院内专门设立商事合议庭。州高等法院也包括民事与刑事审判庭。通常情况下,审判庭由包括庭长在内的3名法官组成。但如果是一审,则由包括庭长在内的5名法官做出裁判。[③]

---

① 参见顾俊礼:《德国政府与政治》,新北,扬智文化事业股份有限公司2002年版,第213页。

② 参见邵建东主编:《德国司法制度》,厦门大学出版社2010年版,第60-61页。

③ 参见邵建东主编:《德国司法制度》,厦门大学出版社2010年版,第41-42页。

2. 自我管理机构

各级法院内部的自我管理机构都是主席团(Präsidium)。主席团由院长或负有管理职责的法官以及一定数量的法官组成。法院的法官计划职位至少为80人的,选举产生10名法官进入主席团;法官计划职位至少为40人的,选举产生8名法官进入主席团;法官计划职位至少为20人的,选举产生6名法官进入主席团。[①] 主席团的主要职责是在每一业务年度开始时制定业务分配计划,以决定每个审判庭的组成以及审判庭中每位法官的业务分配。以联邦最高法院主席团为例,其主席团由院长(或副院长代行)和10位被选举出来的法官组成,负责制定年度业务分配计划,该计划主要包括如下事项:各审判庭法律案件的分配、审判庭的组成、调查法官的任命、指定各法官的副手及制定一般性规章制度。

二、检察系统

(一)设置与管理

德国检察系统分为联邦检察院和州检察机关两部分,联邦检察院虽然是法律上的最高检察机关,但与州检察机关之间却不存在领导和监督关系,两者只存在诉讼程序上的关系。[②] 在必要时,联邦检察院还可以将自己管辖的案件委托给州检察机关处理,但要派员指导。[③] 德国检察机关实行"审检合署",即与普通法院系统对应设置,各级检察机关派驻于各级法院之内,但在法律上与法院地位平等,不受法院管辖。与联邦最高法院对应的是联邦检察院(Bundesanwaltschaft),与州高等法院对应的是州总检察院(Generalstaats-anwaltshaft),与州法院对应的是州检察院(Staatsanwaltschaft)。地方法院一级一般没有对应的检察机关设置,其检察事务也由州检察院负责。[④] 州内两级检察机

---

① 参见邵建东主编:《德国司法制度》,厦门大学出版社2010年版,第43页。

② 参见郭成伟主编:《外国司法制度概要》,江苏人民出版社2001年版,第163页。

③ 参见《中国司法行政年鉴》编辑委员会编:《中国司法行政年鉴2003》,法律出版社2004年版,第856页。

④ 但有例外,即柏林和美因河畔的法兰克福分别设有一家地方检察院(Amtsanwaltschaft)来负责地方法院的检察事务。

关之间存在领导和监督关系，州高等检察院检察长（州检察总长）统一领导州高等检察院和州检察院（负责人为州高等检察官）的工作。同时，联邦检察院受联邦司法部的领导和监督，州高等检察院和州检察院受州司法部领导和监督。司法部不对检察院的具体办案活动发布指令，但负责监督检察院的工作并管理检察院的所有行政事务。目前德国设有21家州总检察院，除了萨尔州高等法院、卡尔斯鲁厄州高等法院和斯图加特州高等法院内不设州总检察院外，其余21家州高等法院内均设有对应的州总检察院。州检察院121家（另有2家地方检察院），均以所在地城市命名（其中达姆城在奥芬巴赫设有第二分检察院），10个州设有专门检察院。

1. 联邦检察院。严格说来，这家设立于1950年的机构的正式称呼是“联邦最高法院中的联邦总检察长”（Der Generalbundesanwalt beim Bundesgerichtshof）。因而联邦总检察长不被视为是个人，而是国家保护领域的最高刑事追诉机关，联邦检察院的其他成员即联邦检察官（Bundesanwälte）都是作为联邦检察总长的代理人并以后者的名义来活动的。此外，另有州高等检察官（Oberstaatsanwälte）与州检察官（Staatsanwälte）及其业务助手在一段时间（一般是3年）被委派到联邦总检察院办公室工作。联邦检察总长的主要任务包括：对危及联邦德国内部安全（尤其是恐怖袭击）与外部安全（叛国、间谍活动等）的刑事犯罪以及《德国国际刑法典》上的犯罪行为提起第一审公诉，并参与联邦最高法院刑庭审理的上诉审与诉愿案件。此外，在联邦司法部的业务范围内联邦总检察长还是联邦的“代理人”，其在涉及联邦最高法院、联邦行政法院、联邦财税法院和联邦纪律法庭的行政程序与诉讼程序中代表国家。联邦总检察长办公室位于卡尔斯鲁厄，但参与上诉的部门位于柏林的联邦最高法院第五刑事审判庭内。

2. 州检察机关。州检察机关依据其主管范围可以划分为不同的部门，每个部门都由一位州高等检察官担任主任，视情况还可能设一位或多位组长，每个部门和小组依业务量配备数量不等的州检察官。主管范围通常按照犯罪类型来划分，大体都设有死刑罪部门、经济犯罪部门（一个或多个）、麻醉剂与药品犯罪部门、专门处理青少年犯罪的部门、执行部门以及将其他非特定犯罪类型合并处理的一般犯罪部门。在部门内部，每位州检察官都指挥一个科室（办公室），每个科室的活动由部门主任根据业务分配计划分配，并在自己主管范围内依据指令来开展业务。

3. 专门检察院（Schwerpunktstaatsanwaltschaften）。通常情况下，每个州检察机关都有权在其所附属的法院所管辖的地域之内管辖所有类型的刑事犯罪。但对于特定类型的犯罪活动可以超出州法院或州高等法院的地域之外委托给受理特定犯罪的专门检察院来受理。这么做的原因主要在于对某些类型犯罪活动的追诉涉及专门知识（例如经济犯罪、民主德国政府的不法行为、计算机犯罪等）。巴登-符腾堡、拜恩、勃兰登堡、黑森、下萨克森、萨克森-安哈尔特、北莱茵兰-威斯特法伦、莱茵兰-普法尔茨、石勒苏益格-荷尔斯泰因和图林根州都设有专门检察院。例如，拜恩州于 2009 年在慕尼黑针对兴奋剂犯罪设立了第一家专门检察院，还设立了一家追诉经济犯罪的专门检察院，勃兰登堡州于 2000 年在诺伊鲁平设立了追诉腐败犯罪的专门检察院，萨克森-安哈尔特州在哈勒设有针对有组织犯罪和网络犯罪的专门检察院，等等。此外，在柏林、不来梅、莱茵兰-普法尔茨和萨尔州还设有专门的刑警专员。

（二）主要职能

1. 侦查犯罪。只要检察机关根据告发或通过其他途径知悉有嫌疑人发生了犯罪活动，它就有为公诉而启动侦查案件事实之程序的任务。它不仅有义务调查不利于嫌疑人的案件情节，也有义务调查有利于嫌疑人的情节并同等地考虑后者。为了满足这一任务，检察机关有权要求从任何国家机关那里获得信息并自行采取所有的调查手段（逮捕需法院签发命令）。德国奉行“检警一体化”原则，检察机关拥有组织、指导、协调侦查过程等权力，检察官可以就侦查活动向警察发出指令。[①] 在实践中，在轻微刑事犯罪或中度刑事犯罪活动发生时，一般先由警察在例如 10 周的期限内进行侦查，然后将案卷移送给检察机关。检察机关来决定是否要进行补充侦查，或者是否可以结束侦查并终结案件或者提起公诉。但检察人员在特定情况下也可能参与外勤活动，例如，当

---

① 因为检察机关没有执行侦察和搜查的部门，所以有时被称为“没有手的头脑”（Kopf ohne Hände）。手的职能主要是由警察来完成的，后者是检察机关的侦察人员。

要进行更大范围的搜查、意义特别重大的搜查或更严重的犯罪发生时。在涉税案件中，检察机关的任务不那么清楚，因为财税局、海关总署、家庭保险机构或联邦税务中心局都有进行刑事追诉的任务。

2. 提起公诉。检察机关在侦查之后确信嫌疑人存在充分的犯罪嫌疑时，就会向主管法院提交起诉书（合法性原则）。但是，即使侦查活动足以证明可以提起公诉，检察机关有时也可以不提起公诉（某些情形中需要法院的同意），只要在刑事诉讼法中详细阐明的不同立场的重要性要高于进行刑事追诉的公共利益（机会原则）。与普遍的观念相反，检察机关并不一定在所有情形下都要努力促成被告人的定罪，它也可以提出对被告人有力的证据。它不是刑事诉讼中的一方当事人，既不与法院站在一边，也不一定站在被告人或其代理人的对立面。

3. 执行判决。检察院也是法律上的执行机关，负责监督生效的刑事判决的执行。它监督罚金刑的执行，监督被判自由刑但却仍然自由的人服刑，必要时签发拘提令或监禁令。它要确保监禁的类型和期限与判决相符。它也要负责犯罪工具、盗窃所得及类似物品的罚没、估价和销毁等工作。

4. 刑法之外的职能。检察机关还是治安管理和针对非法提供法律服务行为的主管行政机关。在民事案件中，检察机关参与宣告死亡的程序。有时，州（总）检察院也代表联邦和州参加针对司法财政部门的民事诉讼。

三、司法行政机关

（一）机构设置

德国司法行政机关分为联邦与州两级，即联邦司法与消费者保护部（以下简称联邦司法部）[①]和州司法部。司法部长一般为同级立法机关议员、同级政府的内阁成员。[②] 州司法部的设置与州一级的行政

---

① 联邦层面的司法行政机关以前只称为“德国联邦司法部”，但2013年内阁履新之后将其改为“德国联邦司法与消费者保护部”，赋予其司法之外的消费者保护职责。

② 参见张鹏飞：《简述德国司法制度》，载《中国司法》2004年第2期。

区划相对应,因此现在全德共有 16 个州司法部。[①]

1. 联邦司法部。联邦司法部位于柏林,[②]其领导是联邦司法部部长,他是联邦政府的内阁成员,对内阁的决策发挥影响并在自己的领域内负政治责任。司法部部长的副手是两位议会国务秘书(Parlamentarischen Staatssekretäre),他们主要负责与众议院、参议院以及政党之间的联系,同时分头管理司法部下设的部门。两位议会国务秘书又各有一位国务秘书(Staatssekretäre)来协助其分管的工作。在联邦司法部中工作的人员,除了本部人员外,尚有来自各州的法官、检察官和行政官员,他们是一定期限(通常是 2—3 年)内被委派到联邦司法部来工作的。

联邦司法部分为局(Abteilungen)、分局(Unterabteilungen)和科室(Referate)三层。目前联邦司法依据业务范围来划分为 6 个局,其领导是属于政务官的部门主任,部门主任负责监管和协调局内部的工作以及确保司法部高层与部门之间的信息交换。每个局下面又分为 2 个或 3 个分局,分局负责领导属于它的科室并为后者作工作规划。科室是司法部的基层单位,做具体的事务工作。具体来说:(1)司法行政局(Z 局):A 分局负责人事、组织、薪金、差旅、行政设施、新闻事务等;B 分局负责预算、法律事务、法律资讯、保密、信息与保密技术、研究、统计等;另设有一个消费者政策项目组。(2)司法制度局(R 局):A 分局负责法院组织、司法事务法、民事诉讼法、劳动法院程序法、行政、财税与社会法院组织与程序、强制执行与强制拍卖、家事法庭程序与自诉程序、破产法、调解法、国际儿童事务冲突、纳粹时期司法与司法行

---

① 州司法部的命名方式十分多元化:(1)“州名+州司法部”字样,如“拜恩州司法部”(Bayrisches Staatsministerium der Justiz);(2)“州名+司法部”字样,如“黑森司法部”(Hessisches Ministerium der Justiz);(3)“州名+司法与平权局”字样,如“汉堡司法与平权局”(Behörde für Justiz and Gleichstellung Hamburg);(4)“州名+司法机关”字样,如“巴登-符腾堡司法机关”(Justiz in Baden-Württemberg);(5)“州名+州的司法部”字样,如“勃兰登堡州的司法部”(Ministerium der Justiz des Landes Brandenburg);(6)“州名+司法与宪法委员”,如“不莱梅司法与宪法委员”(Senator für Justiz und Verfassung Bremen);(7)“州名+司法与消费者保护委员会”字样,如“柏林司法与消费者保护委员会”(Senatsverwaltung für Justiz and Verbraucherschutz Berlin)。

② 联邦司法部的主要办公场所在 1999 年从波恩搬至柏林,但现在仍有 15 位左右的工作人员留在波恩办公。

政的清理等；B 分局负责律师、专利代理人和公证员职业法、刑事程序法（诉讼、侦查、强制措施）、法官法、法官的薪金和培训、诉讼费用与律师费用使用法等。（3）民法局（Ⅰ局）：A 分局负责家庭继承法、儿童立法、赡养调解法、租赁法、国际民事诉讼法、简易诉讼法、国际私法、抚养法、妇女政策等；B 分局负责民法总则、债法、损害赔偿法、航空交通法、物权法、土地法、平等权法等。（4）刑法局（Ⅱ局）：A 分局负责刑法典总则、分则，附属刑法，治安管理法，赦免法，刑事追诉赔偿，经济、计算机、腐败、环境问题的刑法规制，青少年刑法，犯罪人与受害人和解，麻醉剂与交通刑法，国际犯罪预防，犯罪学与犯罪预防，以及弥偿规则项目组；B 分局负责国家安全刑法、国际刑法、刑法施行法、缓刑帮助、联邦中央登记、中小企业中央登记、欧盟与多层面的刑法合作、国际反恐等。（5）商法与经济法局（Ⅲ局）：A 分局负责欧盟公司法、康采恩法、重组法、公司法（组织、治理法）、账目报告、账目公开、账目审查法、运输法、商人法、商业与企业登记、合作社法、有价证券法、保险法、金融市场法、税法；B 分局负责卡特尔法，电信媒体法，对外贸易法，教育、研究、新技术与文化法，中小企业与手工业法，能源法，著作权与版权法，专利与发明法，商标法，反不正当竞争法，反盗版法，公共土地与森林经济法，食品与消费者保护法以及交通法。（6）宪法、行政法、国际法与欧盟法局（Ⅳ局）：A 分局负责基本法、国家机关组织法、财政组织法、法律考试、语言答疑、一般行政法、国家责任法、公共服务法、兵役与徭役法、资料安全法、联邦统计法；B 分局负责宪法法院法、司法组织法、国外难民法、劳动与社会法、名誉恢复法、健康保护法、疾病与护理保险法、警察法、新闻广播法、登记与通告法、环境法、建筑法、原子能法、危机处理、武器与炸药法、行政成本法、空间规划法，以及欧盟资料保护指针项目组；C 分局负责人权、欧盟原则问题与法律问题、欧盟程序法、国际法、国际组织法、国际司法、国际条约法。

2. 州司法部。各州司法部除了在本州范围内负责与联邦司法部相类似的事务外，一般还设有管理监狱、司法考试和任命普通法院执行员等机构。

(二)主要职能

联邦司法部与州司法部都拥有广泛的立法、司法和行政方面的权力。

1. 联邦司法部。基本职能包括:(1)制定法律草案和审查法律草案的合法性。联邦的部门法由各主管部门提出草案,分送联邦政府各部长讨论,再由联邦司法部部长对草案是否符合德国基本法和整个法律体系签署评价意见后,才送议会审议。联邦司法部部长对不符合条件的草案有否决权。(2)初步违宪审查。宪法法院对于其他部门的文件进行违宪审查前,先要交付联邦司法部进行初步审查,然后再移送宪法法院审理。(3)提请联邦法院法官任命、提请联邦总检察长和州高等检察院检察官任命。(4)领导联邦检察院。(5)领导联邦专利局的工作。联邦专利局负责联邦专利登记、外国人在德国的专利登记以及专利保护工作等。(6)管理各联邦法院的经费、行使法院内部的行政管理权。①

2. 州司法部。基本职能包括:(1)任命州和州以下的法官和检察官。(2)领导州高等检察院和州检察院。州总检察长和州高等检察官受州司法部部长领导,州检察院检察官也受州司法部部长领导。(3)统一管理州各级法院的经费,行使州法院系统各级法院的行政管理权。(4)管理监狱。德国在联邦一级不设自己的刑罚执行机构即监狱,刑罚执行属于各州内部的事务。(5)设立国家考试局,负责本州国家考试的组织实施以及法律职业培训。(6)任命普通法院执行员。(7)任命公证员,进行公证管理。(8)负责法律援助和法院诉讼费用的减免。(9)参与社区矫正、违法行为教育矫治。(10)律师管理。

德国法院系统、检察系统与司法行政机关之间的关系可以用如下示意图4-1来表示:

---

① 参见《中国司法行政年鉴》编辑委员会编:《中国司法行政年鉴1995》,法律出版社1996年版,第1199页;王公义主编:《中外司法体制比较研究》,法律出版社2013年版,第115页。更准确地说,联邦司法部负责管理的是联邦最高法院、联邦行政法院与联邦财税法院的司法行政事务。联邦劳动法院与联邦社会法院的相关事务分别由联邦劳动部和联邦内政部负责。参见德国学术交流中心编:《德国联邦司法部》(宣传册)2009年。

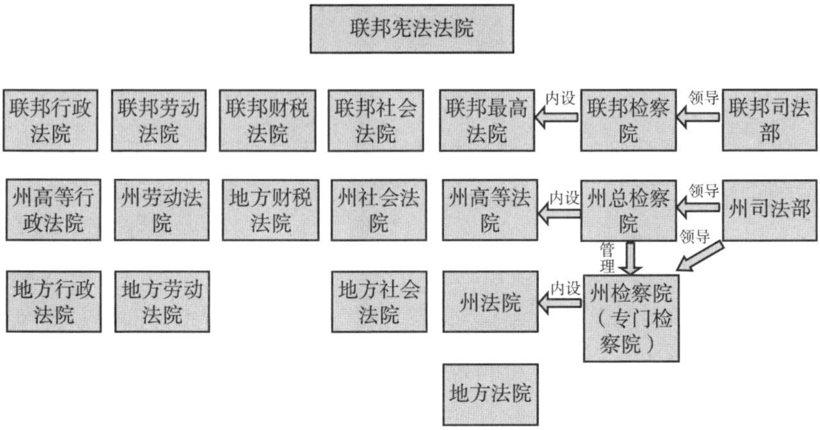

图 4-1　德国司法机关关系结构概览

四、律师制度

（一）执业活动

根据德国的《联邦律师条例》，律师既是自由职业者，也是独立的司法组织。前者意味着律师是一个独立于其他法律职业的法律从业者，在法律上与法官、检察官具有同等地位；后者意味着律师不仅是为委托人提供法律服务的自由职业者，也有义务维护法律制度的正常运作，为实现司法公正而工作。①

1. 执业许可。律师执业的前提是获得律师资格，而获得律师资格的前提是通过两次国家考试（司法考试）以及符合法律规定的国籍和道德的条件。德国州一级的司法行政部门是律师执业的审批主体，它负责对申请执业的材料进行核实，符合法律规定即授予律师资格。只有在法律明文规定时，才能拒绝授予律师资格。审批程序为：首先，申请人必须向所在州司法部提出书面申请。其次，州司法部从该申请人打算谋求律师职业的地区所属的律师公会索取关于该申请人的鉴定书。鉴定书中应当对可能的拒绝理由予以说明。如鉴定书中没有提出拒绝理由（律师公会如果在 2 个月内既不提交鉴定书又不说明原因的，州司法部可以推定没有拒绝理由），州司法部可就取得律师执业资

① 参见邵建东主编：《德国司法制度》，厦门大学出版社 2010 年版，第 56-57 页。

格的申请作出决定。最后,取得律师资格后,申请人必须向拟执业地的法院申请注册,经法院审核同意后,在法院进行宣誓,并在法院的注册律师名录上登记、颁发执业许可证。如果是律师公会出具了拒绝的鉴定书,州司法部暂不对律师资格申请作出决定,而是将鉴定书副本送达申请人。申请人可在收到副本1个月内向律师纪律法院(庭)申请裁决。如法院(庭)推翻律师公会的鉴定,州司法部就应当赋予申请人律师资格。如法院(庭)支持律师公会的鉴定,则判决生效之时即被认为是拒绝了律师资格申请。当然,对判决不服的还可以向联邦最高法院上诉。如果是州司法部对律师资格申请作出了否定决定,应说明理由并送达申请人,申请人不服的,可在收到决定后1个月内请求律师纪律法院(庭)予以裁决;或者如果州司法部无充分理由在3个月内不予决定的,申请人也可以申请纪律法院(庭)予以裁决。对判决不服的同样可以向联邦最高法院上诉。

2. 执业方式。德国强调律师的独立性,律师不能受雇于政府和公司,所以德国没有专门的政府律师和公司律师队伍。[①] 但也存在例外情况,即当律师担任政府官员或政府机关临时雇员时,在不危害司法公正的前提下,司法部可以根据其申请准许其继续执行律师事务。此外,高等院校法律教师也可以充当辩护律师。律师有资格担任法律顾问,可以是各种法律事务的代理人,也可以是刑事案件的辩护律师和法院、仲裁机构的委托代理人。在民事诉讼中,律师可以在联邦的法院、州高等法院和州法院出庭代理诉讼。刑事案件中,任何律师可以在全联邦的法院进行辩护,但劳动法院除外。律师执业的场所是律师事务所,主要有个人执业、联合执业、合伙(包括合伙公司)、有限责任公司、无限责任公司和两合公司等形式。其中个人执业是指律师个人独自设立律师事务所,以自己的名义开展业务并独立承担法律责任。联合执业是指为降低办公成本,几个律师共同租用办公场所和文秘,但联合执业后各律师仍以自己的名义开展业务并独立承担法律责任。这两类形式占到律所总数的70%~80%。合伙是指律师以合伙协议为

---

① 参见《中国司法行政年鉴》编辑委员会编:《中国司法行政年鉴2004》,法律出版社2005年版,第771页。

基础,共同出资、共同管理、按协议分成、相互承担无限责任的执业方式,但合伙人仍以自己的名义执业。这类形式占律所总数的20%左右,其他形式的律师极少。无论哪种形式的律所,其执业前都需向律师公会提交相关证明材料。

（二）组织形式

德国律师进行行业自律管理,由律师依法组成律师公会(Anwaltsverein)行使对律师的管理和服务职能。德国实行律师强制入会制,所有执业律师都必须加入一个州律师公会,州律师公会又是联邦律师公会的会员。州律师公会与联邦律师公会相互独立、互不隶属。律师公会的性质属于公法社团法人,由司法行政部门批准设立,无须进行工商、社团等登记。律师公会与司法行政机关没有隶属关系,但司法部有权对律师公会进行监督。具体包括:律师公会应将大会选举的结果和决定向司法部报告;修改章程、制定律师行业规范等须报司法部备案;每年应向司法部提交年度工作报告等。①

1. 德国律师公会(联邦律师公会)。联邦律师公会设有大会、理事会、主席团、委员会、州级联合会等组织。大会是律师公会的权力机构,一般每年召开一次,选举理事会成员,决定律师界具有普遍意义的重大事务。理事会是大会的常设机构,履行大会的职责,理事成员由大会从执业律师中直接选举产生。理事会从理事中选举产生主席团,主席团由主席、副主席、财务主管组成,履行由法律或理事会决议委派的日常事务;主席在诉讼中和诉讼外代表律师公会,协调律师公会和理事会的业务交往,执行理事会和律师公会的决议,主持理事会的会议和律师公会大会。② 目前联邦律师公会理事会共有28位理事,其中8位为主席团成员(1位主席、7位副主席,副主席中有1位是财务主管),另有一部分是地方律师公会或地区性的州联合会的主席。从联邦律师公会成立之日起就设有一定数量的委员会来协助理事会和律师公会的工作,委员会工作是无薪酬的,其成员均为会员中的资深或

① 此外,德国还有一个以维护律师利益、开展业务交流为己任的律师协会,律师协会属于私法社团法人,与律师公会性质不同,也没有隶属关系。参见王公义主编:《中外司法体制比较研究》,法律出版社2013年版,第128-129页。

② 参见邵建东主编:《德国司法制度》,厦门大学出版社2010年版,第60页。

杰出律师。目前共有 1 个立法委员会和 40 个专业委员会。立法委员会的任务是代表律师公会对所有相关的法律草案发表意见,专业委员会包括律师职业伦理委员会、律师公证业务委员会、培训与进修委员会、非诉调解委员会、外国人与政治避难法委员会、国际协会联合会国内委员会、电子法律事务委员会、欧洲合同法委员会、危险防控委员会、宪法委员会、民法委员会、商法委员会、家庭法委员会、劳动法委员会、继承法委员会、职业法委员会、银行与资本市场法委员会、性别委员会等。此外,联邦律师公会还设有州级联合会,它是地方律师公会与联邦律师公会的中介。目前州级联合会共有 29 位成员,除了州级联合会议主席外,其余成员分别由来自各州的 1—3 位代表组成,平时的办公地点在各自的城市。柏林、不来梅、汉堡以及萨尔州的州级联合会的角色由各自的地方律师公会本身来承担。联邦律师公会的业务场所有两处,一处是国内的柏林,另一处是比利时的布鲁塞尔。它还下设一家位于柏林的培训、进修与服务公司以及德国律师出版社。

2. 地方律师公会。德国的地方律师公会包括两类:一类是州律师公会,另一类是设在国外为德国律师服务的地方律师公会。德国按照“一州一会”的原则设立州律师公会,每个州律师公会之下按照本州的地域又可以设有数量不等的地区律师公会。州律师公会是州内的律师行业管理组织,行使法律赋予的各项管理职责。它的组织形式与联邦律师公会大体一致,也设有大会、理事会、主席。它的主要职能有:对律师违反职业道德的轻微行为进行处分(训诫);制定本州律师执业的行为准则;制定律师会员福利计划;制订执业教育和培训计划,为会员提供咨询;调解会员之间、会员与委托人之间的纠纷;监督会员履行义务;推荐会员担任律师纪律法院(庭)法官和司法考试委员会成员;向州司法部出具申请律师资格人员鉴定书;对实行律师进行培训等。除此之外,德国目前还在巴西、法国(巴黎、斯特拉斯堡①)、希腊、英国、意大利、波兰、葡萄牙、西班牙、土耳其设有海外的德国地方律师公会。所以,目前德国共有 26 个地方律师公会。

---

① 法国城市,位于法德交界处,欧洲人权法院所在地。

五、统一法律人培养模式

德国采取的是一种统一法律人(Einheitsjurist)培养模式,亦即不区分不同的法律职业类型(法官、检察官、律师等),其中心形象是法官。也就是说,不管从事何种法律职业,均以培养从事法官职业的能力为目标。[①] 而这又是以一元的考试模式——国家考试(Staatsexamen)为前提的。

(一)大学教育

德国的法学教育属于各州管辖的事务,因此不存在全德国统一的法学教育制度。德国大学法律院系的学生都是中学毕业后直接进入大学学习法律的,这些大学一般为公立大学(州立大学)。法律院系学生在校正常的学习时间为 8 个学期即 4 年,但这种限制不具有强制性,学生在理论上可以无限制地读下去。[②] 法学教育采取双轨制,即由大学基础教育阶段与实习阶段两部分组成,是学术教育与职业教育相结合的体制。两个阶段结束的标志即两次国家考试。

大学教育以传授比较抽象的法学理论知识以及训练案例分析技术为主要内容,以必修课为主,包括民法、刑法、公法、诉讼法、欧洲法、法学方法论以及法哲学、历史学、社会科学基础等。课程类型包括讲授课(Vorlesung)、练习课(Übung)与专题研讨课(Seminar)。讲授课注重对抽象的概念和原理的传授,旨在向学生全面传授法学基础知识。讲授课一般不考试。练习课围绕相关部门法的案例与教义学知识来展开,期末需要考试。考试分为闭卷考试和撰写论文两方面,闭卷考试的内容为案例分析,论文则是就考官所出的题拿回家去围绕主题撰写。研讨课一般都选择某个专题进行讨论,主要面向高年级学生开设,学生须在参加之前的较长时间内选定题目并撰写论文,然后在课前提交论文,在课上宣读论文,然后在教授的主持下由其他同学发表意见和评论,展开讨论。此外,教授的学术助手还会给学生开设小型研讨课(Kolloquium)、设立学习小组(Arbeitsgemeinschaft),帮助学

---

① Vgl. Ludwig Koch und Matthias Kilian, Anwaltliches Berufsrecht, 2007, S. 7.

② 为了提高通过第一次国家考试的概率,许多学生会选择多读几个学期,准备充分之后再毕业(参加第一次国家考试)。

生深化提高。

(二)国家考试

大学教育阶段完成的标志是第一次国家考试,法学院系学生只有通过第一次国家考试才能获得法学专业毕业文凭。国家考试属于司法行政事务,归各州司法部负责。州司法部设有国家考试局,考试局主席和副主席由职业法官和高级行政官员担任,其他成员包括法官、检察官、律师、公证人、行政官员、大学教授和高校教师等。[①] 考试局在遵循联邦制定的标准的前提下,自行组织实施考试。考试一般分为笔试和口试两种方式。其中笔试又分为当场闭卷考试和家庭论文两类,前者须在规定的地点和时间内完成,后者则允许带回家在规定时间内完成。考生只有笔试达到一定成绩,才有资格参加口试。口试当场进行,旨在考查学生的理解能力、应变能力和口头表达能力。在权重方面,笔试约占70%,口试约占30%。笔试和口试均合格后,学生就取得了第一次国家考试的合格证书。[②]

申请者通过第一次国家考试后,取得实习资格,需要到各个实务部门进行为期2年的实习,这一阶段主要由各州高等法院负责管理。学生实习的站点分两类,一类是必经站点,另一类是选择性站点。必经站点包括普通法院的刑庭、民庭、检察机关、行政机关和律师事务所。各州法律可以规定将实习期的一部分安排在劳动法院进行,以替代普通法院民庭;可以将实习期的一部分安排在行政法院、财税法院或社会法院进行,以替代行政机关。另外,在大学法律院系(大学教育阶段不上课期间不低于3个月的实习期)和德国行政学院(设在施拜尔)接受的实习教育可以折抵实习期。选择性站点包括联邦或州的立法机关、公证处、工会或雇主联合会或职业自治团体、国际组织或外国教育机构、外国律师事务所。各必经站点的实习时间不得低于3个月,其中律师事务所的必经站点教育至少为期9个月,而在选择性站

---

① 参见邵建东编著:《德国法学教育的改革与法律职业》,中国政法大学出版社2004年版,第6页。

② 当然,德国第一次国家考试也在进行改革,例如将选修科目的考试划归各大学自己组织,而将必修科目的考试交由国家考试来进行,从而将"第一次国家考试"变为"第一次考试"(参见邵建东主编:《德国司法制度》,厦门大学出版社2010年版,第35页)。

点的实习时间须在 4 个月以上 6 个月以下。每一实习环节结束，指导者都要出具一份证明，对实习生实习期间表现出来的工作能力、知识面、品德操行以及取得的成绩作出评价。实习最后有一个总分，如果合格，则可申请参加第二次国家考试。

第二次国家考试仍由各州司法部国家考试局组织实施。第二次国家考试主要在于考查综合能力，也包括笔试和口试。与第一次国家考试不同，这次考试完全由来自司法实践部门的人命题，笔试更倾向于司法实践的内容，特别是在实习必经站点所学到的实际知识，而且州法的内容在考试中占有较重的分量。口试的内容涉及整个法律领域，形式与第一次国家考试也有所不同，由来自不同实务部门的四位专家组成小组负责对考试进行口试，对申请者的专业知识和业务能力作出全面的评价。通过第二次国家考试者，就可以获得“候补文官”(Referendar)资格，申请法官、检察官、高级行政官员和律师职务，但是究竟能否担任这些职务还要看具体的职位空缺。实际上在德国每年的法官与检察官的空缺远远赶不上获得候补文官资格的申请者人数，所以 3/4 的人只能选择从事律师行业。

国家考试(无论是第一次还是第二次)原则上只准重考一次，如果考生两次都没有通过第一次国家考试或第二次国家考试，他就永远失去了从事法律职业的机会。考虑到第一次国家考试的实际通过情况①，目前许多德国学生在大学教育阶段结束后并不立即提出参加第一次国家考试的申请，而是全力投入到考前准备工作中去，并没有较大把握不参加考试。

六、小结：德国司法体制与判例文化

通过以上的介绍可以发现，在德国，判例、尤其是联邦宪法法院和联邦最高法院的判例之所以具有很大的权威性，是因为得到了体制环境强有力的支持。具体而言：

第一，法院系统构成了整个司法体制的中心。检察机关内设于法

---

① 第一次国家考试一般会有 1/3 的不及格率，在通过的考生中也有一般以上的成绩仅为及格或中下。第二次国家考试及格率较高，全德平均为 90%。

院。司法行政机关尽管具有广泛的职权,但在与司法相关的实务上更多承担的是司法行政管理工作。律师虽是自由职业者,但有着严密的组织,律师违反职业准则活动要受到纪律法庭的调查和处理。总的来说,司法活动呈现“以审判为中心”的鲜明特征。正如本书第二章所说的,所有这些组织和个人都有服从宪法与法律的义务,而宪法与法律的内容则是由法院来决定的,这些决定就体现为一个个的判例。

第二,联邦宪法法院具有超然的宪法地位和极大的权威。作为“宪法的守护者”,联邦宪法法院在宪法问题上拥有最终的决定权,其判决对于一切其他国家机关均具有拘束力。它的规范审查权(违宪审查权)确保了它作为“消极立法者”的地位,也即对某些普通立法条款可因违宪而宣布无效。因此,它的存在保证了以德国基本法为效力顶点的法律体系的内在统一性,而这又是以宪法法院的判例为载体的。各州宪法法院也以类似的方式保证了本州法律体系的统一性。因此可以说,宪法法院的判例对于任何机关和个人都具有最高的权威。

第三,联邦法院系统和州法院系统之间的功能协力关系确保了司法的纵向统一。联邦法院系统与州法院系统并非彼此不相关的两套独立系统,联邦一级的相关法院都构成了相应州一级法院的上诉法院。这种事实上的等级关系确保了联邦最高法院、联邦行政法院、联邦财税法院、联邦劳动法院和联邦社会法院的判例在相应的州法院系统中具有权威性和拘束力。

第四,联邦最高法院的内设机构确保了司法的横向统一。联邦最高法院内设的大审判庭确保了民事审判的统一、刑事审判的统一以及民事和刑事交叉问题上的意见一致。联合审判庭的设置确保了联邦最高法院、联邦行政法院、联邦财税法院、联邦劳动法院和联邦社会法院对共同的法律问题作出一致的决定。当个别的审判庭或法院要偏离既有的判例时,要向相应内设机构提出偏离报告,由内设机构作出决定。这同样保证了判例具有极大的拘束力。

第五,统一法律人培养模式孕育了尊崇判例的法治文化。德国的大学法学教育和国家法学考试的目标是培养以法官职业能力养成为核心的法律人,因而教学活动中辅之以大量的判例解析,国家考试亦以案例分析为主。虽然不乏批判,但联邦宪法法院和联邦最高法院的见解在学生中被不自觉地奉为权威。这样的培养模式决定了法学院的学生今后无论从事何种法律职业,都会将法院的判例视为其职业活动中绕不过去的重要法律依据。

第五章　德国判例运行的制度基础

当现代国家在成文法的一致性方面获得了成功之后，立法者必定要寻求一种手段来保障司法的一致性。因为在现代，不一致的（unruhig）法律实施以及复杂的法律发现和法律适用方法已经不再适用于促进和保障成文法律的一致了。[①] 现行德国法在保障司法一致性的过程中，始终寻求一种让法官在面对先前判决时在自由和约束之间寻求平衡的中间道路[②]。原则上讲，法官没有义务受先前判决的制约，除非该判决源于最高级别的法院或者成为了固定的司法实践（feststehendes Judikatur）[③]。这种基于审级的遵照，其实践逻辑在于：上级法院的司法判决可能展现更大的正义，加之具有在法律途径上的"长臂"特点，使其在总体上能够保证后案司法的一致性。[④] 然而，满足这种假设的前提是上级法院自己的判决必须是一致的，因为如果上级法院自身的判决之间也存在分歧，那就无法做到保障司法的一致性。为了实现高级法院的一致性，德

---

① Vgl. Ernst-Walter Hanack, Der Ausgleich divergierender Entscheidungen in der oberen Gerichtsbarkeit, 1962, S. 353.

② Vgl. Ernst-Walter Hanack, Der Ausgleich divergierender Entscheidungen in der oberen Gerichtsbarkeit, 1962, S. 353.

③ 例外见 BVerfG 第 31 条第 2 款对判决的约束，以及 § 565 Abs. 2 ZPO，§ 358 Abs. 1 StPO 对审级的约束。

④ Vgl. Ernst-Walter Hanack, Der Ausgleich divergierender Entscheidungen in der oberen Gerichtsbarkeit, 1962, S. 353-354.

国法在维护法官对先前判决的自由的原则之下,需要探索建构式的方式来调和法律的发展(Fortentwicklung)与法律的一致性(Rechtseinheit)之间的矛盾;化解实质正义与法律一致性之间的张力(尽管实质正义和法的一致性是一组并不冲突的价值),继而发展出了不同体系的“间接约束机制”:一方面,高级法院在意欲偏离时,要将该个案的争议问题向更高一级机构提交(内部提交和外部提交);另一方面,在偏离的判决中,要将法律救济的手段(决定权)交给最高级别的机构,从而保证一致的司法。

通常而言,保障法律解释一致性的最可靠的实现方式就是由最高级别的法院通过对个案中法律问题的回答来完成。首要,也是实践上最主流的做法是将高级法院作为上诉机关(Revisionsinstanz)解决具体案件。但是如果上诉法院并未自己改判案件,而是根据《德国刑事诉讼法》第354条将其发回重审(Zuruckverweisen),那么这一发回重审的判决就通过对具体案件的裁判而对下级法院产生约束,但是由于这些判决没有先例约束力,因此并没有产生更具普遍性的约束效果(Bindungswirkung),无法在当前案件中阻止审理法院偏离先前的代表性观点作出判决。① 与此同时,上诉对于统一法律解释和法律适用的效果,会在面临存在越来越多的终审上诉时达到一个临界点。根据德国的法院组织法,统一法律适用一方面涉及外部的法院关系,即联邦最高法院和州法院之间对法律的理解;另一方面还涉及内部的法院关系,因为在联邦最高法院内部有若干审判庭(Senate)。缺少最高“中央法院”(Zentralgerichts)会使得通过上诉制度来实现的法律适用的一致性有漏洞。在这种漏洞下就难以实现有效的提交。这两种制度对于统一法律适用的保障将在本章第一节和第二节中分别阐述。

一、强制上诉制度

判例在德国的司法制度中得以有效发挥作用,是以诉讼内的上诉制度以及诉讼外的强制许可制度、偏离报告义务以及法院内部组织机

① Vgl. Lothar Kuhlen,Die Abweichung einer Entscheidung von einer anderen und die Betrachtung des Einzelfalles, JA 1986,Heft 12,S. 592.

构等方面共同保证的。

强制上诉制度的目的之一就在于统一裁判,如果二审法院做出了背离相应的联邦法院或者联邦法院的共同审判庭裁判的判例,那么必须允许当事人强制上诉。

《德国民事诉讼法》第 543 条第 2 款规定了"强制上诉的准许"。"在下列情况下,许可强制上诉:1. 法律问题具有原则性意义;2. 为法律续造或保障司法统一需要强制上诉法院作出裁判。"

《德国民事诉讼法》第 566 条规定了"飞跃强制上诉"。依申请,对法院作出的可以上诉的第一审终局判决,同时满足下列条件的,可以越过控诉审,直接提起强制上诉(飞跃强制上诉)。满足下列条件之一的,方准许飞跃强制上诉:(1)案件具有原则性意义;(2)为法律续造或保障司法统一需要强制上诉法院作出裁判。

其他部门法的相关强制上诉规定参见《劳动法院法》第 72 条第 2 款第 2 项、《行政法院法》第 132 条第 2 款、《社会法院法》第 160 条第 2 款第 2 项、《财政法院法》第 115 条第 2 款。

在 2001 年民事诉讼法改革之前,强制上诉的条款规定在该法第 546 条,而且对强制上诉的提起采取上诉利益和许可强制上诉双轨制。① 这种规定造成了实践中一些具有原则性争议的案件由于未能达到强制上诉金额的标准而未被准许强制上诉,而较多无原则性意义的案件则占用了联邦最高法院大量的诉讼资源。2001 年的修改彻底取消了取决于诉讼金额的受理强制上诉,从而建立了完全许可强制上诉制。因此,强制上诉虽然仍然是当事人为维护个人利益而使用的上诉手段,但法庭对强制上诉的允许却通常是出于对解决原则性法律争议的考虑。任何强制上诉都只有在控诉法院或者强制上诉法院因案件

---

① 修改前的《德国民事诉讼法》第 546 条规定:关于财产权的请求的诉讼,强制上诉价额不超过 6 万马克的,不许提起强制上诉;关于非财产权的请求的诉讼,只在经高级州法院在判决中宣示许可强制上诉的,方准许强制上诉,高级州法院许可强制上诉的标准为案件有原则性意义或判决与联邦法院的裁判或联邦最高法院联合法庭的裁判相抵触,并以此抵触为判决根据的;关于财产请求权的诉讼,由州高等法院在其判决中确定强制上诉价额,所定价额超过 6 万马克时上诉价额受州高等法院的约束。《德国民事诉讼法》,第 121 页。

具有超出了个案意义而许可的情况下才是合法的。[①]

（一）强制上诉的理由

《德国民事诉讼法》第543条第2款第1句封闭性地列举了控诉法院许可强制上诉以及强制上诉法院根据不许可抗告而许可的两个理由。这两个理由也适用于飞跃强制上诉。

第一，法律问题具有原则性意义。如果某个案件提出了在不确定的众多案件中都可能出现的具有裁判意义的、需要澄清的，并且能够澄清的法律问题，它就具有原则性意义。[②] 除此以外，最高法院必须是对该法律问题还没有足够地澄清并且该法律问题对今后具有重要意义。此处的意义可以理解为在关于解释典型的合同规定或交易条件的程序中，以及在其他看来需要联邦最高法院作出指导性裁判的情形中的意义。在活跃的法律领域尤其存在通过原则性裁判来不断适应的需要。此外，第十一民事庭认为，违反程序原则的案件也具有原则性意义。

第二，为法律续造而需要强制上诉。如果个案的特殊性，为解释实体法或程序法的法律规定，或者对指导原则予以具体化，抑或是能够填补法律漏洞的契机，那么此种许可强制上诉则属于为了发展法律而为之。此类情况的特点在于案件涉及对典型的或者可以一般化的生活案件事实进行判断并因此可能为今后的案件指明方向。[③]

第三，保障司法统一。如果判例中存在可能的程序错误或实体错误，则允许强制上诉的前提是：只有在该判例有可能被同一法院重复或者被其他法院效仿，并且依其案件类型和重要性对于公共利益具有意义，且已经在个案中明确出现侵犯程序基本权利的行为时才允许。与之相反，仅仅因为个案中出现法律错误或者程序错误，并不意味着许可是合理的，因为纠正明显的错误大多不会为公众带来判决收益，

---

① 参见［德］罗森贝克、［德］施瓦布、［德］戈特瓦尔德：《德国民事诉讼法》（下），李大雪译，中国法制出版社2007年版，第1083页。

② 参见［德］罗森贝克、［德］施瓦布、［德］戈特瓦尔德：《德国民事诉讼法》（下），李大雪译，中国法制出版社2007年版，第1084页。

③ 参见［德］罗森贝克、［德］施瓦布、［德］戈特瓦尔德：《德国民事诉讼法》（下），李大雪译，中国法制出版社2007年版，第1084页。

而主要是符合具体当事人的利益。即使是对个案中严重程序错误的纠正也几乎不符合司法统一的利益。[①]

为了使强制上诉法院避开所有并非为了法律统一和法律发展的不必要工作，控诉法院或者强制上诉法院可以将许可限制在诉讼资料中在法律上和事实上独立的、可以单独作为裁判的部分。不过，设计原则性法律问题的当事人也可以将其强制上诉建立在相关法律问题以外的其他理由上。

（二）强制上诉的说理

在强制上诉说明书中必须详尽阐述每一个许可理由（《德国民事诉讼法》第544条第2款第3句），以使强制上诉法院根据理由说明书就可以对许可进行裁判。为了分析当前案件与判例的抵触情形，必须具体引用此前作出不同裁决的判例，并且将相互抵触的、对裁判具有重要意义的抽象法律规范进行对比。在其他错误情形中，必须具体说明错误的典型意义。在需要分析法律问题是否具有原则性意义的时候，必须揭示哪一法律问题对众多案件具有决定性意义，以及阐述法律问题对于裁判的重要意义。对于程序错误，应当对其重要性进行具体分析并且进一步说明，由此产生的法律错误构成《德国民事诉讼法》第543条第2款规定的许可理由。在涉及先前判决违反《德国基本法》第103条第1款的行为时，需要分析在保障听审的情况下当事人可能陈述什么内容，并且说明这种陈述可能导致不同的裁判。联邦最高法院只审查抗告理由中分析的许可理由。仅仅说明本案裁判在许可的情况下"可能"具有原则性意义是不充分的，该许可理由必须在联邦最高法院裁判之时仍然存在。[②]

二、偏离报告制度

虽然德国的判例在宪法以外的法律领域中并不具有正式的法的渊源地位，但法律共同体却都普遍认同判例在德国司法实践中所呈现

① 参见［德］罗森贝克、［德］施瓦布、［德］戈特瓦尔德：《德国民事诉讼法》（下），李大雪译，中国法制出版社2007年版，第1085页。

② 参见［德］罗森贝克、［德］施瓦布、［德］戈特瓦尔德：《德国民事诉讼法》（下），李大雪译，中国法制出版社2007年版，第1087页。

出的事实上的约束力和实际影响力，尤其是判例制度背后所内含的对于法律的平等性和安定性价值的追寻，不仅是维系社会共同体的必然要求，也是公共意识的理想表达①，甚或说德意志的法律史也被认为是一部“为实现法律统一的斗争史”。② 对类似案件是否应当遵循，如果偏离判例需要满足哪些要求，整个司法机制应当如何运作方能维持司法的统一？其中，偏离判例的报告制度构成了德国判例制度的核心内容。正是因为偏离判例的报告制度的保障，使得德国法官虽然名义上只受制于成文法典，但客观上法官具有参考和遵照先例的义务，即当在具体案件中需要偏离先例时，有向最高法院提交案件请求裁决的义务和权利，从而保证不同的联邦最高法院之间以及联邦最高法院内部不同审判庭之间所作出的判决彼此的一致性和连贯性，并以之作为判例制度的重要依托。对法官偏离判例的制度研究，从侧面上也展示了德国法中判例的实际运行模式。

德国法中关于偏离判例的报告义务是指下级法院在裁判当前案件时如果想要偏离上级或同级法院先前的类似判决，则负有将该案的法律问题向上级法院提交和报告的义务。该制度的目的在于平衡不同法院对同一法律问题的不同观点，是统一司法裁量的制度保障。本部分通过介绍偏离报告制度的运行机制、区分案件中“事实问题”和“法律问题”的标准和方法，以及上级法院在对下级法院提交的不同判决进行衡平时采取的手段和检验标准等内容，以回答“法官何时可以偏离判例”以及“如何实现衡平”等重要问题，从而展示使德国判例制度得以良性运行的制度背景。

就此而言，本部分首先介绍类似案件的判断，即当前待决案件与判例是否构成相似，因而是否应当遵循，并对判例的偏离与推翻进行简要介绍。进而对德国偏离判例报告制度的基本含义、使用情景，即“何谓判例的偏离”以及“何时允许偏离”的问题进行介绍。其次重点

---

① “Rechtsgleichheit und Rechtssicherheit”. Vgl. Oscar Adolf Germann, Präjudizien als Rechtsquelle, Eine Studie zur den Methoden der Rechtsfindung, S. 35; Weber Hellmuth, Rechtseinheit und Rechtsprechung, 1929, S. 3.

② Ernst-Walter Hanack, Der Ausgleich divergierender Entscheidungen in der oberen Gerichtsbarkeit, 1962, S. 8-9.

介绍了产生报告义务的前提、程序和方式问题,进一步界分和澄清报告义务的产生条件,并对提起报告主体和履行方式进行了说明。再次分析德国联邦最高法院对于提交的偏离案件进行监督和救济的方式。以《德国刑法典》第240条的“强制罪”的使用为例,具体展现判例在德国的影响和变化,以及联邦法院如何通过法律解释对不同的法律意见进行衡平。最后将分析偏离报告制度在司法的一致性方面所可能发挥的作用,以及可能会对我国产生的启示。

（一）判例的遵循抑或偏离

1. 类似案件的判断

在判例匹配的过程中,对相似性的判断至关重要。比较点(tertium comparationis)是类推的关键,也是判断类似案件的重要手段。只有类推对象是可比较的,即进入一种类似性关系时,这种类推才能发挥余地。此时需要比较点,这是类推固有的困难之处。因为这个比较点并不确定,虽然他并不完全是任意的,但却是可替换的。亦即,这个潜在的前提至少在意义性和价值性的规范内是一个可变的前提——除了类似性以外,不类似性也能够被确定。

第一,判例的区别技术——选取比较点。

比较点,也被译为比较中项,在我国台湾地区常称为中间点。亚里士多德在《尼各马可伦理学》中强调:所谓的相同性难题将汇入相似性难题中。[①] 阿图尔·考夫曼更是认为所有法律思维的核心难题在于“相同性之难题”。因为现实世界中根本没有任何两个事物是完全一样的,所以必须以一个被证明为重要观点作为标注,才能将不同事物做相同处理。[②] 既然相同性是无法达到的,那么两个事物是否可以进行类比,就取决于比较点[③]之选取,缺乏比较点无法进行类比。对此,考夫曼举了一个例子,在讨论狮子与狗是否相同时,选取不同的比较

---

① Aristoteles, Nikomachische Ethiks, Fn 47, S. 172. 参见[古希腊]亚里士多德:《尼各马可伦理学》,廖申白译,商务印书馆2003年版。

② 参见[德]阿图尔·考夫曼:《类推与〈事物本质〉——兼论类型理论》,吴从周译,台北,学林文化事业有限公司1999年版,中文版序言。

③ 参见[德]阿图尔·考夫曼:《类推与〈事物本质〉——兼论类型理论》,吴从周译,台北,学林文化事业有限公司1999年版,第103页。

点可能获得截然相反的答案。如果从是否属于“哺乳动物”的视角下考虑,那么狮子和狗就是相同的;如果从是否属于猫科动物的视角下考虑,二者就是不同的。同理,女人与男人、飞机与船、狗与熊,究竟类似还是不类似,不是逻辑上能够决定的,需取决于某种可以用以比较二者的观点。[①] 反面推理在逻辑上(而非目的上)一直是可以取代类似推论的,但真正具有决定性的在于比较点的选择,在这个点之下,可以对拟比较的对象进行观察。[②] 也正因如此,“类比的有效性从根本上说十分依赖比较中项的选择和待比较之特征的确定”[③]。比较点的确定被认为既与决断相关,又不仅涉及决断。考夫曼认为比较点的选择是在“超越自然法与实证主义”的立场下,结合了权力与知识这两种要素[④]。那么问题在于,在裁判规则的使用中如何选取比较点,怎样理解和处理权力与知识这两种变数复杂的因素?此时就需要法官在司法实践中借助一种法律人共享的、一以贯之的法哲学的指引。

究竟根据什么标准确定不同案件的相同点或不同点,从而得出案件类似或不类似的结论?张骐教授认为答案应当是法律。“我们所说的类似都是规范性、法律性的类似,所以对类似案件的判断还是以法律为基础。”[⑤]这一点可以从两个方面来理解,一是相似性是指法律上的相关相似性,主要的判断方式是其中的要素在法律的规定中是否包含,而非法律上并不关心的生活细节;二是对法律上相似性的判断依据是法律的规定,也即二者相似性在法律上是否有明确的规定作为依据和基础。符合上述条件的两个案件才有可能构成类似案件。此外,当两个案件中存在复杂案件,而两个案件在一些要素上构成相似,另一些要素中不构成相似时,需要通过对案件事实的阅读,把握其中更

① 参见[德]阿图尔·考夫曼:《类推与〈事物本质〉——兼论类型理论》,吴从周译,台北,学林文化事业有限公司1982年版,第81页。

② 参见[德]阿图尔·考夫曼:《类推与〈事物本质〉——兼论类型理论》,吴从周译,台北,学林文化事业有限公司1982年版,第83页。

③ 参见[德]阿图尔·考夫曼:《法律获取的程序——一种理性分析》,雷磊译,中国政法大学出版社2015年版,第162页。

④ 参见[德]阿图尔·考夫曼:《法律获取的程序——一种理性分析》,雷磊译,中国政法大学出版社2015年版,第162页。

⑤ 张骐:《论类似案件的判断》,载《中外法学》2014年第2期。

关键的事实。

第二,寻找相似事实。

判断两个案件的相似性,首要依托的是案件事实。因此阅读案件事实永远是司法程序中真正重要的环节。类似案件绝非指两个案件的各项事实因素都相同,而是争议焦点的相同或类似。类似案件的判断是只涉及案件事实的比较,还是对与案件事实相关的法律问题的比较?在类案判断中,案件事实与案件的“关键事实”,何者应当发挥主要作用?如何指向裁判规则?卢埃林在《荆棘丛》中提到:“正是案件事实的相似之处,可以给你们提供初步指引,从而发现哪些类型的事实具有法律上的相关性,也就是,发现哪些类型的事实在法庭上发挥类似作用,或者哪些类型的事实在法庭上发挥根本作用。”①

总结而言,第一个问题是,什么样类型的事实是至关重要的,以及此类事实对法院具有什么样的意义?第二个问题是,如果案件状况在其他方面类似,那么,在事实或者程序安排方面,什么样的差异会导致法院作出不同的裁判?

以“类比推理”为核心,以不同案件之间“比较点”的确定为基础,探寻“类案”判断的一般方法。在法律论证过程中考察案件事实中的关键事实(或必要事实或实质事实),以及发现法律规则与法律价值之间的复杂关系与相互影响,以此为基础,分析“类案推理”的具体运作。

2. 判例的偏离

与遵循先例的普通法系国家不同,在民法法系国家,探讨“判例是否应当被遵循”所依据的基础是判决理由的说服力,而并非制度性的规定。从这个意义上讲,偏离判例的报告制度体现了民法法系国家在判例约束力或者效力方面的特点。而英美判例制度中将遵循判例(stare decisis)作为一种原则性的要求,只有当后案法官能够证明存在“区辨”情况的时候,他才可以偏离先例进行创造性裁判。

在民法法系国家,判例制度的复杂性表现出了三重的内在的张力:

其一,判例由于具有事实上的约束力而往往应当被遵守,一如阿

① ［美］卢埃林:《荆棘丛》,明辉译,北京大学出版社2017年版,第62页。

列克西看到的那样“一般而言,遵循判例是义务,偏离判例只能作为例外”①,即便其法的渊源的地位从未被正式承认。

其二,判例被遵守的本质意涵指向其说服力和内在的理性,法官仍然并不被判例,尤其是错误的判例所束缚。

其三,法官并不具有直接摆脱判例约束进行创新裁判的完全的决定权。由于受制于审判层级的束缚,偏离先例的判决可能导致其在上诉程序中被驳回或改判,因此《法院组织法》为下级法院提供的这种将争议的法律问题提请最高法院裁决的诉讼外机制对法官而言是一种有效的保护,更加强了诉讼制度的灵活性和变通性。

由此,偏离判例的报告制度是遵循先例的审判原则在成文法国家的一种折中体现和制度保障。

阿列克西在介绍区别技术时指出,由于作为正式法的渊源的判例只是少数情况,德国法院并没有高度发达的有关“区别技术”的实践,但判例的区别仍是常见的。学界和法学评论者经常讨论持续性判例内部的一致性问题,并且试图从这些判决中抽取出原则,但是对这些判例中的区别点的讨论并不重要,评论者更关心这些判例是否改变、是否存在不一致以及它们是如何被推翻的。在德国,相对于判例的推翻而言,区别技术并不是偏离判例时的必要方法。在面对一个不受欢迎的判例时,采取偏离的方式更为简便。②

在德国,为了协调司法一致性与个案正义之间的矛盾,允许偏离判例一般属于下述几种情况。

第一,先例不正确。

这里既包括判例中存在的法律适用错误,也包含了相关主体滥用偏离报告权力的情况。在理论上,偏离报告制度的衡平程序能够对法官恣意裁判行为提供程序上的监控。比如在关于静坐的行为是否属于《德国刑法典》第240条“强制罪”的“暴力”要件,先前1968年和1986年的判例均认为静坐的行为本身属于一种消极的“暴力”,但是

① Neil MacCormick & Robert S. Summers Edited, Interpreting Precedents: A Comparative Study, Aldershot: Ashgate/Dartmouth, 1997, p. 30.

② 参见[德]罗伯特·阿列克西、[德]拉尔夫·德莱尔:《德国法中的判例》,高尚译,载《中国应用法学》2018年第2期。

联邦宪法法院认为对于“暴力”的这一解释本身存在错误,此时就产生了偏离报告的情况。

第二,先例不相关或不充分。

一个新的案件并不是总能够也并不需要和一个判例有完美的匹配。更可能的情况是,当面对一个新的案件时,一系列先前的有权机关提供一系列具有说服力的相似模式来解决当前的问题。也即虽然两个案件看似相似,但新的案件出现了具有区辨意义的新情况或新理由。下级法院认为具备提交的意义从而使上级法院重新思索先前判例的条件。比如如何理解刑法中的“故意”“婴儿”等概念,以及对于《德国刑法典》第266条“背信罪”的使用界限的界定,都属于德国基本法中需要通过法律解释细化此前的理解的情形。关于此前的此类判例虽然在主题上与此相关,但是理解上又似截然相反,此时法官可以通过提交制度确认这种分歧是否能被上级法院所认可。

第三,不同的见解(区分于前面的“错误见解”)。

这里主要适用于案件的主审法官对于先例裁决的法律问题持有不同的见解和主张,而这种差异又往往都在自由裁量权的限度内的情况。猛虎案中对于“猛虎组织”是否应当适用政治避难,联邦法院和州法院就有分歧。比如北威州高等法院1986年的判决①中,州高等法院与联邦最高行政法院就斯里兰卡的泰米尔(“猛虎组织”)是否属于基于政治原因而遭到迫害,从而享有德国法上的避难权产生了分歧。这种分歧并非属于法律解释上的错误,而可能是基于不同的视角进行的不同理解。

3. 司法判决的改变

由于判例属于已经终局性的决定,因此对于判决发生改变时的处理方法,不能机械地选择“禁止溯及既往”,而是要在个案中选择带来最小不利的方案(geringsten Übel)②。法院试图通过运用传统的解释方法来重申先例,尤其运用语义学和体系论证的方式来调和判例与看

---

① OVG NW 1986,19A10005/85,S. 18.

② Franz Bydlinski,Grundzüge der Juristischen Methodenlehre,2. Aufl. ,2012,S. 141.

似偏离的判决。[①] 以建筑合同为例,在德国法中建筑合同在过去很多年来都被作为混合合同。建筑师的债权适用一般的失效期限(Verjahungsfrist),即通常的30年。但是根据新的法律解释,建筑合同作为承揽合同(Werkvertrag)适用仅有两年的特殊时效规则(2002年债法修订法对《德国民法典》中的时效做了新的完整规定)。在这个例子中涉及对当事人的信赖保护的问题:对于信赖当前判决的人而言,会由于期限的变化而突然不再享有其债权的完整可实施。关于信赖保护以及法律安定性方面,在过去几十年里,特别是在德国等国家都有广泛的争论,究竟是否以及应当如何保护相关法律主体对于某一个现存的,经过法律解释和续造证成的判例规则的这种信赖?[②]

直至几十年前,在成文法体系,亦即欧陆法国家,仍然无疑认为,法院要尽可能作出法律上正确的判决。这首先就意味着,当法律上的验证表明,其当前的法律观点是基于一种法律解释或者续造的错误基础,或者出现了法律关系或者方法论有关的法律上下文已经不再正确等这种实质的变化时,当前的观点必须被抛弃,进而做出一个与原先相偏离的判决。[③] 这种观点在近年来很多跨越法系的讨论中受到多重质疑。

由于法律中要求"禁止追溯",因此,只有当新的案件事实已经根据可预知的判例变化届已实现,那么才能够在事实上根据新的法律观点来判决。人们将之称为预期性推翻"prospective overruling"。比德林斯基认为,当事人对于当前判决的信赖是否以及应当在多大范围内获得保护,这一问题先验上是完全开放的。[④]

这些讨论只适用于法院习惯性的审判活动,针对平等主体之间争议案件的法律正确的评判,比如民法等私法领域,对于宪法法院的抽

---

① 参见[德]罗伯特·阿列克西、[德]拉尔夫·德莱尔:《德国法中的判例》,高尚译,载《中国应用法学》2018年第2期。

② Vgl. Franz Bydlinski, Grundzüge der Juristischen Methodenlehre, 2. Aufl., 2012, S. 142.

③ Vgl. Franz Bydlinski, Grundzüge der Juristischen Methodenlehre, 2. Aufl., 2012, S. 142-143.

④ Vgl. Franz Bydlinski, Grundzüge der Juristischen Methodenlehre, 2. Aufl., 2012, S. 145.

象规范审查,以及欧洲法院的实现判决的解释问题的抽象解决,由于法的渊源的性质不同不适用于上述讨论。

4. 判例的冲突

判例冲突将通过明确、有优势的判决,特别是“领跑的判决”(Ausreißerentscheidung,对应 leading cases)来解决,然后从有利于最终的而且可能也是特别的裁判规则之优先性角度来获得解决。① 有时,相冲突的个案规范(Fallnorm)有可能通过回溯到某种实际上相关的案件事实(Sachverhalt)及由此对其的狭义理解获得调和。无法避免冲突或矛盾的判例群(Judikaturlinien),自然也就不具有先例的约束力。②

最高法院错误的先例对于其他法院是否具有辅助的约束力,是存在争议的。与平等以及法律安定性的要求相符合,当这些判决能被获知,也即已经公开的情况下,这一答案很可能是肯定的,而不是将最高法院的这种特殊职能废止。而且最高法院自身也要受这种权威的、基本的法律原则的约束。但是确实有可能在当前的情形下,对于一个相反的解决方案提出一个更强的论证,此时先例就不具有任何约束力了。③

当最高法院的判决与下级法院发生冲突时,前者无疑具有优先性,即便二者在法律上的文义规定中是具有同等正当性的。

(二)德国程序法中的偏离判例的报告制度

首先,关于偏离,德国理论中认为只有出于对先例不了解或者出现法律错误时才能谈到所谓的偏离。如果司法的变更是为了纠正在先例中出现的法律错误,或者先例中确定的准则在情势发生变化的今天已经不再正确,那么偏离先例不是因为恣意或者实质上的无根据,而是在法的渊源的角度通过成文法的优先性完成的。而且从法律安

---

① Vgl. Franz Bydlinski, Grundzüge der Juristischen Methodenlehre, 2. Aufl., 2012, S. 139.

② Vgl. Franz Bydlinski, Grundzüge der Juristischen Methodenlehre, 2. Aufl., 2012, S. 139.

③ Vgl. Franz Bydlinski, Grundzüge der Juristischen Methodenlehre, 2. Aufl., 2012, S. 140.

定性的角度,成文法的优先性也应受到尊重。法律的事实(因此也无可避免地会涉及与此相关的方法论上的法律发现)的主要目标也恰恰就是为人民在法律方面的行为提供一个尽可能清晰的指导。只要能达到这一目的,法律安定性就会要求在法律发现时也尊重这种优先性。

其后果在于法官造法的约束力取决于它不能因为任何在通常视角下“好的理由”而被斥为不正确。法理学的效力范围(Leistungsgrenze),特别是对相反的解决方案的方法论上的不同讨论,迫使在一个微小意义上理解这种正确性:只有当一个与当前法官法相偏离的解决问题的规则,能够从现存的法律系统中获得更好的论证,那么这种反驳才能成功。[①] 因此,考察先例并不是看他是否自始错误,而是首先考察它是否并不是通过法律和事实情况的相关变化而变得不正确。[②]

这并不只是涉及直接待适用的法律的明文变化。司法规则因为成文法变化而变化,这是理所当然的。它尤其是关于对新的法律在方法论上的“远效果”(Fernwirkung),即对法律的系统性解释或者旧规则的补充,先例从事这种解释或者补充。而且,这种一般的事实或者我们关于其的认知的变化,(它们在法律发现中作为前提)可能会导致偏离的法律后果,并且由此导致对(原本恰当的)当前法官造法规则的反驳。[③]

对于法官造法约束力最主要的准则应当在以下情况下坚持司法规则:当且仅当它们不是在至少当前看来清晰的、更好的论证情况下被反驳;并且,当它们在验证时被认为是清晰的、更好的论证下是完全正确的,但是也可能当他们在根据上位法律系统得到的司法判决以及至少是根据其方法论上的法律适用而被认为是正当的;即便后者对于偏离的解决方案而言完全适用。在这一范围内,那些不危险的但是具有同等分量的法律上的相反争论,“作为辅助”给了所谓的基本法律原

---

① Vgl. Franz Bydlinski, Grundzüge der Juristischen Methodenlehre, 2. Aufl., 2012, S. 131.

② Vgl. Franz Bydlinski, Grundzüge der Juristischen Methodenlehre, 2. Aufl., 2012, S. 132.

③ Vgl. Franz Bydlinski, Grundzüge der Juristischen Methodenlehre, 2. Aufl., 012, S. 133.

高法院在 1950 年 4 月 1 日后作出的判决；

②根据本条第 1 款第 3 项，意欲偏离州高等法院或联邦最高法院在 1977 年 1 月 1 日后作出的判决；

③根据本条第 2 款，意欲偏离州高等法院或联邦最高法院在 2010 年 1 月 1 日作出的保安监禁，或置于精神病院，或其他执行措施的判决；

④根据本款第 1 条第 4 项，意欲偏离州高等法院或联邦最高法院作出的判决；

则需要将该法律问题向联邦最高法院提交。

从《德国法院组织法》第 121 条第 2 款的规定看，提交的目的在于保持当前裁判的统一性，因此并非所有先前判决都会带来提交义务，譬如背离帝国法院的判决以及此前英占区高等法院的判决就不产生法定的提交义务[①]。

《德国法院组织法》第 132 条第 2 款和第 4 款的两种不同的“提交”前提，学术界将其区分为“基于分歧的提交”（负有提交的义务）和“基于原则的提交”（享有提交的权利）。

第一，所谓“基于分歧的提交”（Divergenzvorlage，《德国法院组织法》第 132 条第 2 款），是指如果一个法官在某一个法律问题上想要偏离其他审判庭的先前判决，则他有义务将案件和争议提交给民事大审判庭，由后者进行裁量和决定。此时的提交是法官基于程序法中的相同案件的分歧意见需要提交的明确规定负有的提交义务（Vorlegungspflicht）。

第二，所谓“基于原则的提交”（Grundsatzvorlage，《德国法院组织法》第 132 条第 4 款），是指如果认为有助于法律观点的续造或者对于保障司法的统一具有必要性，则“可以”将具有法律原则意义的问题向大审判庭提交。卢佩从法律文本的措辞角度出发，将这两种提交类型总结为前者是具有强制性质的提交[②]，后者是相关审判庭基于审判实

---

① Vgl. Gerd Pfeiffer (Hrsg.), Karlsruher Kommentar zur Strafprozeßordnung und zum Gerichtsverfassungsgesetz, 2. Aufl., 1987, Rdn. 30.

② 参见卢佩：《司法如何统一？——以德国联邦最高法院判例为实证分析对象》，载《当代法学》2014 年第 6 期。

践需要自行做出的提交。

（三）偏离报告制度的前提和程序

1. 产生报告义务的前提

偏离只有在可以一般化（generalisierung）的情况下才能产生，即关于特定案件的判决和描述可以得到一般性的论证语句。换言之，偏离只针对法律问题。《德国法院组织法》第121条规定，各州高等法院在这些案件中只决定法律问题而不决定事实问题，因此产生提交义务的一般前提是“对于法律问题的偏离”。在此，所谓“对于法律问题的偏离”包含了两个核心要素：一是提交案件的法院有对先例进行偏离的打算和充足的理由；二是提交的争议问题应当包含法律问题，而不能仅是事实问题，否则下级法院应当通过上诉制度而非提交制度来寻求救济。由此，理解提交义务的前提条件需要厘清以下几个具体问题。

第一，法律问题的含义和范围。

如何判定某一问题是否是法律问题。对于这一理解可以有两种方法论上的可能性：一方面，人们可以在上诉权（Revisionsrecht）的层面来试图理解事实与法律问题的区别。另一方面，可以从分歧衡平义务（Divergenzausgleichspflicht）的层面来理解实质上什么是法律的问题和事实的问题。①

在德国，对法律问题与事实问题进行界分既有逻辑上也有法哲学上的意义。卢曼从系统的“分化”和“自治”视角出发解释了事实与法律作为两个不同的系统而保持自治并进而实现交流的必要性：“对于法院程序而言，文明社会（相较于古代社会）的特点在于，对于法律和对于事实的决定前提（für rechtliche und faktische Entscheidungsprämisse）的进入领域（Einzugsbereich），在社会上是彼此分离的。那些能够对法律问题作出决定的机构，并不同时能判定哪些事实是真实的，反之亦然。”②

因此，从卢曼的系统理论看来，事实和法律这两种环境是分离的，并且不能彼此交互统治。唯有如此，程序才能从社会压力中解放出

---

① Vgl. Ulrich Schroth, Der Ausgleich divergierender obergerichtlicher Entscheidungen, JR 1990 Heft 3, S. 95.

② Niklas Luhmann, Legitimation durch Verfahren, 2. Aufl. 1989, S. 71.

来,并且产生导向基础变换的内在可能性。

在程序的决定语言中,自治的条件潜在地表达了法律问题与事实问题在形式上的严格区分,尽管二者在个案中仍然互相制约①和混合。而法律问题和事实问题的区分的功能意义也影响了法学的理论。因为其向更深处指向了规范和事实(Norm und Wirklichkeit)、应然与实然之间的根本区别。② 正是法律哲学中深层次地将法律问题和事实问题予以严格界分的理念,使法律问题的识别和解决成为了提交制度的核心问题之一。

所谓"法律问题",指的是法律的解释和适用问题。主要包含两种情况:一是在法律解释(Auslegung)之外仍有不确定的法律概念存在;二是指对一般经验条款(Erfahrungssatz)的内容和范畴的确定。③

当法律中规定符合提交要求的必须是"法律问题"(Rechtsfrage)时,其用意是将其反义词"事实问题"(Tatfrage)排除在需要衡平的情况之外。④

之所以要求提交的必须是(或至少包含)法律问题,是因为当一个上诉判决与另一个上诉判决相偏离时,如果因为它仅仅偏离了一个事实问题而被拒绝开启衡平程序,那么就意味着在先前判决和当前判决这两个判决中必然至少有一个存在错误⑤,此时则应通过德国程序法中的上诉审查程序而非偏离判例的报告制度予以救济。也即,辨别"法律问题"的特征之所以重要,是因为它直接决定了在这些程序中到

---

① Vgl. Niklas Luhmann, Legitimation durch Verfahren, 2. Aufl. 1989, S. 72.

② 卢曼认为法律问题与事实问题的区分所带来的结果是否是必要的,需要人们自己在法学之中验证,对此的批评和反对意见参见 Friedrich Müller, Normstruktur und Normativität: zum Verhältnis von Recht und Wirklichkeit in der juristischen Hermeneutik, entwickelt an Fragen der Verfassungsinterpretation, 1966。

③ Vgl. Jügen Wolter, SK-Stpo, Systematischer Kommentar zur Strafprozessordnung Mit GVG und EMRK, Band Ⅸ GVG, 4. Aufl., S. 449. 相关的判决如 BGHSt 22, 192(195); BGHSt 22, 341(343)。

④ Vgl. Ernst-Walter Hanack, Der Ausgleich divergierender Entscheidungen in der oberen Gerichtsbarkeit, 1962, S. 137.

⑤ Vgl. Ernst-Walter Hanack, Der Ausgleich divergierender Entscheidungen in der oberen Gerichtsbarkeit, 1962, S. 140.

底是关于彼此冲突的上诉判决之间的衡平还是关于一个上诉的许可。[①] 这也表明了偏离报告制度是上诉制度之外的一种具有重要补充功能的制度。

而在实践中,法律问题的界定就颇具悖论,法律问题就是上诉机关要作为法律问题处理的那些问题。[②] 那么上诉机关(Revisionsinstanz)在什么情况下将一个问题视为法律问题。其标准就在于对“法律规则之侵害”(Regelverletzung)的检验,即提交每一个判决的前提都在于确信其违背了法律。只有当上诉机关明示或者默示一个问题涉及了对法律规则的侵害,才产生了法律问题。而对规则的适用——不问其恰当、正义与否——将使一个问题成为法律问题。[③]

第二,法律问题的范围。

我们还需要对“法律问题”的范围进行划定。法律问题一般来说都是对法律规范的解释问题(Interpretationsfragen von Rechtsnormen)。而法律解释的对象既包括法律的构成要件,也包含经验性语句(Erfahrungssatz)。

如果一个法院判决一个血液酒精含量为 1.3‰的司机绝对“不宜驾车”(fahruntüchtig),那么“不宜驾车”在此就是作为倾向性谓词使用。毕竟这种经验语句能够通过解释法律为法院判决提供裁判依据,在上诉审判中可以作为规则(regel)适用,因此属于法律问题。

如果另一个审判庭想要偏离这个经验规则(Erfahrungsregel),就有可能产生一个提交义务。

除此之外,法律问题通常还包含:对具体构成要件进行解释[④];可

---

① Vgl. Ernst-Walter Hanack, Der Ausgleich divergierender Entscheidungen in der oberen Gerichtsbarkeit, 1962, S. 137.

② Vgl. Ulrich Schroth, Der Ausgleich divergierender obergerichtlicher Entscheidungen, JR 1990 Heft 3, S. 95.

③ Vgl. Ulrich Schroth, Der Ausgleich divergierender obergerichtlicher Entscheidungen, JR 1990 Heft 3, S. 95-96.

④ BGH 10. 6. 1986-1 StR 41/86, BGHSt 34, 94.

能涉及联邦和州的竞争关系[①];对不确定的法律概念进行解释[②]以及程序性规定。这一情况在解释网格(Deutungsraster)方面也适用,其被作为“主观事实”(Subjektiver Tatsache)来进行使用。如果联邦宪法法院认为,在间接故意的认定方面,如果某人认为通过他的行为可能会造成某种特定的结果,并且任由其发生,此时他就将“主观事实”作为一个特定的解释网格来使用。如果一个审判庭改变了这一解释网格,那么他就对法律问题进行了偏离。

第三,法律问题的识别标准和方法。

法律问题和事实问题的区别在逻辑上是简单、清晰的,但在实际区分时又有很多困难。[③] 往往存在的情况是,“一个问题在上诉权(Revisionsrecht)框架内究竟是法律问题还是事实问题,本身又是一个法律问题”[④]。对此,许乃曼教授认为,法律问题和事实问题的界限往往并不与事实问题及其上诉范围的界限相一致。因为立法者,确切地说最高法院在创设或者解释其上诉权的时候完全可以将法律问题的部分(如量刑)解释为不可上诉或者将事实问题的部分(如明显的事实)解释为可上诉。[⑤] 因此,事实问题与法律问题之间的区别在实证法意义上的重要性并不是通过其在上诉领域的区别意义所决定的,毋宁是要寻找更宽阔的检验步骤。因此,在判断法律问题和事实问题之间的区别时有两种可资使用的判别标准和方法。

---

① BGH 4. 12. 2001-4 StR 93/01, BGHSt 47, 81.

② Vgl. NJW 1993, 3081. Huber, in: Beck´scher Online-Kommentar GVG, 9. Edition, Stand: 15. 11. 2020, München, § 121, Rn. 6.

③ Vgl. Bernd Schünemann, Zum Verhältnis von Norm und Sachverhalt bei der Rechtsanwendung, von Ober-und Untersatz im Justizsyllogismus und von Rechts-und Tatfrage im Prozeßrecht, in: Fritijof Haft, Winfried Hassemer, Ulfrid Neumann, Wolfgang Schild, Ulrich Schroth (Hrsg.), Festschrift für Arthur Kaufmann zum 70. Geburtstag, Heidelberg: C. F. Müller Juristischer Verlag, 1993, S. 314.

④ Ulrich Schroth, Der Ausgleich divergierender obergerichtlicher Entscheidungen, JR 1990 Heft 3, S. 95.

⑤ Vgl. Bernd Schünemann, Zum Verhältnis von Norm und Sachverhalt bei der Rechtsanwendung, von Ober-und Untersatz im Justizsyllogismus und von Rechts-und Tatfrage im Prozeßrecht, in: Fritijof Haft, Winfried Hassemer, Ulfrid Neumann, Wolfgang Schild, Ulrich Schroth (Hrsg.), Strafgerechtigkeit: Festschrift für Arthur Kaufmann zum 70. Geburtstag, Heidelberg: C. F. Müller Juristischer Verlag, 1993, S. 314.

其一,检验该问题是否侵害了法律规则。

提交每一个判决的前提都在于确信先前判决是否违背了法律的规定。只有当上诉机关明示或者默示一个问题涉及了对法律规则的触犯,才产生了法律问题。

其二,检验该问题能否与案件的具体情况相分离。

“当对一个规则的表述无法与案件的具体情况相分离时,则这个争议问题不是法律问题,而是一个事实问题,而且这里也不存在需要上级法院裁决解决的争议。”①因此,“法律问题”的特征就与“法律命题”的标准有关,后者可以被理解为一个对于个案生效的抽象的法官认知。因此关键之处在于:当法官在一个判决中构造了一个语句,其符合了“普遍指导性”(richtlinienmäßig)的标准,并且可以在大量类似案情的案件中获得适用,此时它就成为一个提交程序中的“法律问题”,②据此,“事实问题”只适用于一次性的、特别的,不具有指导意义的,不能在其他案件中获得使用的问题。③

第四,法律问题的“同一性”问题(Identität)。

如何识别和检验下级法院所提交案件中的法律问题与先前判决中的法律问题是否为同一个问题;或者虽然不是同一个问题,但两个问题具有横向的可比性,从而可以被用来进行比较和验证。此谓法律问题的同一性命题。

施罗斯(Schroth)教授认为法律问题的一致性问题又包括两个问题域:第一个问题域是我们是否可能通过解释不同的法律规范而解决同一法律问题?这又被称为是法律问题同一性问题方面的“超越问题”(Transzendierungsproblem)。比如如果《德国刑法典》第248条a、第263条第4款、第265条a第3款、第266条第3款所规定的“赌资的轻微性”(Geringwertigkeit)具有相同的评价意义,也即都是为了保

---

① Ernst-Walter Hanack, Der Ausgleich divergierender Entscheidungen in der oberen Gerichtsbarkeit, 1962, S. 140-141.

② Vgl. Ernst-Walter Hanack, Der Ausgleich divergierender Entscheidungen in der oberen Gerichtsbarkeit, 1962, S. 141.

③ Vgl. Ernst-Walter Hanack, Der Ausgleich divergierender Entscheidungen in der oberen Gerichtsbarkeit, 1962, S. 141.

证轻微犯罪在法律规范的范围内只有依申请或者触犯公共利益时才会被追诉，而此时如果这一要件在前后两个案件中从完全不同的进路中被处理，此时虽然涉及的法律规定并不相同，但是仍然会产生一个使得法官负有提交义务的“分歧”（Divergenz）。[①] 对此的一个消极表述可以如下：外观上相同的构成要件，当其在评价行为时扮演的角色不同而被作出不同的解释时，不会产生提交义务。例子：“Gewahrsamsbegriff”在《德国刑法典》第 168 条，即“Störung der Totenruhe”和“盗窃”（Diebstahl）两种情况中的避免混用。[②]

第二个问题域在于，如果虽然法律问题的分歧是基于同一个法律规范，但是可以确信当前存在的这个差别是因为法律的规定所针对的情况有所不同，是否可以作为偏离报告义务的正当豁免情况，对此答案则是肯定的。也即两个案件中对于法律问题的理解和适用是否有冲突，并不取决于二者是否援引和指向同一法律条文。法律问题的“同一性”问题所解决的是当前和先例中的法律问题是否具有横向可比较性以及是否具有提交价值的问题。

此外，仅仅是法律理解存在“不同”（anders）是不够的，必须有矛盾（Widerspruch）存在。[③] 也即，首先要在逻辑上排除狭义上不同的司法判决，因为每个司法案件都是独一无二的（singulär），没有任何两个案件具有相同的当事人和相同的案情。此时的核心要点在于判断哪些司法判决及其论证的句子能够与另一些司法判决和论证有根本的矛盾和分歧。

第五，法律问题的“显著性”（erheblich）。

所谓法律问题的“显著性”问题，是指只有当这个将要被偏离的法律意见在先前的判决中获得了使用，并且该法律意见在当前案件中具有显著性时，才产生提交义务。

---

① Vgl. Ulrich Schroth, Der Ausgleich divergierender obergerichtlicher Entscheidungen, JR 1990 Heft 3, S. 97-98.

② Vgl. Ulrich Schroth, Der Ausgleich divergierender obergerichtlicher Entscheidungen, JR 1990 Heft 3, S. 98.

③ Vgl. Lothar Kuhlen, Die Abweichung einer Entscheidung von einer anderen und die Betrachtung des Einzelfalles, JA 1986, Heft12, S. 594.

换言之,在德国法院的判决理由中仍然会区分附带意见与判决理由(rationes decidendi)①:持先例的诸多理由中,只有对“立论理由”(tragende Gründe)的偏离,才能正当化一个提交程序,而仅仅与法官的普通评论或附带意见(obiter dictim)不一致,则不需要提交。这一点在历史和教义学的意义上都已经被广泛接受。② 对主要理由的偏离才是法律上有意义的偏离,从而需要启动衡平程序,由上级法院来进行裁判。言下之意是,如果只是对之前裁判细枝末节的改动,那么并不需要提交程序。

第六,区别法律意见的“分歧”与“差异”。

所谓对于判例的偏离,其前提应当是对法律问题的看法上存在“分歧”(Widerspruch),而非狭义地理解为相似案件的判决结果所呈现出的“差异”(anders)。此时的难点就在于如何判断司法判决及其论证能够与另一些司法判决和论证有根本的矛盾(分歧),而非仅仅呈现出不同。在此要首先在逻辑上排除狭义上的不同司法判决。因为所有的案件都是独一无二的,没有案件具有相同的当事人和相同的案情。③ “显然,在逻辑上,判决的结论之间通常是不会出现矛盾的,只有两个判决针对的是同一个案件的同一个个人时才可能出现矛盾。判决之间的偏离存在于,据以做出判决的根据超出独特的个案具体情况而被一般化(generalisiert)。”④

因此,所谓的“偏离”只有在案件的裁判理由可以被一般化的情况下才能产生,即关于特定案件的判决和描述可以得到一般性的论证语句。⑤ 因此,偏离的前提应当是两个案件中可被一般化的法律规则或“个案规范”存在矛盾,而非法律结果或其他事实。

---

① Vgl. Daniel Effer-Uhe, Präjudizienbindung, Rechtssicherheit und Vertrauenschutz, in Jahrbuch des Öffentlichen Rechts der Gegenwart, Neue Folge/ Band 68, 2020, S. 56.

② Vgl. Ernst-Walter Hanack, Der Ausgleich divergierender Entscheidungen in der oberen Gerichtsbarkeit, 1962, S. 244.

③ Vgl. Lothar Kuhlen, Die Abweichung einer Entscheidung von einer anderen und die Betrachtung des Einzelfalles, JA 1986, Heft12, S. 594.

④ 陈兴良主编:《中国案例指导制度研究》,北京大学出版社 2014 年版,第 724 页。

⑤ Vgl. Lothar Kuhlen, Die Abweichung einer Entscheidung von einer anderen und die Betrachtung des Einzelfalles, JA 1986, Heft12, S. 594.

2. 提交主体和履行手续

第一,提交决议(Vorlagebeschluss)。

是否提交需要通过决议(Beschluss)作出。该决议应当首先被递交给与作出决议的州高等法院相对应的州总检察长(Generalstaatsanwaltschaft),再由其递交给联邦总检察长(Generalbundesanwalt),由其提出意见并将决议向联邦法院提交。① 而且总检察长的观点也要向其他诉讼参与人告知。②

提交案件的法院应当在决议中尽可能准确地概括和表述待解决的法律问题,将该院的法律见解,尤其是对于偏离的理由以及争议的法律问题对于判决而言的显著性尽可能地呈现和表达出来。因此,一个表述有缺陷的法律问题是无法进入提交程序的。只要联邦最高法院没有作出最终的决定,提交决议就对其他州高院没有阻却的效力(Sperrwirkung)。提交程序也并非不可撤销(§304 Abs. 4 S. 2Hs. 1 StPO)。在联邦最高法院作出判决之前,州法院可以随时、无须理由地通过作出新的决议收回原提交。③

第二,联邦法院的审查程序。

联邦最高法院首先审查提交的前提(《德国法院组织法》第121条第2款)。被提交的法律问题对于判决而言的显著性也作为州法院提交法律依据的基础而被审查。如果提交的前提没有被满足,则联邦最高法院将案件发回州高等法院,促使其在审查程序中继续对事实进行裁判。如果联邦最高法院根据相应的审查得出结论,提交被允许,那么它应以裁决(Beschluss)的形式对提交的法律问题作出答复,并将之告知给诉讼参与人。该决议对于提交案件的州高院以后的程序具有

---

① Vgl. Oskar Katholonigg, *Strafgerichtsverfassungsrecht Kommentar*, 3. Aufl., Köln: Carl Heymanns, 1999, § 121 Rn. 15; Otto Rudolf Kissel und Herbert Mayerr, Gerichtsverfassungsgesetz Kommentar, 6. Aufl., 2010, § 121 Rn. 23; Rolf Hannich, Karlsruher Kommentar zur Strafprozessordnung, 6. Aufl., 2008, § 121 Rn. 39.

② Vgl. Rolf Hannich, Karlsruher Kommentar zur Strafprozessordnung, 6. Aufl., 2008, § 121 Rn. 42; LR/Franke § 121 Rn. 74.

③ Vgl. Otto Rudolf Kissel und Herbert Mayerr, Gerichtsverfassungsgesetz Kommentar, 6. Aufl., München: C. H. Beck, 2010, § 121 Rn. 23; Rolf Hannich, Karlsruher Kommentar zur Strafprozessordnung, 6. Aufl., 2008, § 121 Rn. 40.

约束力。①

综上,提交程序的启动需要满足以下条件:

(1)下级法院在裁判案件时对于某个法律问题的理解,与联邦最高法院此前在判例中对该法律问题的见解有所不同,纯粹事实问题的分歧不能提交;

(2)法律问题以实质标准为准,同一法律问题并不等同于同一法律规范;

(3)该法律问题在案件中具有重要的意义;

(4)法院意欲对先例的偏离不等同于判决结果的不同。

(四)对偏离判例的监督与救济

如何回应和处理下级法院所提交的争议涉及联邦法院对不同法律见解的衡平问题。联邦最高法院需要对提交的案件进行裁断,判断其提交理由是否充足并决定是否允许其偏离先例进行裁判,此时最高法院运用的这种裁决手段就被称为“衡平”(ausgleichen)。这种衡平裁决程序的运用,目的在于对偏离先例的申请进行过滤和检验,允许和推进正确的偏离先例,同时又要防止恣意的、错误的对先例的偏离,从而形成一种良性的对于先例的监督与救济制度。

参与一项民主活动,比如静坐示威和道路阻塞,是否属于《德国刑法典》第240条规定的可罚的妨碍(Nötigung),这个问题长期以来影响着刑法实践和刑法学说。② 以下便以德国1969年、1983年以及1995年三个静坐示威活动是否构成《德国刑法典》第240条之强制罪为例,分析何谓提交制度中“可提交的分歧”以及联邦法院是如何回应这种分歧的,从而展示德国法中对于偏离先例的监督与救济。

1. 以德国刑法中“强制罪”的理解与适用为例

《德国刑法典》第240条(强制)规定:

(1)非法用暴力或以明显的恶行相威胁,强制他人为一定行为、容忍或不为一定行为的,处3年以下自由刑或罚金刑。

---

① Vgl. Jügen Wolter, Systematischer Kommentar zur Strafprozessordnung Mit GVG und EMRK, Band IX GVG, 4. Aufl., S. 454.

② Vgl. Lothar Kuhlen, Die Abweichung einer Entscheidung von einer anderen und die Betrachtung des Einzelfalles, JA 1986, Heft12, S. 589.

(2)如果使用暴力或者以恶行相威胁迫使他人达到所追求的目的,被视为可受谴责的,该行为即是违法的。

(3)犯本罪未遂的,亦应受罚。

(4)情节特别严重的,处 6 个月以上 5 年以下自由刑。情节特别严重一般是指,行为人:①强制他人为性行为;②强制孕妇终止妊娠;③滥用其作为公务人员的职权或其地位。[①]

其中,如何理解和适用第 2 款“使用暴力或者以恶行相威胁迫使他人达到所追求的目的,被视为可受谴责的”成为刑法理论和司法实践中的一个难点。譬如在德国,参与一项民主活动,通过静坐示威和阻塞道路来表达政治诉求,是否属于该条规定的“可罚的强制”?在面对具体案件的适用和分析方面,州高等法院、联邦最高法院以及联邦宪法法院在案件的裁判上持有不同的观点。而根据《德国基本法》第 103 条第 2 款“法的确定性原则”,对于法律的使用需要明确和具体,而上述争议恰是因为法律规定的“含糊”而需要通过个案来进行具体化和明确化。

由此,在涉及对《德国刑法典》第 240 条中“强制”的理解和认定时,对于静坐示威是否或者在何种情况下构成了对于强制罪法益的损失,需要通过联邦最高法院和宪法法院的判例予以阐明。三个判例的争议主要围绕“强制罪”中构成要件的两个方面展开。

其一,“静坐”和“阻塞交通”是否属于使用“暴力”的行为?

其二,如何理解“被视为可受谴责的”这一要件?

对此,有三则最具有代表性的案件:

案件一:联邦法院刑事审判庭 BGHSt 23,46 号判决[②]。

1969 年,案件中的被告为了反对科隆市公交公司(KVG)涨价,组织中小学生在两条很重要的公交轨道的交汇处静坐抗议。对于这种非传统意义上的具有强制效果(Zwangswirkung)的阻碍行为是否属于《德国刑法典》第 240 条中的“暴力”在当时引发了争议。

科隆州高等法院认为静坐阻碍交通的行为虽然是消极的身体对

---

① 译文参考《德国刑法典》,徐久生、庄敬华译,中国方正出版社 2004 年版,第 118 页。

② BGH,08.08.1969-2 StR 171/69.

抗，但是满足了“暴力”的构成要件特征；而对于是否满足“被视为应受谴责的”“可责性”（verwerflich）要件的问题，在当时主流观点看来由于表述过于空泛，不具有讨论的意义和可能性，仅做泛泛理解，无须具体阐述和检视。因此法院经过裁判得出“一个以阻碍交通为目的的静坐示威总是违反《德国刑法典》第 240 条第 2 款的”[①]的结论，该法律意见被联邦最高法院接受，并获得了长时间的遵循。由此，根据 1969 年联邦最高法院的该判例来看，静坐示威阻碍交通的行为一般情况下构成了强制罪，具有刑事违法性。

案件二：这一“以阻碍交通为目的的静坐示威总是违反《德国刑法典》第 240 条第 2 款的”的法律意见在面对 1983 年科隆自由周活动的裁决（BVerfGE 73，206）时遇到了新的问题。

科隆州高等法院受理的被告在 1983 年的“自由周”活动中参加了一个未登记的静坐活动。德国联邦国防军计划封锁这个路段作为“发射区域”，在其中布置防空导弹营。静坐示威者欲使飞机调转方向，但是他们并没有对此做认真的打算，也许只是有点忘形或者只是想在时间上延迟飞机的行进。结果导致飞机被延迟了一个半小时才起飞。

对此案中是否也符合《德国刑法典》第 240 条第 2 款的情况，一审劳动法院和州上诉法院的看法截然相反。一审中劳动法院遵循以往的判例（BGHSt 23，46），以《德国刑法典》第 240 条“强制”为由判处被告有罪，并处以金钱罚。而上诉时州法院认为原被告并不符合强制罪的构成要件，仅仅裁判其违背了《集会法》（Versammlungsgesetz）第 29 条第 1 款第 1 项，其行为构成了违规（Ordnungswidrigkeit）但并不触犯刑法。理由是州法院认为案件中被告行为确实应当理解为使用物理武力（phychische Gewaltsanwendung），然而这种行为并不具有“可责性”。因为，在这类案件中的“可责性”的确定总是要考虑其所追求的远期目标（Fernziel）[②]。主审法院认为应对《德国刑法典》第 240 条第 2 款中不确定的法律概念“做有利于被告的解释，以使其仍能与法治国原则相符”。[③] 因为案件中被告人行为的目的在于实现法治国家的

① OLG Köln NStZ 1986，30（32）.

② OLG Köln NStZ 1986，30（31）.

③ OLG Köln NStZ 1986，30（32）.

宗旨和目的,因此行为不具有可责性。这一基本原则与州法院的观点相吻合,认为被告无罪。

案件三:联邦宪法法院在 BVerfGE 92,1(1995 年 1 月 10 日)中指出,“当示威者在街道上静坐示威,以至于他人(如军用车辆)唯有将其碾压致死方可继续同行”的行为,本质上并非暴力,将静坐行为解释为“暴力”是一种违宪的扩大解释,因为它超越了法律解释的可能界限,也违反了德国基本法中的罪刑法定原则。

由此,静坐不再被视为一种暴力,从而在理论上否认了“因为静坐是广义的‘暴力’,所以触犯了强制罪构成要件”的论证逻辑。然而,联邦法院(指联邦刑事法院)同时又创设了所谓的“第二位列判决”,并主张暴力可能存在于如下情形之中:当某一车辆在示威者前停车,然而跟随该车行驶的其他车辆则由于示威游行以间接正犯的方式受到了暴力强制(BGHSt 41,182)。此时间接正犯为示威者,其工具为停在第一位的军用车辆,排在第二位列的其他车辆为受强制的被害人,也就是说联邦刑事法院的判决虽与宪法法院判决一致,肯定了示威者的暴力并非针对军用车辆,但又创设了针对其后的车辆的间接暴力的可能性。由此,静坐阻碍交通的行为从新的意义上具有了可罚性。

表 5-1 总结了三个判例之间的分歧。

表 5-1 《德国刑法典》第 240 条第 2 款“强制罪”的理解与适用

	静坐行为是否属于“暴力”?	是否需要考察“可责性”?	静坐能否被理解为“第二位列判决”?	静坐行为是否可罚?
BGHSt 23,46	是(扩张解释)	不关心	未讨论	可罚
BVerfGE 73,206	是(扩张解释)	有争议,因为需要考虑“远期目标”	未讨论	不可罚
BVerfGE 92,1	不是(扩张解释违宪)	不是(远期目标很难考察)	是(因为通过第一辆车阻碍了第二辆车)	可罚

2. 对提交案件的检验和受理

前述提到了判断案件是否符合“偏离判例提交”的标准,Kohlen

教授在此基础上总结出了五步骤的检验方法[①],以下参照此方法,并以静坐案件为例,展示联邦最高法院对于提交的案件采取的检验步骤。

(1)在先前判决的论证中将一个法律语句 R1 作为基础。

在此,判断科隆州高等法院是否有意偏离 BGHSt 23,46 的判决首先要回答的问题是“先例 BGHSt 23,46 中的法律观点 R1 是什么”。根据科隆州高等法院的判决,R1 是:“故意妨碍交通构成《德国刑法典》第 240 条第 2 款的违法行为。”该判决在学说和司法实践中都被理解,而且联邦最高法院还曾将该解释誉为“理由充分的”(begründet)[②]。R1 是一个法律语句。

(2)R1 对于先前判决是具有显要意义的(erheblich)。

科隆州高院在判决中明确表示赞成联邦最高法院此前的观点,从而侧面肯定了这一前提,该理由对于判决是具有重要性的。

(3)在当前判决论证中应当以一个法律语句 R2 作为基础。

科隆州高等法院的观点可以总结为:如果对于案件情况没有经过一个有价值的权衡时,故意阻碍交通并不构成《德国刑法典》第 240 条第 2 款的违法。R2 是一个法律语句。

(4)R2 对于当前判决是具有显要意义的(erheblich)。

R2 对于科隆州高等法院当然也是重要的。只有如此被告才能够符合《德国刑法典》第 240 条第 2 款的构成要件,该构成要件还被作为合宪性审查对本案发挥作用。

(5)R1 和 R2 导致了对于新案件的不同判决。

R1 和 R2 的区别是否对于科隆州高等法院提交的这个案件的审判具有显著的意义。因为它为了驳回检察机关的上诉,因此采取了 R2 而不是 R1 的观点作为基础[③]。

---

① Vgl. Lothar Kuhlen, Die Abweichung einer Entscheidung von einer anderen und die Betrachtung des Einzelfalles, JA 1986, Heft12, S. 594.

② BGH StV 1986, 297 (298 unter1).

③ 对比邓矜婷博士在文中总结的美国法中先例规则的使用:第一,比较后案与先例异同;第二,分析不同点是否可以被消除;第三,评价有意义的不同点所具有的突破先例约束的力量;第四,分析评价新对抗的事实;第五,综合考虑。参见邓矜婷:《确定先例规则的理论及其对适用指导性案例的启示——基于对美国相关学说的分析》,载《法商研究》2015 年第 3 期。

在经过以上五个步骤的分析之后，收到提交申请的联邦法院将会作出判断，是否受理其提交。

3. 对提交案件的衡平性判断

经过上述五步骤的分析，受理偏离提交的法院则需要从实质角度对提交的偏离请求作出判断。在德国，对提交案件进行衡平时采用的主要手段是法律解释和法律续造。其中法律解释的核心指向解释准则(Auslegungscanon)及其位阶；而法律续造的核心则指向了法哲学路径的选择，也即正视"法价值"的不可回避性。以上述静坐案为例，其争议焦点有二：先是对"暴力"采取何种理解的争议，此属于法律解释的范畴，需要遵循文义解释、历史解释以及立法者意图解释等解释准则；在此基础上又增加了对"可受谴责的"这一要件的判断，此属于内涵了价值判断的法律续造，联邦最高法院在分析提交时综合考察和判断了"强制罪"所保护的法益。因为在对判例进行衡平时主要涉及解释准则的运用和法价值的权衡。

在法律解释方面，漏洞填补原则的依据和位阶仍被誉为"最好的法哲学问题"[①]，因为它可以通过类型化的方式最大化地体现判例法的作用，即将不确定的范围尽量通过确定不同的"类型"(Typus)进行限缩，而非致力于作出更为概括的定义。像第二刑庭在 BGHSt 23，46 中认为自己能做出的"抽象定义的"判决，以及他现在又宣布"排除"了的判决，都无论如何不是要试图为"可责性"的行为做一个概括的定义，或为了给生活中的事实关系做一个"无漏洞的分类"，而只是为"通过游行故意阻碍交通"这类案例群做一个不完全的判例法上的概念确定。[②] 然而无论如何，方法论并不能消除对于解释的个人化的、规范性的设定。[③]

因此，联邦法院面对提交的案件时，尽管有法律教义学的浓重色

---

① 参见[德]卡尔·恩吉施：《法律思维导论》(修订版)，郑永流译，法律出版社 2014 年版，第 192 页。

② Vgl. Lothar Kuhlen，Die Abweichung einer Entscheidung von einer anderen und die Betrachtung des Einzelfalles，JA 1986，Heft12，S. 600.

③ Vgl. Lothar Kuhlen，Die Abweichung einer Entscheidung von einer anderen und die Betrachtung des Einzelfalles， JA 1986，Heft12，S. 594.

彩,但仍然不能回避对价值的判断和选择。在此,秉持何种法哲学,以及如何面对法律的价值位阶的问题就凸显出来:“两个审判庭有分歧时,大审判庭的意见被允许:在这些案件中,法的价值如法的确定性和信赖保护应当被前置,并且一般要求遵循业已选择的法律发展道路。对于持续性判决的偏离只能以例外的形式出现,即应当有明显重要或压倒性的理由对其予以支持。”①

原则上重点在于以一个实质上正确的方式来解释和适用法律规范。② 因为“不仅是实质正义,而且是法的确定性同属于法治的原则。而法的一致性恰好服务于法的确定性。而保障法的一致性是上诉法院而非初审法院的任务”③。德国法官的法哲学指引他们试图在法律的发展(Fortentwicklung)与法律的一致性(Rechtseinheit)之间寻求一种平衡,努力去协调实质正义与法律的一致性之间的张力,即便二者并非彼此冲突的价值。这也是为何考夫曼教授主张探索和追求一种“一致性”而非“正确”的法学方法论的原因④。

正如齐佩利乌斯所看到的那样,对同样情形予以同等对待的原则可以成为发现法律漏洞的根据,按照这种方式,法律漏洞的确定还具备了这样的功能,即发现法秩序当中价值判断不一致的情形,并打开了消除这种不一致的通道,“在法律漏洞的问题上,体系争议原则和‘法的统一性’原则同样需要加以考虑。按照这些原则,法律问题的解决不仅仅要合乎逻辑地纳入由同位阶和更高位阶法律规范组成的体系当中,而且要在目的上与这个体系保持一致”。⑤

因此,对偏离判例的衡平仍然是一个综合性的判断,需要平衡各种因素,通盘考量做出一个决断。而这种衡平主要取决于两个方面,

---

① BGHZ 85,64(66); BGHZ 87,150(155); 125,218(222). See Neil MacCormick & Robert S. Summers eds. ,Interpreting Precedents:A Comparative Study,Aldershot:Ashgate/Dartmouth,1997,p. 30.

② See Neil MacCormick & Robert S. Summers eds. ,Interpreting Precedents:A Comparative Study,Aldershot:Ashgate/Dartmouth,1997,p. 37.

③ OVG NW June 27th,1986,file number 19A10005/85,p. 19.

④ 之所以说一个“一致性的”而不说是一个“正确的”法学方法论,是因为会有不同的“正确的”法学方法论,或者说有多个“可容忍”的结论。参见[德]阿图尔·考夫曼:《法律哲学》(第2版),刘幸义译,法律出版社2011年版,第98页。

⑤ [德]齐佩利乌斯:《法学方法论》,金振豹译,法律出版社2009年版,第94页。

一是从法律解释的角度进行把握，以法律解释为主要依据；二是以价值判断作为重要标尺和补充。

4. 对偏离判例的报告义务的违反

如果州法院违反报告义务，没有将分歧提交到联邦法院，既不会影响判决的有效性也不会影响其法律效力。① 对此也并不存在特殊的救济。然而如果州法院在特定案件中虽然满足了所有提交前提，但仍不将案件提交，将会违反《德国基本法》第 100 条第 1 款第 2 句有关法律规范的审查的规定，从而使联邦宪法法院以违宪为由撤销州法院已生效判决。② 也即如果下级法院违反了提交义务，则会失去在后面可能的违宪审查中的豁免。由此可见，对于偏离判例的报告制度而言，其救济方式仍然在司法审判的框架之内，这也反映出偏离判例报告制度并不与现代法治国理念相违背。

（五）偏离报告制度的功能与启示

1. 偏离报告制度的功能

首先，保证司法的一致性。

当今德国法在保障司法一致性的过程中，始终在寻求一种让法官在面对先前判例时的“于自由和约束之间寻求平衡”③的中间道路。

原则上讲，法官没有义务受先前判决的制约，除非该判决源于最高级别的法院或者成为了固定的司法实践。“自由”原则背后的核心思想在于司法的发展是不能被阻碍的；而“约束”的观点则假设上级法院的司法判决由于其可能展现的更大的正义以及其在法律途径上的“长臂”（längeren Arms），而至少在总体上能够保证后案司法的一致性。④ 然而，所有这些假设的实现前提都是各最高法院内部、各最高法院之间，或上级法院与最高法院之间的判决必须是一致的：因为如果统一法院内部的判决彼此之间也存在分歧，就无法保障司法的一致性。

---

① Vgl. Otto Rudolf Kissel und Herbert Mayerr, Gerichtsverfassungsgesetz Kommentar, 6. Aufl., München: C. H. Beck, § 121Rn 24; KK/Hannich § 121 Rn. 41a; *Franke* § 121 Rn. 73.

② 比如 BVerfGE 23, 288, 319; BVerfG NJW 1002, 2075 等。

③ Ernst-Walter Hanack, Der Ausgleich divergierender Entscheidungen in der oberen Gerichtsbarkeit, 1962, S. 353.

④ Vgl. Ernst-Walter Hanack, Der Ausgleich divergierender Entscheidungen in der oberen Gerichtsbarkeit, 1962, S. 353-354.

为了实现高级法院的一致性，德国法在维护法官对先前判决的自由的原则之下，发展出了本书所探讨的不同体系之间的"间接约束机制"：一方面，高级法院在意欲偏离时，要将该个案的争议问题向更高一级机构提交（内部提交和外部提交）；另一方面，在偏离的判决中，要将法律救济的手段（决定权）交给最高级别的机构，从而保证一致的司法。

其次，提升下级法院的参与度和参与感。

下级法院在发现先例有不妥之处时，有机会通过偏离报告制度表达自己的法律见解，这一方面能够消解下级法院法官既在法律意见上与上级法院相冲突，又在事实上受到先例的制约的矛盾心态和境况；其另一方面也能够推动法官参与到法律发展的进程中来，为判例提供一个自下而上的反向的监督，从而更有效地发挥判例制度在成文法系制度中的意义和作用。偏离报告制度正是齐佩利乌斯眼中的判例作为"试错"[①]机制的一种偏离纠正机制。

最后，判例的发布机关有机会修正和清理先前的错误判决。

与英美法国家的判例制度中先例具有正式约束力不同，德国的判例机制有其特点和优点，即错误的先例往往能够得到更好地比较、监督和修正。

德国联邦最高法院可以通过偏离报告制度重新审视和修正自己先前的判决，相比之下普通法系国家上级法院在理论上不再有机会主动改变先前判决，因为普通法系国家的判例具有正式的拘束力，后案法官有遵循先例进行裁判的义务，因此如果案件没有被上诉，则做出判例的机关将不再有机会修正此前的判决。

2. 偏离报告制度的启示

现代国家需要保障司法的一致。在现代，不一致的法律实施以及复杂的法律发现和法律适用方法已经不再适用于促进和保障成文法律的一致性裁决了[②]，而运用过去的经验来解决现在以及未来的问题又无疑是人类实践理性的基础。我国在过去几十年来试图通过作出

① ［德］齐佩利乌斯：《法学方法论》，金振豹译，法律出版社2009年版，第120页。

② Vgl. Ernst-Walter Hanack, Der Ausgleich divergierender Entscheidungen in der oberen Gerichtsbarkeit, 1962, S. 353.

司法解释、颁布指导性案例的方式积累司法裁判经验，从而推动司法的一致性。与我国现行的司法解释模式和案例指导制度相比，德国的偏离报告制度带给我们的启示在于：

首先，对法律争议的解决不能脱离具体案件的比较。

相较我国的司法解释而言，德国的偏离判例报告制度是依托于两则以上案件的比较，也即在比较的基础上解释和答复不同的法律意见；而我国司法解释仅仅是针对具体某一个案件的问题答复，无法涉及对分歧法律见解的对比和法理分析。

其次，案例指导制度需要后续救济制度。

我国案例指导制度自颁布以来，其效力问题始终争议不一，而现实的情况是“相似案件的不同处理”情况尚没有一贯的解决途径，尤其是当后案或者下级法院对于不确定是否应当遵循判例的疑问，尚没有解释或答复通道。德国的偏离报告制度则为争议的疏导和解决提供了一条畅通的沟通渠道，具有一定的借鉴作用。

（六）小结

偏离判例的报告制度最主要的意义在于探索了一种与成文法体系相适应的判例的监督和修正机制。正是因为判例在德国仅仅具有事实上的拘束力，下级法院在认为联邦法院作出裁判的法律见解有错误时，可以通过偏离判例的报告方式表达自己的观点，提请上级法院修改自己先前的法律意见，从而实现法律的一致性与法律的实质正义二者之间的有机融合。在此意义上，德国诉讼程序中的偏离报告制度与我国实现司法统一、维护司法公正性的司法改革需求具有客观上法律土壤的相似性以及内在追求的一致性。如此，最高法院剥离事实审的司法功能，转而作为全国法院重大法律问题解释与使用之统一的中枢机构，“将是一种极有可能的改革方向”。[①]

即便如此，德国学界也存在基于不同法律理论以及社会学观点与规则怀疑主义相关的分离主义的担心：“在今天已经不再能通过法官立场或思想上的同质性（ideologische Homogenität）来得到调和了，因

① 参见卢佩：《司法如何统一？——以德国联邦最高法院判例为实证分析对象》，载《当代法学》2014 年第 6 期。

为这种同质性已经不再存在了,并且还将导致司法乃至整个公众都难以承受的不确定性和不平等对待。”[①]而这将势必对偏离报告制度的实现构成根本上的阻碍。

① Lothar Kuhlen, Die Abweichung einer Entscheidung von einer anderen und die Betrachtung des Einzelfalles, JA 1986, Heft12, S. 600.

第六章　德国判例的结构与制作技术

本章以德国《新法学周刊》为研究对象进行切入，对德国判例的制作技术和使用方法作系统梳理和深入分析。通过文献研究、案例研读以及比较研究等研究方法，对德国判例文本中各个部分，尤其是判例要旨的功能和定位进行解析和梳理，进而从可借鉴性角度为我国案例指导制度的构建，尤其是学界热议的指导性案例中裁判要点的定位和发展趋势提供比较法上的参考和借鉴。

一、研究对象选取的说明

1. 以《新法学周刊》作为研究对象

《新法学周刊》是德国 Verlag C. H. Beck 出版社发行的包含法学论文、法律评注、司法判决以及法律类最新讯息等在内的综合性法学期刊。每周发行一期，全年出版 51—52 期[①]，主要读者为检察官、公证员、法官、律师等法律工作者以及法学院学生。《新法学周刊》创刊于 1947 年，其前身为 1872 年创刊的著名法

---

① 2002 年以前每年共 51 期，2003 年起至 2012 年每年出版 52 期。1948—2013 年全部《新法学周刊》可以通过 Beckonline 数据库查阅，载 http://beck - online. beck. de/default. aspx？ vpath = bibdata%2fzeits%2fNJW%2f1963%2fcont%2fNJW%2e1963%2ehtm#A，2013 年 1 月 8 日最后访问。

学期刊《法学周刊》(Juristische Wochenschrift)。期刊位居法学期刊销量第一,被誉为“德国法律实务和理论界最有影响力的法学期刊”①。

一般而言,在每一期的《新法学周刊》中,收集编辑整理的法院判决数量在30则左右,篇幅比重超过了整个杂志的一半,这些收集、编辑整理的法院判决涉及欧盟、德国联邦和德国各州等各级别的若干法律领域,对于学术意义上的法律适用有重要的意义。除此之外,作为对《新法学周刊》中判例的补充,也为了使《新法学周刊》中不同主题的内容一目了然、便于检索和查阅,该杂志社按不同的法学领域又出版了相应的副刊,如《新法学周刊——民事判决报告》《新期刊——刑法》《新期刊——行政法》《新期刊——劳动法》等。

《新法学周刊》以及附属的上述民法、刑法、行政法以及劳动法领域副刊共同入选Beckonline数据库“法学期刊前十名”(Zeitschrift Top 10),②在德国法学界享有盛誉,具有很强的代表性。另外,《新法学周刊》的判例同我国指导性案例的体例具有很高的相似性,③对《新法学周刊》的研究可以更好地回应我国司法实践变革的需要。

2. 为什么选取民事判例作为研究对象

前文已述,在德国,联邦宪法法院的判决具有正式的法律约束力,因此在性质和影响力方面同普通法系国家的判例法有高度相似性,并不能完全代表德国的判例制度,因此本书对其不予研究。相比较于其他部门法而言,对民法部门的判例制度研究具有理论上的可行性和实践中的重要参考意义:一方面,德国民法是德国法律体系中历史悠久,发展也最为成熟的法律部门,德国民法领域的法典化程度也很高。《德国民法典》《德国商法典》中展现出的德国民法架构和体系在大陆法系国家具有很高的知名度和影响力,是成文法国家的代表文本,二

---

① Vgl. Alfred Flemming, Aus der Gründungsgeschichte der NJW, NJW 1987, S. 2653.

② 参见http://rsw.beck.de/cms/OverviewPage/Magazines,2012年10月30日最后访问。

③ 比如二者均由七部分构成,指导性案例的体例主要包括标题、关键词、裁判要点、相关法条、基本案情、裁判结果、裁判理由七个部分组成。《新法学周刊》中判例按顺序分别由判例要旨、法条、关键词、案件信息、案件事实、裁判理由以及案件评论共七个部分组成。

者与《德国民事诉讼法典》共同组成德国民法的“三大基石”。因此，从民法入手，可以借由《德国民法典》的稳定性以及成熟和完备的特点，再对判例对成文法的补充进行研究，从而提高研究的准确性和说服力。另一方面，民法本身的私法特点决定了其跨国界的普遍性，也就意味着，相较宪法、刑法、行政法等公法，民法的可移植性更强，这使得在我国对于德国民法的研究程度和热情要远远高于德国的其他部门法，因而更具有研究的可操作性和其成果的可借鉴性；而且，德国判例制度在民事领域如情势变迁制度、缔约过失理论以及积极侵害债券理论等方面的实践取得了巨大的成就[①]，更印证了在私法领域建立判例制度的可行性。以我国为例，截至 2022 年年末，最高人民法院所发布的 160 多件指导性案例中，民事案例有近 110 例，这也启示我们可以考虑优先和侧重在民法领域尝试推动案例指导制度。

基于上述理由，笔者在本书中，将以《新法学周刊》中公布的民法案例作为主要研究对象，对德国的民事判例进行相对集中的小样本研究。

二、判例的编辑与公布

（一）判例裁判文书的构成

《新法学周刊》判例通常由判例要旨、法条、关键词、案件信息、案件事实、裁判理由以及案件评论七个部分组成。其中，案件信息、案件事实、裁判理由三部分来源于判案法院公布的原始判例，由编辑根据需要进行整理和加工。判例要旨、相关法条标识、关键词部分由《新法学周刊》编纂制作并穿插附于原案例前后。具体体例安排见表 6-1。

---

① 参见张涛：《德国民事判例制度考察——兼论我国民事判例制度的建设》，中国政法大学 2008 年硕士学位论文。

表 6-1 《新法学周刊》判例样式

萨尔州高级法院:2012 年 1 月 11 日第 5U321//11-45 号判决①
题目:××× 判例要旨: ××× 相关法条: AKB 第 12 条 法律领域: 私人保险法 道路交通法 关键词: ×××; ×××; ×××
萨尔州高级法院第×××号判决 以人民的名义审判 2012 年 1 月 11 日宣判 法律争议: 原告及上诉方:×××委托律师:××× 对被告及被上诉方:×××委托律师:××× 主张×××(车辆保险)请求权 由萨尔州高级法院第五民庭×××法官、×××法官共同审理 并据以法律认定: 1. 原告在 2011 年 7 月 12 日的 14058/11 号起诉被拒绝审理; 2. 原告支付诉讼费用; 3. 判决具有可执行性; 4. 不进行复审; 5. 争议标的为 12,000 欧元。 判决理由:

(二)《新法学周刊》添加部分

1. 标题(Titel)

标题的功能在于反映和提示该判例涉及的主要法律问题。从技术上讲,《新法学周刊》以及德国其他案例汇编的标题中都不会出现案件当事人的具体信息,即不会将当事人的姓名作为判例的区别要素,而是用法律语言将该判例中最核心的法律问题体现出来,例如“不同情形下失职行为中法定提示义务的概念”(BGH:Begriff derselben Angelegenheit bei Abmahnung verschiedener Unterlassungsschuldner)②、“共同侵权者的对外连带责任”(BGH:Volle Außenhaftung mehrerer

① 参见 BeckRS 2012-15149,载 http://beckonline. de。

② NJW 2011,147.

nebeneinander Verantwortlicher)[①]、"以传真形式送达诉讼文件的发出"(BGH:Ausgangskontrolle von per Fax übermittelten fristgebundenen Schriftsätzen)[②]、"具备承运资质的承运方过失侵权导致的损失计算"(BGH:* Schadensberechnung bei qualifiziertem Verschulden des Frachtführers)[③];当然,也有个别的标题直接给出结论,例如"马术比赛中的(竞赛者)侵权免责条款无效"(BGH:Unwirksamer Ausschluss "jeglicher" Haftung bei Springturnier)[④]。

这种不使用当事人姓名,而是提示法律问题作为标题的做法同英国法院、欧洲法院的共同体法院和人权法院[⑤]、日本法院[⑥]以及包括中国在内的很多国家都有所不同。一方面是基于对当事人隐私的保护,涉及《德国法院组织法》关于审判公开的规定[⑦];另一方面从公开判例所追求的效果进行考量,不将当事人姓名作为题目的组成部分,能够清晰而直接地传达与案件事实相关的最主要的法律问题。当然,这种做法会为汇编判例的工作增加难度。

《新法学周刊》中题目的另一特点在于,其主要功能是提示本案中具有先例意义的部分,因此并不一定反映该案的案由以及案件当事人的诉请。例如,《新法学周刊》1961 年第 601 页判决[⑧],该案涉及一起房地产买卖纠纷,但是因为案件原告接受其委托律师的建议对被告提起诉讼,因此法官在判决理由中就律师行为是否妥当给予评论。正因如此,《新法学周刊》将该判例的题目设定为"律师的注意义务"。

---

① NJW 2011,210.

② NJW 2011,205.

③ NJW 2011,187.

④ NJW 2011,214.

⑤ 参见欧洲人权法院判例库官方网,http://www.echr.coe.int/ECHR/EN/Header/Case-Law/Decisions+and+judgments/HUDOC+database/,2012 年 12 月 27 日最后访问。

⑥ 参见[德]F.门策尔:《司法审判公开与德国当代判例数据库》,载田建设整理:《法律文献信息与研究》2009 年第 4 期。

⑦ 根据《德国法院组织法》第 169 条规定了审判公开原则,第 170-172 条规定审判公开的例外,包括涉及婚姻、个人隐私和商业秘密等。

⑧ 参见 http://beck-online.beck.de/default.aspx? vpath=bibdata%2fzeits%2fNJW%2f1961%2fcont%2fNJW%2e1961%2eH13%2ehtm#A,2013 年 1 月 8 日最后访问。

2. 判例要旨(Leitsatz)

判例要旨由《新法学周刊》撰写,通常置于判例的案件事实之前,起到抽象法律规则、指引后案审判、方便读者检索查阅的作用。判例要旨在德国的判例制度中独具特色。一般而言,其内容就是该判例所体现的主要法律意义,也就是对该案所涉及的法律争议所作出的判断。

(1)判例要旨的特点

首先,抽象与具体并存。判例要旨的抽象程度与案件的性质有关。有些判例要旨的表述确实具有高度的抽象性,在形式上类似于法律规范。但是大多数判例要旨中都有很明显的案件事实的痕迹,因此虽然此类判例要旨所蕴含的法律精神或传达的信息能够直接类推适用于另一个案件,但是在引用中可以很明显地同正式的法律规范(法律条文)区别开。比如,“如果一个根据符合障碍要求设置的赛马比赛的跨栏在具体使用时未符合比赛设施的要求,并且因此造成了对于参赛者而言无法预见的安全风险,此时赛马比赛的主办者则违反了交通保险义务”。[①]

其次,判例要旨具有提示案件信息的引导性。判例要旨往往能够指向明确的法律领域和法律问题,引导读者有针对性地阅读,具有探寻判决中的法律意义等作用,在使读者据以了解案件大意的同时,对法律的具体应用和后案的具体审判作参考。

最后,便于检索。《新法学周刊》的编辑们会根据判例要旨再进一步抽离出相关法条和关键词,并且根据这三部分对全部判例进行整理、归类,以方便读者顺利检索。

(2)判例要旨的作用

判例要旨能够方便法官和法律工作者研究和参考判决,把案件事实、证据确认等具体的、个案的信息同判决的法律争议和生发出的法律规则区别开。一个案例常常涉及很复杂的事实,通篇阅读裁判文书会花费相当长的时间,如果必须阅读整个裁判文书才能发现该判例的先例意义,那么研究和参考判例将变得十分困难,而且也会使读者迷

---

① NJW 2011,139,BGH:＊Unwirksamer Ausschluss “jeglicher” Haftung bei Springturnier.

失于确认案件事实和证据的浩繁工作中，很难抓住裁判文书中体现的法律精神。因此，通过判例要旨的指引来阅读裁判文书将会提高效率。判例要旨的存在在形式上方便了判例的使用和被参考。

3. 关键词

《新法学周刊》中的标准案例都附有关键词，关键词主要起到指示案件类型、提示案件信息、帮助案件检索的作用，同一般意义上的关键词没有特别的不同。但是《新法学周刊》的关键词的“检索”作用日益明显，原因可能在于判例的题目和判例要旨部分能够覆盖关键词原本的“提示”功能。

“关键词+相关法条”的搭配检索方式一直是德国判例检索最为经典且高效的检索方式。德国高度的法典化，使得案例中的“相关法条”部分可以紧紧依托法典的存在而发挥指示和索引的作用。加之《德国民法典》《德国商法典》每个条文都有一个题目，通过判例中关键词（当然，现在这一功能也部分地被判例要旨和题目所代替）的设置，也可以起到将关键词和具体的法条捆绑的效果。具体而言，就是使用者在遇到某一个法律问题希望了解相关判例时，可以用法条作为检索关键词，在判例数据库中查找到关于该法条有哪些判例，也可以输入相关关键词，从而锁定具体的法律问题，了解此前的判例情况。这样一种检索方式可以使判例更好地配合制定法发挥作用。

总之，关键词的作用更加侧重于辅助判例的索引，而原本应当具有的提示案件信息的作用逐渐被标题和判例要旨所取代，这一点同我国指导性案例中“轻视”标题而强调关键词的信息提示作用的做法大不相同。

（三）原判决部分的加工

1. 案件事实的概括

案件事实陈述部分是按照事实发生顺序对于判例中案件发生的背景、经过及争议所做的介绍，其意义在于揭示案件的核心争点和属性。因此，对案件事实的归纳是否准确将直接影响到先例原则的适用范围。[①]《新法学周刊》中对案件事实的概括主要体现为围绕诉请一

---

① 参见孙海波：《破解类比推理难题：成因、类别和方法》，载《甘肃政法学院学报》2013年第6期。

方的请求权要求展开,体现德国民法领域请求权基础分析方法的法教义学特征。例如“原告于某年某月某日基于何种理由向被告提起某某请求权”,被德国法学界简称为“五个 W”[①]。另外,《新法学周刊》等德国的判例汇编倾向于以直陈式的方式描绘案例事实,而且区别于法院的原始判决书,汇编后的案例将会省略与判决理由、判决结果以及判决要呈现的法律问题无关的事实部分。

法院的原始判决会分别列出当事人双方对案件的描述,然后写出法庭能够证实的部分;《新法学周刊》在描述案例的时候,直接根据时间顺序将法院确认的事实进行陈述,例如《新法学周刊》2011 年第 142 页判例“部分建筑违章建设导致的价款减少”[②]中的案件事实部分:

“原告于 2003 年 12 月 28 日签订合同并公证后购买了被告坐落于魏玛郊外的一所住宅,并约定了被告瑕疵担保责任上限为 235,000 欧元。2004 年新年被告搬出。原告支付了价款并开始办理产权登记。原告为房产的一处大型改建申请登记时发现,该处房产占用 198 平方米的土地中有 80 平方米以上的建筑尚未申请批准。市政府仅批准允许原告将未经批准的部分拆除后再进行改建。为了完成改建计划,原告将该处建筑连同地基一并拆除。但计划中的建筑因为邻居通过法律手段提出的反对而没有建成,政府也因此拒绝批准新建计划。因为拆除了旧建筑,原告也丧失了对原建筑物的占有保护。原告之后将土地作为庄园作价 22,000 欧元出售。现请求被告按比例支付 50,000 欧元的赔偿,购买时原告共计支付了 271,000 欧元价款。”

《新法学周刊》以及大多数德国判例对于案件事实的陈述相较普通法国家判例要简略,主要是以时间顺序对重要事实进行叙事性的介绍。而普通法国家更倾向于认为“大多数案件都不牵扯有争议的法律问题,争议只与事实有关”[③],基于这样一种对于案件事实的谨慎态度,

① 即谁(wer)何时(wann)向谁(von wem)基于什么理由(woraus)提出什么请求(was)。

② NJW 2011,142 BGH:Teilweise Minderung bei Fehlen einer Baugenehmigung für Teile eines Gebäudes.

③ [英]鲁伯特·克罗斯、J. W. 哈里斯:《英国法中的先例》(第 4 版),苗文龙译,北京大学出版社 2011 年版,第 46 页。

普通法国家在汇编案例的时候会给予案件事实更多的关注，即便判例汇编中也会有“判决理由概要”（syllabus），但“它们只是作为对下面所载判决的大概内容的初步提示以供法官使用，而绝不是作为对判决内容详细探讨的替代物”①。

当然，这种差异并非普遍且绝对的，仅仅是相对意义上的。此外，德国马普研究所 F. Muenzel 博士文章中曾就日本的不加筛选地公开判决全部信息的做法做过评述：“笔者首次看到日本××××杂志里发表的日本判例时吃了大惊：发表的判例记载当事人的姓名、诉讼程序中两方当事人提出的起诉状、答辩状等大部分资料的内容等。德国的判例当然也说明事实和证明，但是判例只提供概要，法院觉得不重要的情况，判例中常常不提，案外的读者当然也不得知。这样，读者主要获悉判例中比较抽象的法律理由，而法律理由常常只是案外读者不太了解的事实理由的外衣。研究日本的判例，看得出这种事实理由。可以说，日本的读者不仅看外衣，也看得见案子的裸体。”②

从《新法学周刊》判例的选择中我们可以看出德国与日本等国家对判例事实部分的概括具有较大差别，主要表现为对案件事实的陈述是否进行选择。前者，如德国是有选择的，尽量隐去案件事实中某些涉及隐私等具体信息，使判例具有概括、抽象的特点，从而更为实用，而日本同我国在发展指导性案例时要求对案件事实“准确概括”“有针对性地详加阐述”③，有异曲同工之处。

2. 裁判理由的选取

裁判理由是判决的法律部分，主要是对判决理由的法理进行阐述，因而是判例的核心之所在。④ 司法裁判中强调“无‘理由’即无判决”⑤，现代法治进程要求作出判决必须说明理由。然而，“强调无‘理

---

① 刘风景：《判例的法理》，法律出版社 2009 年版，第 124 页。

② ［德］F. 门策尔：《司法审判公开与德国当代判例数据库》，载田建设整理：《法律文献信息与研究》2009 年第 4 期。

③ 最高人民法院研究室：《指导性案例样式》。

④ 参见［德］克劳斯·罗可辛：《德国最高法院判例：刑法总论》，何庆仁、蔡桂生译，中国人民大学出版社 2012 年版，序言。

⑤ 陈林林：《裁判的进路与方法——司法论证理论导论》，中国政法大学出版社 2007 年版，第 5 页。

由'即无判决，并不意味着法官必须为每一份判决附上美国式的长篇大论"①。并非判例中的全部内容都适合并且能够上升成为判例的一部分，德国判决理由也会经过筛选，但民事案例主要是围绕请求权检索的方式展开论述。

《新法学周刊》在汇编时会对判决理由中的各个部分进行取舍。一般情况下，首先保留作为判决理由的依据，即直接的法律理由；其次作为援引、选择这些依据的依据②等有关法律适用的形式性依据也会予以保留，但是因为这些依据不容易产生争议，而且与案件事实密切联系，对其他案件的普遍指导意义不大，因此会被简化；相比较而言，法律外的实质性依据，尽管并不非常普遍，但却是判例汇编中予以突出强调和重视的部分，也是整个判决理由中可能对成文法起到实质影响的部分。而对于整个判决的说理没有直接影响，或者没有直接关系的部分将会被省略掉。表现在具体的形式上，《新法学周刊》的编者会有选择地对原文判决理由进行直接引用；就叙述风格而言，在原始判决中法官通过罗马数字、阿拉伯数字和小写字母的形式对判决理由进行分类和编号，会得到《新法学周刊》编者的原样保留。

以《新法学周刊》2011 年总第 139 号判例③为例，笔者通过阅读该判例的判决理由部分，并且对照其原始判决 BGH, *Urteil* vom 23. 9. 2010-Ⅲ ZR 246/09 (OLG Hamm)（后者收录在联邦最高法院判例数据库中④），发现经过《新法学周刊》整理后的判决理由有以下现象：首先，联邦最高法院案例数据库中公布的原始判决书中，从案件事实起至整个判决结束，在正文左侧会用阿拉伯数字为每段编号（1、2、3 等依此类推），这是德文著作中常见的排版形式。而《新法学周刊》在引

---

① 陈林林：《裁判的进路与方法——司法论证理论导论》，中国政法大学出版社 2007 年版，第 5、8、9 页。

② 对裁判理由的分类借鉴了陈林林的观点，主要将裁判理由区分为第一性依据和第二性依据。参见陈林林：《裁判的进路与方法——司法论证理论导论》，中国政法大学出版社 2007 年版，第 9-10 页。

③ NJW 2011, 139.

④ 参见德国联邦法院官方网站 Der Bundesgerichtshof, http://juris.bundesgerichtshof.de/cgi-bin/rechtsprechung/document.py?Gericht=bgh&Art=en&sid=cdb2e27a1e2f973566e002c6ccf409d5&nr=53565&pos=1&anz=27，2013 年 2 月 26 日最后访问。

用该相关部分会用“Randnummer+编号”的方式明确标注所引用判决理由来自原判决书的哪一部分（Randnummer1、Randnummer2、Randnummer3……以此类推）。因此，读者可以清晰地看出《新法学周刊》具体援引和省略了原判决中的哪些部分。以该判例中的判决理由为例，联邦最高法院公布的原始判决中的判决理由分为两大部分Ⅰ和Ⅱ，其中Ⅰ对应全文第8段和第9段，而Ⅱ对应的部分为第10段至第33段。在《新法学周刊》中，理由的第Ⅰ部分，即第8段和第9段被全部省略，而理由的第Ⅱ部分，即第10段至第33段的内容全部在判决中得以保留。由此可见，《新法学周刊》的编者对于其认为有保留必要的判决理由部分，采取原样呈现的做法，最大限度地尊重原案判决理由，也尽可能地全面呈现判决的说理过程。而由于该案件由高级法院（本案中为Berufungsgericht，即上级法院）上诉至联邦最高法院，最高法院最终驳回了上诉请求，因此原始判决中对于原审法院的判决理由给予了概括性的表述，此部分被《新法学周刊》的作者所省略。

三、判例的结构特征

德国各个判例汇编的结构特征有很高的相似性，通常由判例要旨、法条、关键词、案件信息、案件事实、裁判理由以及案件评论七个部分组成，其中判例要旨、相关法条标识、关键词部分由《新法学周刊》专业编辑制作整理并穿插附于原案例前后。以《新法学周刊》为例，可以将德国判例的结构特征归结为以下三个方面：

（一）以核心法律问题作为标题

《新法学周刊》中判例标题的功能主要在于反映和提示该判例涉及的主要法律问题。首先，从技术上，包括《新法学周刊》在内的德国判例都不会将当事人的具体信息（主要是姓名）作为判例的区别要素，即判例题目中不会出现人名/法人名称等，这种不使用当事人姓名，而是将该案件涉及的主要法律问题作为标题的做法不仅与我国有所区别，也同判例法系的英国法院以及大陆法系的日本法院①在内的很多

① 参见［德］F. 门策尔：《司法审判公开与德国当代判例数据库》，载田建设整理：《法律文献信息与研究》2009年第4期。

国家都有所不同。

德国在判例汇编中采取此种做法,一方面是基于对当事人隐私进行保护的考虑。根据《德国法院组织法》第 169 条规定,除因第 170-172 条的特殊原因,审判应当公开,但是以公开案件内容为目的的媒体报道不被允许①。正因如此,德国判例汇编时也尽量避免涉及案件当事人的具体信息,以免有侵犯隐私之嫌疑。另一方面,可以从公开判例所追求的目的和效果的角度来考察,不将当事人姓名作为题目的组成部分,能够清晰而直接地传达与案件事实相关的最主要的法律问题。当然,在设定题目时首要的考虑是题目要能够提示本案中具有先例意义的部分,而并不一定反映该案的案由以及案件当事人的诉请。比如,如果某一案件涉及一起房地产买卖纠纷,但是案件原告是因为接受了委托律师的建议而对被告提起诉讼,法官也针对判决理由中就律师行为是否妥当给予了评论,此时《新法学周刊》将该判例的题目设定为"律师的注意义务",而非"房地产买卖纠纷",因为前者才是本案之所以成为判例的法律价值所在。

(二)对判例要旨的类型化使用

判例要旨在《新法学周刊》的判例中起到了兼具关键词和裁判要点的重要作用,但是判例要旨的表现形式和风格又因各个判例的需求而有所区别,其中最主要的类型可以概括为规范型判例要旨、技术型判例要旨和提示型判例要旨三类。

规范型判例要旨是指此类判例要旨表述严谨,具有规范的含义和作用。此类判例要旨的最大特点在于,当后来案件要参考该判例时,可以直接参考和援引该判例"判例要旨"中的抽象规则,这能够充分体现出德国作为大陆法系国家代表的法律思维特征。譬如《新法学周刊》2011 年判例:"赛马比赛中,主办者因使用不适宜的栏杆而造成(非参赛者)被赛马踢伤(并非参赛者所有)时应负责任。"②此处的"应负责任"就是一种规范的、定性的归责表述,并非从技术层面出发进行

---

① Vgl. § 169-172. ff, GVG.《德国法院组织法》第 169 条规定了审判公开原则,第 170-172 条规定审判公开的例外,包括涉及婚姻、个人隐私和商业秘密等。

② NJW 2011 139, BGH: * Unwirksamer Ausschluss "jeglicher" Haftung bei Springturnier.

的判断,因此更具有规范性。

技术型判例要旨的表述相较于规范型判例要旨而言更为具体,适用范围很明确,具有很强的可操作性,但是不具有弹性适用的空间。通常,此类判例要旨确立的规则是为了在裁判中辅助法官作出判断,起到细化法律规定、明确适用情况和统一裁判标准的作用。因此,技术型判例要旨中不应该再包括不确定的法律概念,而是要对不确定的法律概念设置具体的裁判标准。譬如,“物的瑕疵,对于旧《德国民法典》第459条第1款第2句意义上的买卖的物的价值或者适用性,仅导致其不严重的减损,那么并非严重违反义务,买方不能根据《德国民法典》第323条第5款第2句解除合同。新的汽车的燃油消耗与生产说明相差不足10%的,买卖合同的解除权被排除”[①]。此时《德国民法典》第5款第2句[②]中的“不严重”(unerheblich)就是一个不确定的法律概念,需要具体化。而该判例要旨,就新的汽车燃油消耗的问题,就是对该法律概念设置了具体的判断标准“10%”。

提示型判例要旨是指此类判例要旨仅仅起到提示案件信息的作用。与前两种类型的判例要旨不同,此类判例要旨不会给出一个封闭性的结论,而是引导读者关注该案件的法律争议和法律意义,而这一类判例要旨在《新法学周刊》中使用得最多,也更为典型。比如《新法学周刊》2011年判例:“根据《德国民法典》第305条等标准对邀请参加比赛广告中的‘一般规定’的控制的问题”[③]以及“在一方向对方提供飞机用于包机飞行的要约中,订有‘不受要约约束,视本公司调度情况而定’的条款。该条款应具有何种法律意义”[④]。

《新法学周刊》采取将判例要旨根据各判例不同的需求进行分类使用的做法,能够更加灵活地服务判例的需要。当然,其背后更为实质的意义还在于,由于德国判例中并非全部使用规范型判例要旨(事

---

① 参见NJW 2007 29,载http://rsw. beck. de,该判例涉及一个买卖合同。

② 《德国民法典》第323条第5款第2句规定:“债务人没有依照合同旅行的,如果没有严重违反义务,债权人不得解除合同。”

③ NJW 2011 139,BGH:* Unwirksamer Ausschluss “jeglicher” Haftung bei Springturnier.

④ NJW 1984 1885。转引自邵建东编著:《德国民法总则编典型判例17则评析》,南京大学出版社2005年版,第57页。

实上,提示型判例要旨在判例的使用中占了绝大多数),整个判例的法律含义不会被判例要旨的编者所武断限定,也为后案法官根据法官判决理由而非仅仅根据判例要旨来援引和使用案例留下了自主的空间。

(三)对判决理由的保留和重视

与前述《新法学周刊》的判例要旨有三种类型直接关联,由于大多数判例要旨并非规范型判例要旨而是技术型或提示型判例要旨,因而判例的读者往往需要通读判决理由方能对该判例有一个清晰和完整的认识。因而《新法学周刊》在汇编时会尽量保留判决理由,但是对其中个别部分进行取舍。一般情况下,直接的法律理由、有关法律适用的形式性依据以及法律外的实质性依据都会得到保留。而对于整个判决的说理没有直接影响,或者没有直接关系的部分将会被省略掉。

以《新法学周刊》2011 年总第 139 号判例①为例,该案件的判决理由分为Ⅰ和Ⅱ两部分,其中Ⅰ部分对应原案件裁判卷宗的第 8 段和第 9 段,原卷宗的这两段主要说明该案件由高级法院(案件中为 Berufungsgericht,即上级法院)上诉至联邦最高法院,最高法院最终驳回了上诉请求,由于原始判决中对于原审法院的判决理由给予了概括性的表述,此部分被《新法学周刊》的作者所删减和忽略。而理由的第Ⅱ部分,即从第 10 段至第 33 段的内容则全部在判决中得以保留。由此可见,《新法学周刊》的编者对于除少数诉讼程序外的具有实质意义的判决理由部分采取原样呈现的做法,从而做到最大限度地尊重原案判决理由,也尽可能地全面呈现判决的说理过程。

德国判例制度中的组成部分——原始部分(判决理由)和附加部分(判例要旨)分别起到实质和先导的作用。判例要旨可以起到提示案件信息和指示的作用,但不可过分实质化,而且要在判例中保留系统、完整的判决理由以保证充分说理,从而达到形式和实质的统一。此外,德国经验提示我们,可以通过强化题目的形式应用、明确裁判要点的功能定位等角度完善我国的案例指导制度。

---

① NJW 2011,139.

第七章　德国判例的运用方式

判例的运用,广义上指的是从查找相关判例到最终参照其作出判决的整个过程。它包括三个方面:一是判例的识别与解释,即查找相关判例并进行理解的过程,这是进一步确定是否适用其裁判案件的最初阶段;二是判例的援引与适用,也即查找到相关判例后如何被援引和具体适用的阶段;三是判例的区分、偏离与修正,也即如何区分待决案件与判例,如何基于特定理由偏离先例(摆脱其拘束力),乃至通过各种方式对先例进行修正。如果说援引与适用属于对先例的“正向运用”的话,那么区分、偏离与修正可谓对判例的“反向运用”。以下就德国判例的运用方式分三个方面述之。

一、判例的识别与解释

在德国,法官并无援引判例的法定义务。法官通常是基于一种实用主义的司法态度,结合自身的审判经验和案件具体情况,灵活地掌握在何种情况下需要援引判例,以及具体援引哪些判例,援引多少判例。[①]但实际上,德国法院在判决案件时都乐意援引判例,尤其是联邦法院系统会比较频繁地援引本法院先前所作

① 参见刘树德、孙海波主编:《类案检索实用指南》,北京大学出版社 2021 年版,第 32 页。

的判例。与之形成鲜明对比的是,德国法院的判决公开的比例其实很低。曾有学者统计,20 世纪 80 年代末至 20 世纪 90 年代德国判决综合公开率为 0. 48%,1992 年共审结 350 万起案件,公开判决数不到 2 万件。[①] 而近五十余年来德国裁判文书公开率也仅在 0. 4% ~ 1% 浮动。[②] 联邦最高法院目前只提供 2000 年之后的裁判文书全文下载。联邦宪法法院公开的时间稍早一些,而联邦社会法院则直到 2018 年以后才开始在网上公开裁判文书。但是,大量未公开的判决可以通过法院内部的数据库检索,所以法官在审判过程中能够参照的判决是远远多于公开判决的。[③]

比较关注判例原因或许在于,作为成文法国家,德国将判例视为是对制定法条文适用的具体解释和例证,法官在裁判说理中可以通过遵从判例来证明自身对制定法条文理解的正确性,或者通过区分、偏离和修正判例来提供对制定法条文的新理解。[④] 所以通常情况下,对于事实情节和法律关系相对简单的案件,法官对法律适用的解释和论证的负担较轻,他就可以较少地(甚至无须)援引判例;而对于相对疑难复杂的案件,法官对其作出的法律判断就负有较重的解释和论证责任,即援引判例的概率、数量与案件的复杂程度基本呈正相关关系。另外,在法典化程度不高或比较稀缺的法律领域,以及涉及特别需要澄清和解释的法律规范时,判例的引用率就相对来得高。因为在这些情况下决疑术(Kasuistik)扮演着很重要的角色。有学者通过实证研究表明,在如下领域,判例引用率呈现依次递增的现象:私人保险法、交通法、经济法、特殊行政法、民法、劳动法、著作权法、一般行政法、刑

---

① Vgl. Walker, Die Publikationsdichte-ein Maßstab für die Veröffentlichungslage gerichtlicher Entscheidungen, JurPC Web-Dok. 36/1998, Abs. 1-77.

② 对德国判决公开详尽的介绍,参见[德]F. 门策尔:《司法审判公开与德国当代判例数据库》,载田建设整理:《法律文献信息与研究》2009 年第 4 期。

③ 参见卜元石:《德国法律评注文化的特点与成因》,载卜元石:《德国法学与当代中国》,北京大学出版社 2021 年版,第 178 页。

④ 有学者通过对 1980 年和 1988 年德国法院判决援引实践的实证研究发现,无论是在联邦法院系统还是州法院系统,对判例进行区分、偏离和修正的比例要远高于对判例的遵从[Vgl. Roland Wagner-Döbler und Lothar Philipps, Präjudizien in der Rechtsprechung: Statistische Untersuchungen anhand der Zitierpraxis deutscher Gerichte, Rechtstheorie 23 (1992), S. 239]。

法、社会法、教会法、司法与法院组织法、商法、公司法、宪法、财税法。[①]

（一）判例的识别

运用判例的第一步就是识别先例。如果判例被收集在法院的判例集中，制作者会在判例前加上两项内容：第一，该判例所涉及的主要法律条文；第二，"判例要旨"。[②] 制作者也会根据判例涉及的法律问题归纳出比较抽象的标题。此外，在某些法学期刊上（如《新法学周刊》），编撰者还会加上"关键词"的部分。这些其实都是充分运用法教义学的类型化和体系化方法的反映。总的来说，适用者至少通过四种方式来识别先例。

一是检索相关法条。德国高度的法典化使得案例中的"相关法条"部分可以紧紧依托法典的存在而发挥指示和索引的作用。关键法条使判例具有非常明确的指向性，旨在针对具体的法律问题，让读者更容易抓住判决的法律含义。所以，如果适用者认为待决案件可能涉及哪一法律问题，就可以通过相关法条检索到特定判例。进而，就可以进一步比对待决案件与判例，决定后者是否为合适的先例。

二是检索关键词。法学期刊中的标准案例都附有关键词，关键词主要起到指示案件类型、提示案件信息、帮助案件检索的作用。检索关键词的方法也可以和上一种方法结合起来。"关键词+相关法条"的搭配检索方式一直是德国判例检索最为经典且高效的检索方式。像《德国民法典》《德国商法典》的每个条文都有一个题目，通过判例中关键词的设置，可以起到将关键词和具体的法条捆绑的效果。具体而言，就是使用者在遇到某一个法律问题希望了解相关判例时，既可以用法条作为检索关键词，在判例数据库中查找到关于该法条有哪些判例，也可以输入相关关键词，从而锁定具体的法律问题了解此前的判例情况。这样一种检索方式可以使判例更好地配合制定法发挥效能。[③]

---

① Vgl. Roland Wagner-Döbler und Lothar Philipps, Präjudizien in der Rechtsprechung: Statistische Untersuchungen anhand der Zitierpraxis deutscher Gerichte, Rechtstheorie 23 (1992), S. 234-235.

② 参见范剑虹：《德国法研究导论》，中国法制出版社2013年版，第280页。

③ 参见高尚：《德国判例的结构特征与制作技术研究——以〈新法学周刊〉为研究对象》，载陈金钊、谢晖主编：《法律方法》（第17卷），山东人民出版社2015年版，第203页。

三是检索判例要旨。相比较于普通法系判例,判例要旨是德国判例制度独有的。判例要旨一般被置于整个判例的最前面,用粗体印刷,表述简明扼要。它是由判例编纂者加工提炼出的抽象法律命题,是对判例的支撑性判决理由的提示,从内容上支持着判决主文。所以,它并不是判例本身的组成部分,没有拘束效果,只是对重要的裁判理由的归纳和简洁复述。[①] 但是它对于判例检索来说具有重要作用。例如,联邦宪法法院颁布的关于"汽车是否为刑法典意义上的武器"的判例,其判例要旨指出:"(1)《德国基本法》第103条第2款规定的刑法上禁止类推原则既适用于构成要件,也适用于宪法规定,并因而也适用于加重处罚的规定。因此,关于特别严重情形配置较高刑度的量刑规则也要依据《德国基本法》第103条第2款规定的法律确定性原则进行衡量。(2)汽车不在《德国刑法典》第113条第1款中的'武器'概念的可能性文义范围之内。"[②]从这个判例的判例要旨可以看到,判例要旨兼具体与抽象性。一方面,它与法律相比来说更具体,因为它要对不确定的法律概念进行明确阐释。另一方面,它与具体案件事实相比又要更加抽象,因而不仅适用于当前案件,也适用于以后的同类案件。所以,适用者也可以根据待决案件的法律特征,通过检索裁判要旨中的相关用语(如"武器")来寻找相关判例。在德国实务界,通过判例要旨来查找判例的做法也很常见。

四是检索判例标题。德国判例的标题,在内容上除了"××法院××年×月×日判决(裁决)"以及编号外,还有对判例中核心法律问题的抽象总结。比如《联邦最高法院民事判例集》第40卷第91页(BGHZ,91)刊载的一起由联邦最高法院第八民事裁判厅于1963年7月10日判决的民事损害赔偿纠纷案,其标题即"第三人损害赔偿的界限"。类似的可能还有如"共同侵权者的对外连带责任""不同情形下的法定提示义务"等。再如,《联邦宪法法院判例集》第1卷2号裁决的完整标题表述为"1951年9月27日决议(2 BvR 121/51):不得通过宪法诉愿

---

① Vgl. Matthias Klatt, Autoritative und diskursive Instrumente des Bundesverfassungsgerichts, in: Oliver Lepsius u. a. (Hrsg.), Jahrbuch des öffentlichen Rechts der Gegenwart (Neue Folge, Bd. 68), 2020, S. 71.

② BVerGE 7, 238 (238).

主张损害赔偿之诉”。[①] 相比于判例要旨，标题比较抽象，它只是对法律问题的概括与描述，并不包括具体的事实和法律判断。所以，通过判例标题来检索的范围会比较大，得到的判例数量可能会比较多。但另一方面，这也增加了可以比较不同的判例来选定合适的先例的可能性。

出于体制、经济和其他方面的原因，德国法院在判决电子化和信息化方面曾一度落后于英美国家较多。但近年来由于信息技术的发展，通过网络获取裁判文书的渠道也越来越多。著名的如 Juris 数据库、德国司法部与 Juris 数据库合作的网站（http:// www. Rechtsprechung-im-internet. de）、专业期刊的电子版（LMK，NJW-RR，NZA-RR 等），联邦宪法法院、联邦各最高审法院、州高等法院的网站等。这些都为通过“信息检索”快速识别出相关的判例提供了便利。[②]

（二）判例的解释

适用者在识别和检索到可能相关的判例之后，就出现了对判例的解释问题。这一步往往被忽略，但却现实存在。非解释无以适用。只有当后案案件的法官对相关判例有了自己的初步理解之后，才会进一步决定是要采纳和适用，还是要进行区分、偏离或修正。

判例解释与制定法解释具有共同之处。如对判例的解释同样是一个诠释性的过程，语词在解释中同样扮演着关键角色，法院也会使用与立法者相同的法律术语，也会去追问判例所提出的某个命题的目的。[③] 但两者依然具有结构性差异。德国学者阿尔博斯（Albers）曾指出，下级法院并不像解释制定法那般去解释最高法院的裁判，而是“通过其关于法院裁判应如何理解的默会知识”来解释后者。[④] 具体而言，制定法解释与判例解释的区别在于如下三个方面。

---

① BVerGE 1,3（3）.

② 也有论者指出，德国目前采用的通过布尔运算符进行概念导向检索的做法会导致检索结果过少（Vgl. Roland Wagner-Döbler und Lothar Philipps, Präjudizien in der Rechtsprechung: Statistische Untersuchungen anhand der Zitierpraxis deutscher Gerichte, S. 241）。

③ Vgl. Katja Langenbucher, Die Entwicklung und Auslegung von Richterrecht, 1996, S. 77ff. ,83ff.

④ Vgl. Marion Albers, Höchstrichterliche Rechtsfindung und Auslegung gerichtlicher Entscheidung, VVDStRL 71（2012）, S. 270.

首先是解释的目标不同。制定法解释旨在调查制定法规范的规整内涵，这种活动要顾及待决案件，以及制定法规范对于这一案件的涵盖度。对判例的解释也涉及对法院先前设立之法律规则（裁判规则）的调查，尽管这种解释活动也要顾及这一法律规则是否以及何时、在何种意义上针对待决案件指明了规整内涵，但这最后一步在判例解释的框架内要比制定法解释更加复杂。制定法基于性质是一种抽象的和一般的规整，所以某个制定法规范能否适用于某个具体案件的问题，只是顾及其个案涵盖度的前提下对制定法规范的解释问题。但在判例解释的情形中，司法设立之规则的法律内涵与判例的事实背景都扮演着关键的角色。[①] 当适用者去考询某个判例对于待决案件的意义时，必须一方面去研究，该判例是否包含着可以适用于此案的法律规整，另一方面也必须去追问，该判例的法律内涵在多大程度上由作为其基础的事实来确定（有时也由其限定）。[②] 鉴于此，司法法律创制的个案关联性在判例的解释过程中表露无遗。适用者不仅必须查清某个司法裁判的法律内涵，而且也必须掌握案件的事实处境，以便能决定其是否能通过区分制定法解释和判例解释来判断这一判决对于有待其裁判之案件的先例效果。

其次是解释的方式不同。由于在德国，判例缺乏严格的拘束力，这就决定了对判例的解释有别于制定法解释。缺乏严格拘束力导致判例的规整内涵无法追溯至判例宣告的那个时刻点。某个判例的规整内涵通常并非产生于一个单一的判决，而毋宁是在渐进积累式的继受和自我参照的过程中形成的。因此，司法裁判不是孤立的，而始终要参照其他司法裁判和整体司法路线来理解。[③] 当然，这一点在某种意义上适用于制定法：制定法也要在其他制定法的关照下来作体系性的解释，而一部古老的或已被废止的制定法也可能在发生学解释的框架中对理解某部现行制定法的内容具有意义。但在解释司法裁判时

---

① Vgl. Helmut Coing, Zur Ermittlung von Sätzen des Richterrechts, JuS 1975, S. 281ff.

② Vgl. Karl Llewellyn, Präjudizienrecht und Rechtsprechung in Amerika, Leipzig: Weicher, 1933, S. 14.

③ Vgl. Helmut Coing, Zur Ermittlung von Sätzen des Richterrechts, JuS 1975, S. 281ff.; Katja Langenbucher, Die Entwicklung und Auslegung von Richterrecht, 1996, S. 81ff.

对其他司法裁判的参照在结构上不同于解释制定法时对其他制定法的参照:某个先例判决的规范效果和内容能够被嗣后的裁判所证实或遭受后者的质疑,可以被扩张或限缩,可以被修正或具体化。通常恰恰是不同司法裁判之间的相互作用才赋予了判例以具体内容。很多时候,只有通过嗣后的裁判才能证明,某个司法设立的规则是可以被一般化,还是只是为某个具体的个案量身定做的。[①] 此外,在分析某个裁判时参照其他裁判还可以辨明矛盾和不融贯之处,从而明确地限缩判例的命题内涵。司法法律创制的这种特殊运作方式,既要在法院和其他法律适用者继受判例时被考虑到,也要在对司法判决进行学术加工时被考虑到。

最后是解释的性质不同。判例缺乏严格的拘束力,不仅使得在对司法裁判进行解释时查明判例的命题内涵最为关键,而且使得法律适用者总是要去探究判例的裁判理由(根据)的说服力。就此而言,对先例的解释在性质上就有别于制定法解释:如果说解释制定法时援引制定法的根据(如立法目的)是为了证实制定法规范的内涵的话,那么在解释通过判例发展出的法律观点时要考虑到这一法律观点的实质说服力。司法裁判的根据(裁判理由)在解释过程中扮演着与制定法的根据不一样的角色。面对判例的法律适用者不仅要分析某个司法裁判的根据(裁判理由),而且要对它进行评价——依据其内在的融贯性和说服力,并在此视角下进行评价,即它在多大程度上构成了与之相关的法律规范的有说服力的,或至少是合理的解释,同时还要关注到学界对它的批判性或肯定性的继受实践。换言之,制定法解释主要是一种认知活动,而判例解释主要是一种评价活动。说制定法解释主要是一种认知活动,绝不是要否认在解释制定法时有法官的评价在其中发挥作用(事实上,任何解释活动都具有评价性),而是说法官的主要活动是要找到评价根据(如立法目的),而被找到的这些评价根据本身只能被认识,不能被评价的(如获得立法目的后,法官不能认为立法目的"不合理"而予以拒绝)。法官只能依据这些评价根据来对相关法律规范进行评价性理解。也就是说,制定法的根据是评价的依据,而非

---

① Vgl. Uwe Kischel, Rechtsvergleichung, München: C. H. Beck, 2015, § 5 Rdnr. 12ff.

对象。但是，在对判例进行解释时，法官找到的判例的根据（裁判理由）也要接受评价，只有当它有说服力时才会被运用于待决的系争案件。所以，司法裁判的根据不仅是评价的依据，本身也是被评价的对象。

因此，待决案件的法官在解释先例时通常要考虑到上述这些差别。要强调的是，在实践中，对先例的解释与对先例的适用或拒绝往往是分不开的。或者说，解释只是构成了适用或拒绝的界限不那么明确的初始阶段。但无论如何，对先例的解释总是不可避免的，解释的结果构成了适用或拒绝的前提。

二、判例的援引与适用

（一）判例适用的步骤

在识别和解释判例之后，接下去就是对判例的具体援引和适用。援引和适用判例在本质上是一种法律推理活动。因为成文法的传统，德国长久以来采用演绎推理作为主要的法律方法。法官裁判方法是演绎推理法生发出的一种裁判文体，以经典的三段论的逻辑结构为支撑，并遵循“假设—法律解释—涵摄—结论”的推理结构。[①] 判例要旨的设置体现了大陆法系的法律思维特征，判例要旨是对整个判决的整体提炼。因此后来的法官主要参考判例要旨来审判案件，这符合大陆法系司法裁判中主要采用演绎推理的方式。当然，前已述及，判例要旨是判例编纂者从判决理由中加工提炼而来的，尤其是对支撑性判决理由的提示，所以在判例推理中真正起到演绎大前提作用的其实是判决理由。因此，德国判例的适用基本上并没有脱离演绎推理的论证方式，参考的是判决理由部分提出的抽象规则。但是，判例推理与制定法推理毕竟是有所不同的：一方面，判例要旨与裁判理由比法律规范的规定更为具体，这在缩小判例适用范围的同时也提高了其事实针对性，降低了法官的论证负担。另一方面，更为重要的是，制定法推理使用的方法是涵摄，即将要件事实归于法律规范之下；而判例推理的前

---

① 参见张琪等：《中国司法先例与案例指导制度研究》，北京大学出版社 2016 年版，第 134 页。

提在于待决案件与判例具有相似性，因此法官在援引判例时需要用到类比推理的方式，基于这种相似性反复“拉近”事实与（司法设立的）规范之间的距离。① 可以说，德国判例的援引和适用采取的是一种“以类推为起点的演绎推理”②方式，即分为两步走：第一步是对待决案件与判例的要件事实进行相似性分析（类比推理），确认它们属于同类案件；第二步则是将判例的判决理由（司法设立的规范）适用于待决案件（演绎推理）。

1. 要件事实相似性分析

在对判例的初步检索和解释完成后，法官要进行的是判例援引中最为关键的一步，即对判例与待决案件之间进行相似性的分析。只有完成了这种相似性的分析，法官才能从初步选取的判例范围中进行更为精确的筛选，从而最终确定可以援引哪些判例，进而再去确认所援引判例的判决理由。

与英美法系从个案到个案的水平推理不同，德国法院的类比推理依然摆脱不了制定法规范，因为德国的判例其实大多是对制定法规范的解释和适用的例证。所以，不同于英美法系法官侧重于关注案件与先例的事实相似性，德国的法官更加关注的是兼有事实和法律评价双重属性的制定法的构成要件，只有符合相同构成要件的两个案件，或者说具有相同要件事实的两个案件，才能作出同样或相似的法律评价。根据拉伦茨的观点，构成要件即关于法律对特定事实评价的重要观点。决定案件最终法律判断的并非案件的全部事实，而是那些和法律评价直接相关的要件事实。③ 要件事实并非对案件具体事实细节的描述，而是对符合构成要件要素的事实陈述，所以具有一定的抽象性和概括性。有学者曾以前文引用过的涉及“第三人损害赔偿界限”的案件（BGHZ，91）为例来说明这个问题。法官在该案件判决理由部分

---

① 参见刘树德、孙海波主编：《类案检索实用指南》，北京大学出版社 2021 年版，第 35 页。

② 也有学者称之为“类推改造版三段论”（孙跃：《德国法官如何援引司法判例——基于民事判例的考察》，载《私法》2018 年第 2 期）。

③ 参见［德］卡尔·拉伦茨：《法学方法论》（第 6 版），黄家镇译，商务印书馆 2020 年版，第 479 页。

援引了两个具有相似性的在先的判例,一个案件涉及市政厅向维修冷库的承揽人请求赔偿因后者的疏忽对储藏肉制品的屠户造成的损害(RGZ 170,246),另一个案件涉及包租公司向负责供水和在船舶上安装锅炉的人请求赔偿因后者在安装锅炉时的疏忽对船舶所有人造成的损害(Ⅱ ZR 266/56)。尽管这两个案件涉及的当事人和具体过错行为均不相同,但如果结合《德国民法典》第 831 条规定的"选任他人执行事务的人,对他人在执行事务时给第三人不法造成的损害,负有赔偿的义务",则两起案件的争议点均包括:其一,合同的双方当事人之间是否属于"选任他人执行事务"(定作人与承揽人的关系);其二,是否是因"执行事务"时给第三人造成的损害。而法官对于上述两个争议点中的问题均给予了肯定的法律评价,进而支持原告提出的涉及第三人的损害赔偿请求,即认定两个判例是"相似的"。①

可见,要件事实要具备两个特点:一是要件事实必须是涉及案件争议点的事实。例如上述两起案件的争议点均涉及"选任人"、"执行事务人"和"第三人"的关系,都涉及执行事务人因过错给第三人带来的损害。二是要件事实必须要经过法律的评价才能够形成。假如没有《德国民法典》第 831 条的规定作为参照系,法官将很难对上述两个判例的相似性进行对比。通过基于制定法规范提供的评价标准,法官对案件的事实进行剪裁和解释,从而将日常事实构造成符合构成要件的要件事实。所以,如果从特定制定法规范的角度来看,两个案件的要件事实并无不同,那么这两个案件就具有相似性,或者说属于类案。据此观之,上述两个判例之间的相似性就主要体现为:其一,侵权赔偿请求人和责任人之间存在承揽合同关系,承揽人对定作人负有当然的注意义务。其二,承揽人因自己的侵权行为对第三人造成了损害。

2. 判决理由的确认与涵摄

通过要件事实相似性分析确定了待决案件的"适格"先例后,就要对先例的判决理由进行确认,并将判决理由设立的相关规范作为大前提涵摄于待决案件,得出结论。这里就涉及对判决理由的分析。德国

---

① 参见孙跃:《德国法官如何援引司法判例——基于民事判例的考察》,载《私法》2018 年第 2 期。

判例的判决理由部分(Entscheidungsbegründung)从结构上可分为“标准部分”(Maßstabsteil)与“涵摄部分”(Subsumtionsteil),[①]从内容和功能上可分为支撑性判决理由(tragende Entscheidungsgründe)与非支撑性判决理由(nicht tragende Entscheidungsgründe)。以下分述之。

(1)标准部分与涵摄部分

判决理由的标准部分其实是法院对制定法规范的教义学塑造,它与具体的诉讼相脱离,采取的依然是抽象和一般化的表述,但相比于制定法规范而言来得更具体,是对制定法规范的具体化。而涵摄部分则是这种标准对具体事实的适用。

标准部分是在有意远离具体事实的前提下对制定法规范之内容进行的客观和抽象的加工。一个例子是联邦宪法法院所作的“十字架案裁决”(Kruzifix-Beschluss)。在该案中,法院对宗教自由的实质保护范围作出了如下抽象解释:

“《德国基本法》第4条第1款保护信仰自由。据此,决定支持还是反对某种信仰属于个人事务,而非国家事务。国家不得强迫或禁止他拥有某种信仰或参与某种宗教。但属于信仰自由的不只有拥有某种信仰的自由,也包括依照自身对信仰的信念去生活和行动的自由(参见BVerfGE 32,98[106])。信仰自由尤其保障参加某种信仰所要求的或借此来表达某种信仰的宗教仪式行为。反过来,与之相应的是不拥有相同信仰者远离这种宗教仪式行为的自由。这种自由同样也涉及展示某种信仰或宗教的符号。《德国基本法》第4条第1款留待个人去决定,他认可和尊重哪些宗教符号,又拒绝哪些宗教符号。”

可以发现,法院在这里采用了一种“去语境化”(Entkontextualisierung)的做法,也即“将规范性命题与裁判语境和政治利益相脱钩”。[②] 由此,这种对制定法规范(在上例中即为《德国基本法》第4条

① 德国判决书在结构上会以标号标明不同的部分,如A.为“案件事实”,B.为“判决书文”,C.为“判决理由”,“标准部分”大多数时候标号为“C. Ⅰ.”,“涵摄部分”大多数时候标号为“C. Ⅱ.”。

② Vgl. Oliver Lepsius, Die maßstabsetzende Gewalt, in: Matthias Jestaedt u. a. (Hrsg.), Das entgrenzte Gericht: eine kritische Bilanz nach sechzig Jahren Bundesverfassungsgericht, Berlin: Suhrkamp, 2011, S. 173.

第1款)的解释将发挥“超越时间”和“独立于事实”的作用。这种方式不仅从方法论的角度看颇有意义,而且它可以通过被后来法院的频繁引用获得很高的价值:它虽然在地位上居于制定法规范之下,但通过对未来裁判行为引导可以使得“裁判预期”稳定化。[①] 因此法院的这种法律解释依然可以主张拥有一种持续的影响力意义上的权威性。尤其是考虑到,“标准”设立最终还是掌握在法院(尤其是联邦宪法法院和联邦最高法院)的手里,这种权威性就更加无法被忽视。即便立法者有权修改或推翻司法设立的标准,但法律修正条款本身依然要通过司法设立的标准来理解和适用。为了确保这种权威性,判决理由的标准部分采取的是独断式论说方式,不作讨论和商榷。它展现的是法院成员关于制定法规范基本内涵的共识。[②] 尤其是与美国联邦最高法院相比,德国判例在标准部分具有一种引人注目的非人格化和学术化的风格。因此,权威方法和非人格化—学术化的风格是德国联邦法院证立技术的两大特征。

涵摄部分是将标准部分设立的一般标准或规则结合案件事实进行说理的部分。这一部分的特点在于它的“商谈风格”。也就是说,法院不只是结合标准和案件事实进行单线式的演绎推理,而是会采取这种论证方式:先指明诉讼参与人或其他当事人提出的论据,随后(试图)对它们进行反驳,进而结合标准证立自身的主张。其标志,就是会在行文中使用“尽管……但是……”这样的表述。[③] 它想要表明的是,法院已考察过某个被提出的论据或某种不同的制定法解释,并认可它具有部分合理性,但最终认为它是站不住脚的。我们可以再次援引上述“十字架案裁决”的涵摄部分来体现这一点:

---

① Vgl. Oliver Lepsius, Die maßstabsetzende Gewalt, in: Matthias Jestaedt u. a. (Hrsg.), Das entgrenzte Gericht: eine kritische Bilanz nach sechzig Jahren Bundesverfassungsgericht, Berlin: Suhrkamp, 2011, S. 175.

② Vgl. Oliver Lepsius, Die maßstabsetzende Gewalt, in: Matthias Jestaedt u. a. (Hrsg.), Das entgrenzte Gericht: eine kritische Bilanz nach sechzig Jahren Bundesverfassungsgericht, Berlin: Suhrkamp, 2011, S. 241.

③ 克拉特称之为“‘尽管……但是’技术”[Vgl. Matthias Klatt, Autoritative und diskursive Instrumente des Bundesverfassungsgerichts, in: Oliver Lepsius u. a. (Hrsg.), Jahrbuch des öffentlichen Rechts der Gegenwart (Neue Folge, Bd. 68), 2020, S. 81]。

“尽管在教室中悬挂十字架并不意味着强迫进行特定的荣誉认同或行为方式，从中也无法推出，世俗领域的通识课程会被十字架玷污或要依照它所象征的信念真理和行为要求来塑造，但是以此并未穷尽十字架的影响可能性。学校教育不仅旨在传授基本文化技能和发展认知能力，也应当培养学生的情绪和情感素养……”[①]

“尽管数百年来，大量的基督教传统进入到了我们社会的普遍文化基础之中，即便是基督主义的反对者和批评者也无法剥夺其历史遗产，但是必须将其与基督教的特殊信仰内容甚或特定基督教派连同其仪式化形象和符号化展现区分开来。”[②]

观察一下就会发现，联邦宪法法院试图深入考虑宪法诉愿人提出的反对意见，而后者原本在判决书的事实部分已被详细阐述过。有别于标准部分，涵摄部分正是深究案件的特殊性以及当事人提出的论据和疑虑之处。有时法院甚至会明确承认这些论据具有部分合理性，由此显示出涵摄部分所具有的商谈和讨论的风格。如果说标准部分要避免一切讨论，并表述出对未来有指导意义的抽象标准的话，那么涵摄部分就要将案件事实及其语境的特性包含进来。这里也说明，尽管法院对宗教自由或民主原则这类法律规范的基本内涵存在共识，但法庭内部在细节方面和精微之处有时也可能存在分歧。[③] 虽然未必每一个判决皆是如此，但当法院决定要进行讨论时，多半将其放在裁判理由的涵摄部分来进行。

标准部分与涵摄部分的区分，并不意味着待决案件的法官只需从标准部分寻找一般规则并加以援引即可。虽然从表面上看的确如此：因为正是标准的“去语境化”意味着它不仅可以适用于判例的案件事实，也同样可以适用于与判例具有相同要件事实的待决案件。从某种意义上说，理由总是要比个案更宽泛，唯有如此，它才能适用于别的案件。但是，正如前文所说，尽管标准相对于制定法规范来说更加具体，

---

① BVerfGE 93,1 (20).

② BVerfGE 93,1 (19).

③ Vgl. Oliver Lepsius, Die maßstabsetzende Gewalt, in: Matthias Jestaedt u. a. (Hrsg.), Das entgrenzte Gericht: eine kritische Bilanz nach sechzig Jahren Bundesverfassungsgericht, Berlin: Suhrkamp, 2011, S. 241f.

但它在性质上依然是抽象——般的规范(裁判规范)。这就意味着,它能涵盖个案,但也会“遮蔽”个案的特殊性,而恰恰可能是个案的特殊性导致了判例的判决结果。所以,待决案件的法官不能略过案件事实和判决理由的涵摄部分,直接援引标准部分的抽象规范来进行裁判,而要去充分参照涵摄部分,看待决案件是否呈现出与判例事实相同的特征,是否切合涵摄部分的具体说理。关于判例适用中的个案关联性,接下去还会集中论述。

(2)支撑性判决理由与非支撑性判决理由

支撑性判决理由(以下简称支撑性理由)与非支撑性判决理由(以下简称非支撑性理由)的区分近似于判例法系国家的判决理由(Ratio decidendi)与附带意见(obiter dictum)。故而亦有德国学者直接使用“判决理由”与“附带意见”这对称呼的。[①] 按照英国学者的观点,“一个判例的判决理由就是,按照他所采用的推理,任何法官或直截了当地认为或暗示在作出判决时认为必不可少的步骤,或者他对陪审团指示的必要部分”[②]。而如果只是判例中顺带提及的观点,也即对裁判结果没有影响的部分,就是附带意见。而在德国,按照联邦宪法法院在自身司法判决中的见解,支撑性理由“那样一些法律命题,如果放弃它们,按照判决中所表达的思想路径所产生的具体判决结果就不复存在。相反,非支撑性理由是乘判决之机所作的法律论述,它处于证立的关联之外”[③]。换言之,非支撑性理由是判决中的这样一个组成部分,它虽然与诉讼对象存在关联,但判决本身并不取决于它。这里可以举一个非支撑性理由的例子。在2003年的“最新遣送回国者案判决”中,联邦宪法法院这样写道:“联邦宪法法院无须去检验,对诉愿人

---

① 另有学者采取“支撑性判决理由”与“附带意见”的对称(Vgl. Knut Nörr, Zur Bindungswirkung von Entscheidungsgründen: das Beispiel des deutschen Budnesverfassungsgerichts, in: W. Hamilton Bryson and Serge Dauchy (Hrsg.), Ratio decidendi: Guiding Principles of Judicial Decisions, 2006, S. 277)。本书之所以没有采用这对称呼,尤其是没有采用“判决理由”的称呼,主要是因为它可能与前面所讲的“Entscheidungsbegründung”(判决理由)相混淆。德国判例中的“判决理由”指的是裁判的整个说理部分,既包括英美法系判例中的判决理由,也可能包括附带意见。

② [英]鲁伯特·克罗斯、J. W. 哈里斯:《英国法中的先例》(第4版),北京大学出版社2011年版,第81页。

③ BVerfGE 115, 97 (110).

申请的拒绝(它被分派给了 H 市)是否建立在合宪的法律基础之上。它没有在司法程序中被抨击,因而在形式上已具有确定效力。但目前的程序提供了契机来作如下宪法提示:……”[①]因此,非支撑性理由属于判决的“溢出部分”,严格说来并不属于德国判例中判决理由的组成部分。

但乘判决之机表述出的法律观点并不意味着它只是“捎带”表达出的内容。虽然理论上非支撑性理由并不像支撑性理由那般具有拘束力,但事实上它在法院的判决中拥有特殊的意义。对于嗣后案件的法院和对于在立法过程中要面对规范考量的立法者来说皆是如此。尤其如果涉及的是宪法法院判决中的非支撑性理由,立法者就得考虑其规定是否会引发潜在的宪法诉讼程序,因此,必须要去把握非支撑性理由。[②] 在此,非支撑性理由就限定了政治行动者的行为空间。法院有意地利用其对于制度构造的影响力,以便在诉讼程序清晰地表达其观点。虽然法律观点也能通过刊物出版或学术报告被表达,但当法院在判决文本中就某个法律问题明确表达观点时,它就会获得特质。因此,法院尤其是联邦宪法法院判例的非支撑性理由(附带意见),同样在某种程度上具有权威性,尽管这种权威性并不意味着它同样具备拘束力。

划分支撑性理由与非支撑性理由对于宪法法院具有特殊的意义。正如第二章中所言,联邦宪法法院的判决具有规范性拘束力。《联邦宪法法院组织法》第 31 条第 1 款表述的只是国家机关要受联邦宪法法院之“判决”的影响,而这最开始只是支持判决主文具有拘束力。但联邦宪法法院的持续性判决将这一规范解释为,判决的支撑性理由也同样具有这种拘束力。[③] 虽然不乏争议,但这一观点在主流观点中得到了支持。所以一般认为,具有规范性拘束力的只是支撑性理由,而不包括非支撑性理由,能用以涵摄待决案件事实,从而使得判例适用于待决案件的,也只是前者。

但这种观点也不乏反对意见。一方面,支撑性理由与非支撑性理

---

① BVerfGE 110,177 (196 f.).

② Vgl. Christian Pestalozza, Verfassungsprozessrecht, 3. Auflage, 1991, § 20 Rn. 31ff.

③ BVerfGE 1,14 (37).

由在判例中并不容易被区分。正如前述,支撑性理由与非支撑性理由的区分依据的是说理的内容和功能。功能是一种定位,而非界分标准。至于内容,则往往取决于待决案件法官的判断,这种判断又难免具有评价色彩。因此,某个判决的判决理由是什么,很多时候取决于这一判决在随后的适用过程中,尤其是被其他法院适用的过程中所赋予的意义是什么。① 另一方面,支撑性理由与非支撑性理由法区分整个德国法秩序中的意义不像在英美法系中那么大。② 因为在英美法系国家,基于遵循先例的原则,判例具有规范性拘束力。识别判决理由并将其与附带意见相区分意义重大,因为只有判决理由才具有先例的拘束效果。但在德国,除了宪法法院的判决,其他法院包括各联邦最高法院的判决都不具有规范性拘束力。因此,区分支撑性理由与非支撑性理由意义不大。假如承认在德国法秩序中判例对于嗣后的案件有规范效果,那么就没有任何理由将判例的规范效果限于一种尽可能窄地被理解的支撑性理由:司法法律创制虽然要通过其个案关联性得以正当化,但个案关联性并不构成将这种效果限于绝对必要之法律表述(支撑性理由)的条件,也不必然限于贴近个案的法律表述。法院在证立其判决的框架内对于其表述的广度和深度拥有一种法律上未被决定的裁量空间。因此,即便是累积性的、替代性的和辅助性的理由也分享着判例的规范效果。③

当然,即便如此,这也不意味着法律表述与案件的接近度及其对判决重要性的程度对于判例的规范效果问题是不重要的。因为个案关联性使得司法法律创制正当化,这些要素能够在判例援引和适用的过程中被顾及。据此,对于判决绝对必要的法律考量,相比于只在个案裁判中扮演次要角色的法律考量,要被赋予更大的权威性。因此,虽然一种泾渭分明的区分并无必要,但是一种程度性的区分——它更接近于支撑性理由,还是更接近于非支撑性理由——可以向法律适用

---

① Vgl. Uwe Kischel,Rechtsvergleichung,München:C. H. Beck,2015, § 6 Rdnr. 26.

② Vgl. Helmut Coing,Zur Ermittlung von Sätzen des Richterrechts,JuS 1975,S. 281.

③ Vgl. Michael Sachs,Die Bindung des Bundesverfassungsgerichts an seine Entscheidungen,1977,S. 135.

者提供他应当赋予某个判例以何种价值的论证支点。[①] 在这一视角下,将司法判决中的法律表述在类型上区分为支撑性理由与非支撑性理由还是有意义的,只要这种区分清晰可行。

(二)判例适用的个案关联性

与通过立法的法律创制不同,司法法律创制具有明显的个案关联性。因为判例在本质上是一种法院判决,而法院判决的正当性来自对个案争议的解决,这就决定了个案关联性在评估判例时必须扮演更大的角色,在援引判例必须得到更明确的表达。这要求在对判例进行评估时将先例裁判的事实包括进来,而不能将判例的效果限于标准部分和支撑性理由。所以,只取向于判例要旨或裁判理由中的抽象规则,并将其作为可直接涵摄的法律标准予以继受就是成问题的。由此会产生遗失掉相应法律表述之语境的危险。[②] 一个法律观点的"射程"恰恰产生自判决的整体关联。[③] 未加细察就援引先前法院的判例要旨或抽象规则,很多时候还会给这些判决增添通过进一步观察无法产生的意义内涵。判决的语境既可能产生于作为基础之事实的特殊之处,又可能涉及法律证立的特点。这一点说明了,为什么法院要提出特定的裁判规范。它一方面可以对理解这些规范做出贡献,另一方面对于其有效范围——也即何种案件情境应被把握,何种案件情境不应被把握——也具有启发性。此外,法院在设立裁判规范时所努力遵循的特定法律证立路线,也能揭示出裁判规范的内容、适用范围,以及裁判规范转用于其他案件情境的可能性。

尤其是考虑到德国有强大的法律评注的传统,这一问题就显得尤其突出。法律评注是对某部法律中的法律规范的逐条注释,本质上是一种工具书,具有强烈的实务导向,供让法律适用者有问题时查阅。为了将尽可能多的信息压缩到最小的篇幅中,它较多运用缩写与数学

---

① Vgl. Mehrdad Payandeh, Judikative Rechtserzeugung: Theorie, Dogmatik und Methodik der Wirkungen von Präjudizien, 2017, S. 465.

② Vgl. Martin Kriele, Theorie der Rechtsgewinnung, 2. Aufl., 1976, S. 274.

③ Vgl. Felix Maultzsch, Streitentscheidung und Normbildung durch den Zivilprozess, 2010, S. 101.

公式般的表述，内容言简意赅，高度浓缩。[①] 在每条法律规范的注释中，除了学界的相关观点与争议外，还呈现与该规范相关的大量判例。由于空间的关系，法律评注一般都不会将判决原文纳入，而是只作梗概摘要，重点是裁判理由的裁判规范。学者们往往也会对此作进一步的教义学加工，自行提炼出判例要旨。而当法律适用者直接援引来自法律评注的裁判规范或判例要旨时，就同样蕴含这样的风险：要么给判例增添上并不产生于判决本身的“盈余性”内容，要么在不考虑法院具体证立的前提下适用它们，虽然如果去考察这种证立就恰恰会发现有时可以从判决中推出不同的法律结论。因此，语境化原理要求法律适用者原则上去知悉原始裁判文本并将案件事实包含进来。尤其是当涉及具有潜在争议的裁判规范时，只援引裁判要旨或只参考法律评注这样的二手文献是不够的。法律适用者必须一方面确认，归属于法院判决的裁判规范的确是法院在相应判决中设立的；另一方面又要去追问，它究竟是可普遍化的规范，还是只是因案件在事实和法律上的特殊性而具有相对性的规范。后者意味着，要严格限制判例的适用范围，或至少在将其转用于待决案件时要十分谨慎。[②]

这样一来，看起来德国判例的适用方式就非常接近于英美法系的判例适用方式了。但两者依然存在差别：在英美法系国家，个案裁判构成了判例拘束的支点；而在德国法中，构成支持判例之规范效果的支点的是判例中的抽象法律表述（裁判规范）。[③] 个案关联性在德国法秩序中只扮演次要的角色，它被用于对法院所作之法律陈述的语境化，也即一方面帮助对它的理解，另一方面在裁判之事实和法律语境的背景下指明其适用范围的界限。所以，不同于英美法系判例推理采取的“从个案到个案”的推理方式，德国判例推理采取的是“从个案到规范再到个案”的推理方式。个案比较只是为了确定它们是否属于同

---

① 参见卜元石：《德国法律评注文化的特点与成因》，载卜元石：《德国法学与当代中国》，北京大学出版社2021年版，第163页。

② Vgl. Mehrdad Payandeh, Judikative Rechtserzeugung: Theorie, Dogmatik und Methodik der Wirkungen von Präjudizien, 2017, S. 466-467.

③ Vgl. Lorenz Kähler, Strukturen und Methoden der Rechtsprechungsänderung, 2. Aufl., 2011, S. 276ff.

案，如经确定再将判例规范适用于待决案件，此谓先类比，后演绎。这其实也反映出两大法系关于司法活动的不同形象：在德国法秩序中，虽然司法说理不参引案件判决本身会引起质疑，但相比于英美法系更惯于承认司法机关拥有发展抽象法律规范的原生权能。

尽管强调判例适用的语境化，但不能忽视的是，对于德国法律而言具有重要意义的教义学发展在某种程度上以去语境化为前提。从个案判决中塑造出抽象——一般的规则恰恰说明要从这一个案的特殊性中摆脱出来。因此，无论是在法律实践还是在法学作业（尤其是在法律评述的编撰）中，援引和适用判例都必须既要顾及司法裁判活动必要的个案关联性，又要顾及对个案必要的抽象化。

（三）判例适用与证立义务

在法律论证中，判例并非实质论据（它们可以在法律解释的框架内以及在讨论支持或反对特定视角的法律问题时被援引），它们位于有别于实质论据的另一层面，具有独立的权威性，能赋予某个实质论据以特殊的分量。因此，援引判例要区别于实质—内容的论证。在此，判例可以不同方式被援引：法院可以通过诉诸判例来替代实质论据，[①]可以从某个判例中推出支持其他法律问题的结论，[②]可以引入额外的实质论据来支持判例中的某个法律观点的适用范围，[③]可以通过实质论据来证立某个司法见解，继而通过指明这一见解来自判例来强化它。[④] 最后，法院还可以参与对某个法律问题的实质讨论，并让判例进入实质论证的过程中去，以便增强或弱化某个论据的效果。

法院和其他法律适用者一方面可以援引判例作为独立的权威，另一方面可以引用判例并表达出它们赞同判例中讨论过的实质论据。这两种不同使用方式的界线是流动的，也并非总是能确认法院在何种意义上引用了某个判例，或者它是否意识到了判例的不同使用方式。而泾渭分明的区分也是不必要的，因为这些不同的使用方式在适用判

---

① Vgl. Katja Langenbucher, Die Entwicklung und Auslegung von Richterrecht, 1996, S. 65.

② OLG Hamm NZG 2002, S. 283.

③ OLG Brandenburg NZG 2011, S. 105.

④ OLG Celle NJW-RR 1991, S. 634.

例时具有同样的正当性。但在作出以何种方式适用判例的决定时必须顾及司法法律创制发挥作用的条件:判例必须在其个案关联性的脉络下来被解释和作语境化处理,也必须被看到它与其他规范要素(尤其是成文法规范)一起协力促进累积式规范性生产的功能,及其被法律实践和法学界的接纳。只有在此基础上,法律适用者才能来判断,其是否可以全面援引判例来支持法律判决,是否必须进一步来证立对该判例的适用。判例在援引和适用过程中的独特效果,尤其是援引判例相对于援引实质论据的特殊性都说明,援引判例属于法学方法论中独立的论证型式。① 无论是对判例的解释还是它在具体案件的判决中被顾及都遵从着自身的方法规则。

三、判例的区分、偏离与修正

识别和解释判例之后,未必是对判例的援引和适用。法官也可能认为判例并不适用于待决案件,因而"偏离"了判例。广义上的"偏离"包括了判例的区分(Distinguishing)、狭义上的偏离(Abweichung)②与修正(Änderung)③。区分不涉及先例的内容本身,偏离与修正涉及先例的内容。这不是说区分不涉及法律评价,而是说区分的评价仅涉及具有法律意义的案件"差异",不涉及先例的"不正确",而偏离和修正都涉及先例的"不正确"。

(一)判例的区分

由于作为正式法源的判例只是少数情况,德国法院并没有高度发达的有关"区分技术"的实践。学界和法学评论者经常讨论持续性判例内部的一致性问题,并且试图从这些判决中抽取出原则,但是对这些判例中的区分的讨论并不重要,评论者更关心这些判例是否改变、是否存在不一致以及它们是如何被修正的。因为在德国,相对于判例

---

① Vgl. Mehrdad Payandeh, Judikative Rechtserzeugung: Theorie, Dogmatik und Methodik der Wirkungen von Präjudizien, 2017, S. 485.

② 以下大多数时候在这种狭义上来使用"偏离"一词。

③ 之所以用"修正"而不用更常见的"推翻"这一表述,是因为德国判例的修正(Änderung)要比英美法系判例的推翻(overruling)更为灵活,类型更加多样化,它包括但不限于推翻(否定先例)。具体见下文第三部分的论述。

的修正而言,区别技术并不是偏离判例时的必要方法,所以滥用区别技术或者虚假区别的情况很少。在面对一个不受欢迎的判例时,采取修正的方式更为简便。尽管如此,对当前判决和判例进行调整有时也是无法回避的,比如判例是联邦宪法法院作出的,或者审判庭不想表明其想要偏离大审判庭的判决。①

区分技术同样是司法法律创制之个案关联性的方法论产物。但这里同样要注意到德国与英美法系国家的判例区分技术在功能上的差别。在普通法方法中有两种形式的区分:首先,区分的出发点是对构成判例之基础的事实与待决案件的事实之间差异的确认。② 继而,鉴于判例的事实与判决理由之间的紧密关联,法律适用者就有可能在考虑到事实间差异性的前提下否定判例的相关性。③ 采用这种区分形式可归因于普通法的特性。因为判决或其判决理由构成了判例拘束力的支点,所以事实的界分就获得了意义。区分技术被用来确认,判例在多大范围内对于待决案件构成必要的规范性指令。但这样一种正式的区分方式并不合适于德国法秩序。它过度强调了司法活动的个案关联性,完全忽略了其发展抽象规范的权能。在德国司法活动中,案件事实情境之间事实和法律上的差异只是提醒法官注意判例适用的个案关联性,并非从根本上否认判例规范转用于待决案件的可能性。它只是要求法官去讨论这个问题:这种差异在多大程度上反对这种转用或作出修正。当然,这种区分技术也同样为普通法所熟知。在普通法中,与事实相关的差异也不会自动导致判例对于待决案件没有任何意义,而是要求法院在考虑到这种差异的前提下去追问,是应当通过类比推理来扩张判例的适用范围,还是应当进行区分意义上的限制性适用。④ 据此,判例的判决理由可以被宣告不适用,可以被限制,或延及其他案件情境,这要求各自进行具体的价值决定和证立。

---

① 参见[德]罗伯特·阿列克西、[德]拉尔夫·德莱尔:《德国法中的判例》,高尚译,载《中国应用法学》2018 年第 2 期。引用时表述有调整。

② See Neil Duxbury, *The Nature and Authority of Precedent*, Cambridge: Cambridge University Press, 2008, p. 114.

③ See Raimo Siltala, *A Theory of Precedent*, Oxford: Hart Publishing, 2000, p. 74.

④ Vgl. Felix Maultzsch, Streitentscheidung und Normbildung durch den Zivilprozess, 2010, S. 27.

在此意义上,尽管适用范围有限,作为"与事实领域相关的规范命题分层法"①的区分技术也适用于德国法秩序。

(二)判例的偏离

区分技术给予了法律适用者选择的余地,让他们在顾及判例的同时可依事实和法律处境的差异而不适用判例。但这种做法并没有触及判例的内容本身,而只是限制了它的适用范围。但与判例法国家相比,在德国法秩序中,下级法院和其他法律适用者还可以通过偏离最高法院的相关判例来脱逃判例的拘束力。但是基于顾及判例的宪法义务,对判例的偏离不仅要获得形式上的证立,而且也要具备实质上有说服力的理由。总的来说,只有证明判例并不具有说服力,而偏离判例的法律观点在内容上更值得赞成时,偏离行为才能得到证立。"更值得赞成"可以源于多种理由。此外,如果偏离判例的行为被允许,那么,对判例的顾及义务以及判例的权威究竟意味着什么?

1. 偏离判例的理由

首先要说明的是,能够为偏离判例的行为进行辩护的理由与法院能够用以修正自身颁布之判例的理由并无区别。两种情形都基于实质理由偏离了判例,只是前者是由作为判例所涉及之受众的法院和法律适用者作出的,而后者则是由产生判例的法院自身通过司法修正来作出的。在此,一方面可以区分,是因为判例自始(在作出判决时)就没有说服力,还是虽然在形成时是正确的,但基于嗣后法律和事实的发展不再站得住脚;另一方面可以区分,偏离先例是鉴于法律变迁(如制定法修订或另一个问题上的判例改变)还是鉴于事实变迁(如技术进步或社会观念变化)带来的结果。我们在这里参考德国学者凯勒(Kähler)的框架,将偏离判例的理由分为两大类,一类是对法的不同认知(andere Erkenntnis des Rechts),另一类是对法的更好认知(bessere Erkenntnis des Rechts)。② 以下分述之。

---

① Oliver Lepsius, Die maßstabsetzende Gewalt, in: Matthias Jestaedt u. a. (Hrsg.), Das entgrenzte Gericht: eine kritische Bilanz nach sechzig Jahren Bundesverfassungsgericht, Berlin: Suhrkamp, 2011, S. 259.

② Vgl. Lorenz Kähler, Strukturen und Methoden der Rechtsprechungsänderung, 2. Aufl., 2011, S. 80-94.

(1)对法的不同认知

当被偏离的判例在当时的情境中是正确的,只是现在根据已改变的环境被偏离时,出现的就是对法的不同认知。根据对法的不同认知产生的原因,又可分为三种情形。

一是制定法的修订。根据《德国基本法》第 20 条第 3 款,司法要受"制定法与法"的拘束,所以基于制定法的改变而可以偏离判例是理所当然之事。这属于判例的"被动偏离",而非法院基于自身考量的"主动偏离"。德国司法实务上也承认这种偏离的正当性。① 制定法的修正不仅会造成对其直接影响到的判例的偏离,而且也会为其并未直接决定的问题带来改变。当改变是修订后的制定法与法秩序的其余部分协力作用带来的时候,就会发生这种远程效果(Fernwirkung)。例如,被修订的普通法律会改变对宪法解释具有决定性的对经验要素的评价。普通法律当然不能修改宪法,但基于《德国基本法》第 3 条第 1 款的平等原则,某个领域的规整改变也会对其他领域发生影响。例如,联邦宪法法院在 2011 年依据《联邦律师规章》宣告在州高等法院对律师实施单一许可(Singularzulassung)违宪。它的论证基础在于,立法者已放弃在州法院实施单一许可,从而放弃了在地区和州法院"建立一种法官与律师基于个人联系的充满信任的合作关系的目标",也放弃了所谓"四眼原则"(Vier-Augen-Prinzip)②。所以支持在州高等法院实施单一许可的理由就不再具有足够的分量。③

二是与规范相关之事实的变迁。事实变迁可以双重方式使得判例偏离行为正当化。首先,某个规范的具体化可能依赖于可变的事实,例如当它动态地指涉可变的环境时。例如,根据《德国商法典》第 346 条,商业交易中要尊重相关的习惯与惯例。因此商业惯例的改变

---

① 例如参见 BGH NJW 1959,2262,2263; 1972,330,333。偏离性判例参见 BVerfG NJW 1972,595; BGH NJW 1988,913,914; 1992,967,969; BFHE 180,415,420。

② "四眼原则"源于西门子的管理制度,又称"四眼"管理原则,是指所有的重大业务决策都必须由技术主管和商务主管共同作出决策,以保证运营战略能平衡商业、技术和销售等各方面的风险。至少有四只眼睛同时盯住一笔业务。这种"四眼原则"强调有两只眼睛来自市场拓展系统,有两只眼睛来自风险控制系统,只有这样才能确保银行对风险的分析和业务的判断会更全面、更准确。

③ BVerfG NJW 2001,353,354 f.

就会带来相关判例的偏离。规范的具体化也可能要求对可变的事实作出评估。例如,根据《德国民法典》第 275 条第 1 款,要判断某项给付根据当时的技术状况是否可能。随着技术的进步,这种评估也有可能发生改变。但在这里,《德国民法典》第 275 条第 1 款表述的抽象规范本身并没有改变,改变的只是它具体化的内容。其次,事实变迁也可能造成抽象规范的改变,虽然这只是特例。这种改变与规范具体化的区别在于完全放弃了某个既有的规范要素。这就要求有一个确定被改变之规范的有效条件的元规范。典型的例子是宪法对于普通法律之效力的要求。例如,《孕妇与家庭辅助法》一开始是合宪的,因为它通过有效的指导在冲突情形中来保护正在孕育中的生命。但由于后来允许孕妇使用堕胎剂,就使得指导期限事实上被缩短为一周,以至于其不再能提供什么与生命保护相适宜的指导了。由此全部堕胎立法都变成违宪的了。[①] 按照这种论证,根据一个宪法规范("保护生命"),终止妊娠是否可免于惩处取决于可变的事实。这类似于《德国民法典》第 313 条规定的交易基础丧失,它同样可能导致某个规范的效力丧失。如果某个规范要回溯到两个原则之间进行权衡,那么由此要被顾及的事实的变迁就也会取消其正当性。

三是与规范相关之观点的变迁。与前两种原因相比,法律观点的变迁是否构成偏离判例的理由争议更大。因为对于法来说,很多时候起决定作用的并不是法律观点,而是它的支撑性理由。所以很多时候仅凭法律观点的改变并不足以证成对判例的偏离,但也存在例外。首先,如果某个对判决具有决定性的规范指涉变迁了的观点,那么这就是可能的。这其实是上文已经处理过的与规范相关之事实变迁的一种类型。例如,在联邦宪法法院的一个判决中,偶尔的职务外酒驾不再被视为违反公务职责的行为。[②] 因为《联邦公务法》第 54 条第 3 句和第 77 条第 1 款意义上的公务声誉是否受损,也依赖于公众的观点。而现在公众观点并不要求公务员的社会行为从根本上有别于"平常人"。其次,观点的变迁可以借由习惯法而具有规范关联性。因为只

---

① BVerfG NJW 2000,2716.

② BVerwG NJW 2001,1080,1081.

有当社会实践被践行很长一段时间且具有法的确信时,才会形成习惯法。[1] 据此,它也包含了这样的可能,也即法因观点的改变而发生改变。

但在大量其他案件中,观点变迁与判例偏离之间的精确关系依然不甚清晰。因为某种观念变迁以何种方式影响着对制定法的解释,这种影响又在多大程度上是合理的,这并非一清二楚。[2] 当法院有时作出反对处于变迁中之观点的裁判时就更是如此,因为此时需要标准来确定,什么时候观点变迁可以造成判例偏离,什么时候又不可以。很典型的问题是,在人员冗余的审判庭中必须怎样来确定法定法官(der gesetzliche Richter)。在一个相关决议中,联合大审判庭指出,法秩序"在向前发展,而关于正式法律之意义的观点"也发生了改变。虽然这种变迁看起来在当时已然发生,但对判例的偏离不应对过去生效。[3] 悬而未决的还有,谁的"改变了的"观点应起决定作用——是法院的、整个法官阶层的、法学界的还是公众的。

(2)对法的更好认知

对法的更好认知的出发点是,(基于在当时以及现在都正确的理由)判例在形成时就是错误的,即便当时参与审判的法官没有能认识到这一点。所以,基于更好认知的判例偏离基于判例形成时已然有效的观点,据此,被偏离的判例应当以不同的方式被证立,甚至应当作出不同的裁判结论。这或许是因为在裁判当时问题没有得到充分讨论,或许是因为缺乏经验证明。但这无改于这一点,即在理想情形中先前法院应作出不同判决。对法的更好认知又可以分作五种情况。

一是基于对立法决定的更好认知。如果能确认,某个规范的要求与此前所假定的不同,那么根据"法律优位"的原理就应当偏离相关判例。因为法院不能再诉诸对制定法的错误理解。这一情形与对法的更好认知的其他情形的区别在于,对最开始的立法决定的更好认知,

---

① Vgl. Klaus F. Röhl und Hans Christian Röhl, Allgemeine Rechtslehre, 3. Auflage, 2008, S. 525 ff.

② Vgl. Klaus Rennert, Die Verfassungswidrigkeit falscher Gerichtsentscheidungen, NJW 1991, S. 12, 17.

③ BGH NJW 1994, 1735, 1740.

而非对其效应的知晓就可以导致观点的改变了。这里的一个例子是联邦最高法院关于民主德国土地改革的判决。当时法院一直认为,民主德国土地改革受益人的继承人并没有取得所有权,直到通过第二次物权法修正案后才获得它。但后来关于民主德国法律状况的研究论文表明,通过土地改革获得的土地同样具备可继承的地位。联邦最高法院相应改变了先前的观点。[①] 随之改变的不是环境或与规范相关的观点,而只是对此前存在之法律状况的更好认知。

二是判决的远程效果。在偏离某个判例后,法院经常要来决定,它们是否也要为其他问题提供不同于以前的回答。尤其是在类似情境中,有别于偏离情形的处理办法就难以被正当化。这可能是因为,偏离行为改变了其他判决的法律语境。这种远程效果的一个例子是联邦最高法院关于“设立公司时应承担无限责任”的判决。它主要将此论点建立在公司在此时可能预先承担负担的基础上。不偏离这一判例就会出现以下评价矛盾,即公司设立者在公司登记前要么只需为这种预先债务承担无限责任,要么放弃这种预先债务,那就要设立者承担无限责任。而在这一责任是外部责任还是内部责任这一问题上,联邦最高法院也修正了它的判例。随着预先负担被放弃,“迄今为止按照审判庭的观点,为了债权人的利益使得外部责任成为必要的理由”就不成立了,所以现在主张的是内部责任。[②] 这类远程效果的特征在于,它们将曾发生的偏离视为不再能追问的出发点。因为它们不再去重新引证支持这么做的理由。由于相关判决的判决理由由此未曾被触及,所以援引此前的判决就成为了独立的偏离理由。它尤其是在普通法院援引联邦宪法法院判例的情形中发挥着作用。因为它们同样经常不想去检验它们就迄今为止未被决定之问题提出的主张。但纯粹援引一个不同的判决并不足以证立偏离行为,因为人们同样可以在当下案件中维持一开始找到的判例,而去改变相关的判例。最后,仅根据判例间的连贯性不足以在两个相互矛盾的观点中放弃其中一个,而非另一个。

---

① BGHZ 140,223.

② BGH NJW 1997,1507,1508.

三是自然科学与社会科学的新认识。如果法律规范涉及经验关联,那么法律适用就依赖于自然科学或社会科学问题,即便仅从后者出发无法直接推导出法律后果。因此新的科学知识会导致对判例的偏离或修正,因为对经验关联的理解的改变要求对规范进行不同的具体化。[①] 一个典型的例子是,联邦最高法院于 1990 年为《德国刑法典》第 315c 条第 1 款和第 316 条第 1 款规定的“绝对无驾驶能力”(absolute Fahruntüchtigkeit)确定了新的血液酒精含量限度。基于与酒精相关之危险以及交通关系的新认识,它认为,血液酒精含量达到 1.0‰就已达到绝对无驾驶能力。此外,它基于更准确的测量方法降低了测量误差的安全系数,以至于它不再认为到了血液酒精含量达到 1.3‰才达到绝对无驾驶能力,而代之以 1.0‰。[②] 因此根据新的认识,血液酒精含量达到 1.2‰的司机一般而言就属于无驾驶能力,因此满足了《德国刑法典》第 316 条第 1 款的客观构成要件,即便根据以前的判例他只处于相对无驾驶能力(relative Fahruntüchtigkeit)的状态。因此,这一情形就属于对法的更好的认识。这一情形要区分于基于科技发展的状况带来相应规范变化的情形。因为在后者情形中,法律只是随着新的认知而发生变化。例如,当知悉关于药物危险性的新信息时,照料义务就会发生改变。[③] 自然科学研究也会以类似方式影响新批准之装备的标准(《联邦污染物排放保护法》第 22 条第 1 款第 1 点和第 2 点),这一改变构成了对法的不同认知,因为它针对未来有效。起决定作用的是各时的认知状况。相反,在对法的更好认知的情形中,新信息使得确认规范一直以来如何有效成为可能。这一情形可与另一情形相比较:基于新的 DNA 检测证实被判刑者无罪。所以在确定新的血液酒精含量限度的情形中,无论是无驾驶能力的处境还是禁止在这一状况中开车的禁令都没有发生改变,改变的只是关于这一点的假定,即未曾变更的现行规范要求的是什么。

四是避免迄今为止之判例的缺陷。如果某个观点被证明没有实用性或会带来其他缺陷,偏离判例的行为同样可以得到证立。缺陷可

---

① 所以这一情形属于对制定法决定的更好认知的特殊情形。

② BGHSt 37,89,94.

③ BGH NJW 1972,2217,2218.

能是法律上的,也可能是事实上的。[①] 指出消极的法律后果通常是一个建立在多个规范之共同作用基础上的体系性论据。联邦最高法院在一个判例中放弃了这样一种观点,即只有犯罪现场的在场者才能作为《德国刑法典》第 244 条第 1 款第 2 句规定的“团伙成员”参与犯罪活动。法院的说理主要是,要避免给《德国刑法典》第 242 条和第 244 条第 1 款第 2 句带来“分裂的罪犯概念”,以及对参与理论(Teilnahmelehre)的矛盾运用。[②] 由于支持被期待之统一罪犯概念的理由只是法律性质的,所以在最开始的判例作出后在事实上又有什么样的发展是无关紧要的。相反,判例的消极实施后果建立在经验认知的基础上。它们要求具有法律关联性,因为很多时候它们违背了某个规范的目的或立法意图。例如,如果被设立的标准基于证明方面的困难不具有实用性,那么它就与规范统一实施的立法意图相矛盾。这样一来,对它的放弃就构成了对立法决定更好认知的特殊情形。然而,指出某个观点缺乏实用性并非在所有情形中都可以被重构为目的论或发生学论据。证立的语境也并非总是能澄清,缺乏实用性在何种方式上具有法律关联性。例如,关于排除股东认购权之判例的偏离[③]难以被归类于上述情境。因为联邦最高法院在此运用了这样一个核心论据,即迄今为止的要求“过于严苛且并不实用”,它“(剥夺)了企业必须提供给股东的灵活性,这种灵活性为的是能够对国内或国际市场做出迅速而有成效的反应”。[④] 而这个论据并没有说明,这种灵活性在何种方式上与对《股份有限公司法》第 186 条第 3 款和第 203 条第 1 款的解释相关。如果人们不想让对制定法规范的解释一般性地依赖于经济后果,那么就需要一个标准来告诉我们,什么时候哪类论据是被容许的,什么时候又不被容许。

五是基于法伦理的改变。指明缺乏实用性的做法也可以被理解为适用于解释裁量空间的法伦理论据。如此一来,位居前台且能证立

---

① 这一区分参见 Gertrude Lübbe-Wolff, Rechtsfolgen und Realfolgen, Freiburg[u. a.]: Alber, 1981, S. 25 ff。

② BGH NJW 2000, 3364, 3366.

③ BGH NJW 1997, 2815, 2815, 偏离了 BGHZ 83, 319。

④ BGH NJW 1997, 2815, 2815.

偏离判例行为的就不是制定法,而是对其漏洞的填补了。由于明显具有造法的性质,所以这一论据迄今为止比较罕见。但它完全可以作为对解释进行额外补充的论据出现。[①] 例如,在一则判例中,联邦宪法法院认为立法者必须针对各州的财政均衡颁布标准法,其论据主要援引了罗尔斯(Rawls)在其著作《正义论》中提出的“无知之幕”的观念。[②] 以此方式,法伦理考量就可能导致对判例的偏离,即使这直接基于对制定法规范之理解改变的基础之上。

2. 偏离行为是否损害判例的权威性?

如果从这一认识出发,即法律立场通常没有绝对的对和错,而只有为支持某个法律立场而援引不同皆为合理或具有说服力的理由,那么就就此打开了通往不受拘束地顾及判例权威的道路,即便对于偏离判例的问题而言也是如此。对判例的顾及并不要求去绝对遵守某个判例,即便它被视为是错误的;顾及判例毋宁在法律适用过程中启动了这样一个较早的阶段:法律适用者已经在理解和顾及判例的前提下弄清楚了现行法的意义内涵。法律适用过程并非由这样两个阶段构成,即首先仅从成文法出发运用法律方法来处理法律问题并得到一个结论,接着用既有的判例对它进行校正;判例会直接潜入调查现行法的过程之中。联邦最高法院的判例并非立于现行法之旁,并被法律适用者用现行法来进行校准。它影响着现行法,尽管它可能很好地适合现行法,也可能不那么适合现行法。就此而言,法与司法裁判之间具有相互作用。因此,在个案中充足的实质理由是否支持作出反于判例的裁判,是一个只有在个案中考虑到所有支持和反对特定法律观点的理由之后才能决定的问题。这一裁判要在考虑到顾及判例之宪法义务的前提下作出。想要偏离某个判例的人承担着特殊的论证负担。故而为了对支持或反对某个特定观点的实质论据进行讨论和权衡,判例要作为单独被考虑的判决要素出现。除了判例的实质说服力(对此无法提出任何一般性的规定),判例的权威性作为要素也扮演着一定角色。这种权威要素无法在法律上甚或法律教义学上受到控制,但却

---

① BGHZ 59,163,165.

② BVerfGE 101,158,218.

具有法律关联性,因为它对判例的作用方式发挥着影响。

(1)持续性判决的特殊意义

判例的存续时间理所当然没有什么说服力。① 一方面,随着时间的不断流逝,司法判决的权威性可能会消失,例如因为判决作出时的法律环境发生了改变,或者因为社会框架条件的变迁使得某种重新评价变得必要或可能。另一方面,更古老的判例也可能具有特殊的权威性,尤其是当它长期以来一直被遵守且得到肯定时。

因此,稳固的或持续性的判决拥有特殊权威。② 即便无法提出清晰的一般性标准来说明,在何种前提下一个判决能被认为是稳固的,这一视角也能够对偏离某个判例的行为是否被容许这一问题造成影响。某个判决是否以及在多大程度上可以稳固地发挥效果,取决于多种因素:首先要考虑的有,我们只能孤立地在判决中发现某个司法见解,还是说它能够作为判决之核心组成部分发挥效果。其次还要考虑,某个司法见解是位于判决的核心部分,还是说只是顺带被提及。联邦最高法院对其司法立场的自我指涉式的证实也会强化和稳固其判决的权威性。相反,某个司法见解存在争议这一事实则会削弱其权威性,并证成偏离行为。这一问题具有特殊意义,即某个司法见解在法院内部能在多大程度上获得普遍认可:某家最高法院内部的各审判庭之间的分歧或联邦宪法法院的某个审判庭内部的分歧(我们可以通过表决结果和不同意见书认识到这种分歧)会使得偏离判例的行为成为可能,或使之变得更容易。如果最高法院的某个判决在学界引发争议,那么此时偏离判例的行为就要比当判决获得普遍赞成时更为正当。接受偏离行为会强化判例的权威性。③

这种考量一方面在判例的一般作用方式中,另一方面在宪法和普通法律上已被预设的最高法院的终极裁判权中获得了其法律上的确定。由此可知,判例并不会终局性地和不可反驳地确认法律处境,而

---

① See Aharon Barak, *The Judge in a Democracy*, Princeton: Princeton University Press, 2006, p. 162f.

② Vgl. Helmut Coing, Zur Ermittlung von Sätzen des Richterrechts, JuS 1975, S. 280.

③ Vgl. Mehrdad Payandeh, Judikative Rechtserzeugung: Theorie, Dogmatik und Methodik der Wirkungen von Präjudizien, 2017, S. 478–479.

只能为最高法院自身以及其他法院和法律适用者参与的法律论证提供论据。同时,最高法院的终极裁判权也导致它的法律观点具有特殊意义。它虽然没法权威性和终局性地终结某个法律论证,但它越是强烈地表达出,它将坚持某种司法见解并在未来以之为基础,其他法律适用者,尤其是下级的审判法院的持续反对就越是没有正当性。因此,对基础性判决或稳固的司法见解的偏离也被提出更高的要求。

(2)对个案关联性的顾及

司法法律创制的个案关联性在此同样相关,只要对判例的偏离能获得证成。因为司法法律创制与纠纷裁决的结合构成了这一点的前提,即法院的法律表述也会受到诉讼参与人提交的论据的影响。在德国法秩序中,诉讼参与人对于法院之法律考量的影响看起来不如在普通法中那般大,“法官知法”(jura novit curia)原则给整个诉讼法都搭上了烙印。在民事诉讼中,当事人辩论主义(Verhandlungsmaxime)不涵盖法律问题。① 根据《德国民事诉讼法》第308条第1款第1句,法院裁判受当事人诉求拘束的要求并不限制其法律评价,但它并不能就此免于这一义务,即在各个法律视角下来对被呈交之事实进行检验。② 因而从外表上看,诉讼参与人没有可能以特定方式影响法院的法律表述。法院可以自由来决定,它在何种法律视角下来对被呈交的案件事实作出裁决,它将各种法律考量认定为正确,并让其进入判决理由之中。但诉讼参与人事实上可能对某个案件的法律构造,以及对于法院作出的法律表述都发挥重要影响。③ 在宪法诉讼程序中,这一点显现得尤其明显:鉴于宪法标准的公开性,但也考虑到国家高权措施可能被抨击的不同联结点,宪法诉讼为宪法诉愿人提供了使得诉讼聚焦于或限于特定法律问题的可能:他可以只限于形式问题,例如控诉国家机关缺乏相应权能或程序错误,也可以强调某个案件的实质性面向。在后一种情形中,他可以主打自由权的问题,也可以主打平等权的问题,所以诉愿人至少可以在某种倾向上导控司法审查。因而诉愿人的

① Thomas Rauscher, in: Wolfgang Krüger und Thomas Rauscher (Hrsg.), Münchener Kommentar zur Zivilprozessordnung, Bd. 1, 4. Aufl., 2013, Einleitung Rdnr. 322.

② BGH NJW 2011, 2293.

③ Vgl. Philipp Reimer, Verfahrenstheorie, 2015, S. 338.

法律观点以某种方式预先对法院的表述形成了结构性限制。法院——在《德国基本法》第 103 条第 1 款规定的法定听审权（Anschpruch auf rechtliches Gehör）的界限内——在对案件进行法律建构时是自由的，但通常至少会在某种方式上受到当事人的观点及其论证的引导。

司法法律创制之个案关联性给判例适用带来的特殊后果，使得人们可以来论证，法院的某个法律观点是否建立在不充分的或片面的法律理由之上。如果能证立，某个判例设立的法律规范从其他法律论据（它们没有被判例的说理部分顾及）的视角来看必须作出不同的判断，那么偏离判例的行为就应该被允许。但即便如此，创制判例的法院在某种程度上也可以对其判决的权威性发挥影响：只要法院说明，它已看到某个法律关联点，或考虑过特定的反对论据，但还是得出了它现在的法律观点，它就阻截了潜在偏离行为可能提出的这一论据的效力，即这一判例是基于不完整的法律评价而形成的。①

（三）判例的修正

法院对于自己最开始设立之判例修正，在根本上适用与其他法院和法律适用者偏离判例相同的原理。同样只有当存在这么做的实质理由，也即当最初的判例被证明为不具有说服力时，对判例的修正才被允许。当联邦最高法院，尤其是联邦宪法法院出于广泛意义上的政治和制度考量有修正判例的意愿时，就需要为修正自己判决的行为进行法律证成。在联邦最高法院的（当然不那么融贯的）判决中，这一要求被表述为，必须有“显然是压倒性的甚或绝对必要的理由”来支持对判例的修正。②

1. 判例修正的证成

被引用来支持判例修正的理由与被用来支持新法律观点的理由事实上并无二致。但就像在偏离判例的情形中一样，在修正判例的情形中也必须顾及司法创设之规范的权威性。就此而言，法院是否想要背弃自身的持续性的、被稳固建立的判决，或只是拒斥被孤立地表述

---

① Vgl. Mehrdad Payandeh, Judikative Rechtserzeugung: Theorie, Dogmatik und Methodik der Wirkungen von Präjudizien, 2017, S. 481-482.

② BGH NJW 1983, 228.

出的法律观点，都会对判例的权威性有所影响。

就此而言，尤其相关的是这一问题：判例在多大程度上为下级法院、其他法律适用者、政治行动者，以及服从法律者和法学界所接受。[①]判例的权威性是由对其接受的方式所决定的。判例越是获得普遍认可，为其他法院所接受，并被转用于别的案件情境，修正判例所要承担的论证负担就越高。当立法者基于司法创设的法律来活动，并由此表达出，他接受某个特定的判决或赞成它时，这种论证负担就会变得更高。即便在深受法官的法律续造影响的法律领域中，法院也必须顾及，立法规整（它在司法创制之法的背景下被遵循）在多大程度上反对判例修正。当下级法院、立法者和其他法律适用者接受判例，并以此作为行动的基础时，它们就剥夺了创制判例之法院的任意支配权，或至少当法院想要修正那类被肯定性地接纳的判例时，加重了它的论证负担。

相反，对某个判例的持续和断然的批评可以为修正判例提供很好的理由。当某个司法见解并没有在法律商谈中被建立起来，有时甚至遭受质疑或被立法者所拒绝时，判例的权威性就会被削弱，而对它的修正就会变得相对容易。法学界同样可以此方式来对法律发展施加影响，即便学者们并没有被给予正式的创制法律的权威。而法律适用者和法律服从者对那类判例的信任程度通常比不上对被广为接受的持续性判决。因此来自法院之外的推动力可以为判例修正的证成提供帮助。[②]

2. 判例修正的类型

德国的判例修正并不像英美法系那样只限于推翻（overruling），而是在类型上要丰富得多。我们可以根据判例修正的明确性以及修正的方式来进行分类。

---

① See Aharon Barak, *The Judge in a Democracy*, Princeton: Princeton University Press, 2006, p. 162.

② 赛法斯甚至走得更远，他认为联邦宪法法院要受到自身判决的自我拘束，认为通常来说只有当判例修正的推动力来自立法者（无论是通过宪法修正还是通过立法行为）时，这么做就能被视为是容许的（Vgl. Georg Seyfarth, Die Änderung der Rechtsprechung durch das Bundesverfassungsgericht, Berlin: Dunckel & Humblot, 1998, S. 282f.）。

(1)根据判例修正明确性的分类

明确性是判例修正最重要的分类标准之一,因为在各种情形中它都是判例事实上被修正的可靠标识。法院会使用不同的表述来标记这种修正,如“背弃”(Abkehr)、“放弃”(Aufgabe)或“偏离”(Abweichung)。一种明示修正可以从裁判的语境中获知:裁判一开始展示了到作出裁判时为止的司法判决,继而又强调其与之相矛盾的文献,并最终强调它赞同文献中的观点。相反,如果法院只是描绘了司法判决的发展,而没有作出上述陈述,那么它是否进行了修正就是不甚明确的。根据判例修正的明确性程度,可分为明示修正、默示修正、隐蔽修正和悬置修正。①

一是明示修正。明示修正最常见的标志是使用这样的语句:“只要可以从此判决中……提炼出不同的观点,我们就不会坚守它。”②限制词“只要”可以用两种方式被理解。一方面它可能涉及修正的范围;另一方面涉及这一问题,即终究是否发生了修正。有时判例的判例要旨会说明裁判进行了修正,因为它称后者“放弃”或“偏离”了某个判例。这促使下级法院和法学界去接受对判例的修正,并提高了贯彻修正的机会。

二是默示修正。与明示修正相反,默示修正并不公开修正判例。只有当人们熟悉在前的判例并与修正性判决进行比较后,默示修正才能被认识到。某个修正是明示的还是默示的,这一问题要与另一个问题相区分,那就是被放弃和被采纳的观点是否得到了明确表述。例如,默示修正可以借此发生,即法院使用了与在前判例的明确假定相矛盾的表述。但也有可能它明确放弃了一个只是隐含的假定。但通常情况下,对隐含假定的修正是默示发生的,因为它极少引人注目,并经常会避免进行明示修正。③ 默示修正的一个例子是联邦宪法法院在

① Vgl. Lorenz Kähler, Strukturen und Methoden der Rechtsprechungsänderung, 2. Aufl., 2011, S. 48-54.

② BGH NJW 1999, 3638, 3639; 2000, 1332, 1333.

③ Vgl. Uwe Kranenpohl, Hinter dem Schleier des Beratungsgeheimnisses, Wiesbaden: VS Verlage für Sozialwissenschaften, 2010, S. 144.

2000 年的一个判决,在该判决中它宣告《联邦律师规章》第 25 条违宪。[①] 根据这一规范,在某个州高等法院获准出庭的律师就不得同时在另一家法院出庭。联邦宪法法院自己的一份 7 年前的判决曾宣告该条款是合宪的。[②] 但该判决在其法律表述中并没有提及这个判例。但这一点不能被忽视,因为无论是它所废除的联邦最高法院的判决还是在陈述立场时所引述的联邦部长的观点都援引了在前的那个判例。[③] 由于在前判例的结果与修正判决的结果彼此清晰地相区分,所以可以确凿无疑地确认默示修正的存在。

默示修正的一个特例是,判决虽然使用了与以往相同的表述,但却以其他方式运用了它。例如,被法院视为合乎比例之事发生了变迁,即便它引证了相同的抽象标准。因此,当法院引入某个模糊的检验标准时,判决是否发生修正就特别难以判断,因为在此情形中难以决定,对这种标准的运用在迄今为止的案件中导致了什么结果。例如,当联邦最高法院在侵权法中引入初始瑕疵与通过其造成之损害之间的"质料统一性"(Stoffgleichheit)标准时,[④]就并非可以确凿无疑地认定,据此"迄今为止"的案件是否该作出不同的判决结果。因为它既没有指明它对判决进行了修正,也不清楚质料统一性标准与"迄今为止"的标准之间是何关系。

偶尔嗣后的判决会标识出以前发生的默示修正。一开始只是默示的修正就此被公之于众,并改变现在被背弃式引证之判例的理解。这一过程可以借助于联邦最高法院关于团体成员资格的一个判决来说明。在 2000 年,它将这种成员资格归为《德国刑法典》第 28 条第 2 款意义上的个人属性。[⑤] 为此它援引了 1978 年的一个判例,后者默示地修正了早前的一个联邦最高法院的判决。[⑥] 直到后来它才明确承认这一修正。[⑦]

---

① BVerfG NJW 2001,353.

② BVerfG NJW 1994,184.

③ BVerfG Urt. v. 13. 12. 2000.

④ BGHZ 86,256,259.

⑤ BGH NJW 2000,3364,3366.

⑥ BGH Urt. v. 18. 4. 1978,1 StR 815/77,S. 8,被修正的判例是 BGHSt 8,205,208。

⑦ BGH NJW 2000,3364,3366.

三是隐蔽修正。默示修正的一种特殊情形是隐蔽修正。它虽然引证了被背弃的判例，但却隐瞒了对它的修正。[1] 由此它造成了司法判决之连续性的假象，超出了纯粹不提及被背弃的判例这一做法之外。一个例子是1978年联邦最高法院的一个判决，据此，佣金承诺并非《德国民法典》第652条意义上的“经纪人佣金”。有别于此前和嗣后的判决，联邦最高法院并没有将这一承诺归为独立的契约类型，而是视为买价的被掩盖的一部分，视为对提供劳务或捐赠承诺的酬劳。[2] 但是由于后来它明确确认佣金承诺不只是涉及这一契约类型，所以它放弃了这一法律观点。[3] 这是以隐蔽的方式发生的，因为它虽然提到了被背弃的判例，但却将从后者中提炼出的观点称作是误解，虽然这种观点已被清晰地表达了出来。[4]

隐蔽修正与其他默示修正的区别在于，前者引用了某个先前的判例且写明了“参见”。看上去这一判决采纳了类似的观点。然而，即使在存在根本分歧的情况下，也不能基于只是“以参见的方式”援引判例就指责法院主张了一种并不存在的连续性。例如，联邦宪法法院的第一审判庭曾主张有别于此前第二审判庭的观点，即鉴于“宪法法院法律保护之功能性与制度性界限”，对于立法者而言并不存在规范重复禁令（Normwiederholungsverbot）。也就是说，它可以颁布与以前被宣告违宪之规范在内容上相同的规范。[5] 后来法院对这一立场进行了限制，因为它要求规范重复具备“特别理由”。[6] 在此它引证到“参见BVerfGE 77，84［103f.］”。再后来，它又进一步退缩了立场，因为它断言并不存在任何“绝对的规范重复禁止禁令”。即便在这里它也依然通过附注“参见BVerfGE 77，84［103f.］；96，260［263］”援引了先前的那个判例。[7] 以此方式，从这一不受限的立场——立法者可以重新颁布一个被宣告为违宪的规范——出发得出了一个对立的观点，即

① Vgl. Thomas Probst, Die Änderung der Rechtsprechung, 1993, S. 187.

② BGH NJW-RR 1987, 1075, 1076.

③ BGH NJW 2000, 3781, 3782.

④ BGH NJW-RR 1987, 1075.

⑤ BVerfGE 77, 84, 103 f.

⑥ BVerfGE 96, 260, 263.

⑦ BVerfGE 98, 265, 321.

它只能例外地这么做。附注“参见”让人认不清这种修正，但也没有完全遮蔽它。

四是悬置修正（尚未确定的修正）。如果某个法庭放弃的只是它此前所践行的判例，那么它就无须去询问任何其他审判庭，或去请示大审判庭。在此至少不存在任何程序上的理由来检验或确认修正行为。因此许多判决对此留而未决，即它们是否修正了先前的判例。[①]尤其是当法院使用了这类表述的时候——“只要可以从判决 x 中提炼出不同的观点，我们就不会坚守它”。在此留而未决的是，从先前判例中是否事实上可以提炼出不同的观点。如果普通法院偏离了联邦宪法法院的观点，悬置修正就具有这样的优点，即它至少没有公开地抵抗宪法法院判决的拘束力。当联邦行政法院想要将《德国基本法》第 4 条第 2 款规定的“宗教自由”置于“国民的义务保留”之下时，它相应地小心翼翼地表述道：如果联邦宪法法院的判决要在不同意义上被理解时，那它就没有遵从宪法法院的判决。[②] 悬置修正要区分于搁置某个法律问题。法院在后者的情形中没有对某个对于判决并不重要的问题做出回答，而在悬置修正的情形中只是对此悬而未决，即法院是否主张某个与之前不同的观点。只有当如今起决定作用的规则变得清晰，并只是悬置先前判例之意义时，法的清晰性才不会丧失。

（2）根据判例修正方式的分类

根据被采纳的法律观点与被放弃的法律观点之间的关系，判例的修正方式可分为否弃、替代、矛盾和更改。[③]

一是否弃。当法院针对某个迄今为止有效的规范 N_1“如果出现事实要素 S_1-S_n，就应发生法律后果 R”假定，并不存在任何规范 N_1，据此当满足 S_1-S_n 时就会发生法律后果 R 时，法院就否弃了一个裁判规则。由此否弃并没有回答这一问题，即在其他条件下是会发生 R 还是会发生其他法律后果 R’。因此，它是修正裁判规则的基本形式。当 R 基于更改要求进一步的事实要素 S_{n+1}-S_{n+i}，或基于替代要求进一

① BGH NJW 2000，1332，1333；2000，2497，2498.

② BVerwG NJW 2001，1225，1226.

③ Vgl. Lorenz Kähler，Strukturen und Methoden der Rechtsprechungsänderung，2. Aufl.，2011，S. 54-59.

步的事实要素 S'_1-S'_y,或者 R 完全不发生时,就出现了对判例的否弃。因而下文对于其他修正类型的例证同样也适用于否弃。但反过来并不成立,也就是说,否弃并不同样也是其他类型的修正。因为修正也可能只是单纯不加替代地废除某个规范。例如,对事实合同制度的废除就是如此,因为联邦最高法院自 1958 年开始就没再适用过它,而是以不同的方式来解决这些情形。[①]

二是替代。当法院通过规范 N_2"如果出现事实要素 S'_1-S'_y,就应发生法律后果 R"来取代迄今为止有效的规范 N_1"如果出现事实要素 S_1-S_n,就应发生法律后果 R",法院就替代了一个裁判规则。通过替代,法院不仅放弃了某个迄今为止有效的规范,而且还创设了一个替代性规范。[②] 一个例子是联邦最高法院关于这一问题的判决:什么时候所谓"继续侵蚀性损害"(Weiterfresserschäden)根据《德国民法典》第 823 条第 1 款要得到补偿。[③] 在此,联邦最高法院用"与嗣后被损害物在缺陷上缺乏质料统一性"的标准取代了一开始"缺陷部分功能上的可界分性"标准。[④] 这说明,对于替代而言,判决结果的修正并不是必要的。因为有可能新标准和旧标准满足同种情境。替代对于何种理由支撑着判决的问题具有重要意义。人们曾反复尝试通过针对自然时间序列提出的"必要条件公式"(Conditio-sine-qua-non-Formel)来确定这些理由。[⑤] 据此,如果某种法律观点被放弃就会产生其他后果时,它就是支撑性的。但人们没有认识到,尽管放弃某个经验上可把握的事件可以推导出假设的因果关系,但放弃某个法律观点却让我们无法确定,应让何种相竞争的法律观点来取代它的位置。但迄今为止的观点存在错误的判断却经常要与替代性法律观点的假定并肩前行。就像继续侵蚀性损害的情形可能依赖于某种法律后果论

---

① BGH NVwZ 2002,1535,1536.

② Vgl. Martin Kriele,Theorie der Rechtsgewinnung,2. Aufl.,1976,S. 280.

③ 关于这一理论具体可参见朱晓哲、冯洁语:《产品自损、纯粹经济损失与侵权责任——以最高人民法院(2013)民申字第 908 号民事裁定书为切入点》,载《交大法学》2016 年第 1 期。

④ BGHZ 67,359,364.

⑤ Vgl. Rainer Bakker,Grenzen der Richtermacht:die Kollegialkontrolle im Großen Senat des BAG,Konstanz:Hartung-Gorre,1994,S. 189 ff.

据,在此基础上就人们在某个情境中能得出何种结果达成一致,即便对于如何证立它这一点存在争议。因此不能通过替代来交换修正判决与初始判决的结果。尽管如此,在此情形中宣称支撑性命题未曾发生改变却具有误导性。因为除了改变证立方式外,还可以在未来改变结论。因此,某个法律观点被替代的可能排除了仅将支撑性法律观点与结果相关联的做法。

三是矛盾。当法院用规范 N_2“如果不出现事实要素 S_1-S_n,就应发生法律后果 R”来取代迄今为止有效的规范 N_1“如果出现事实要素 S_1-S_n,就应发生法律后果 R”时,就出现了与某个裁判规则的矛盾。由此,法院不仅否弃了迄今为止有效的规范,而且要求在迄今为止的构成要件前提未被满足时产生相同的法律后果。这只在极少情况下才发生,因为这类修正只会一步步地出现,绝不会马上就跳到对立的立场上去。相反,法院会将此前具有决定性的事实要素宣告为不重要的。如果由于判例修正,它被谴责主张与其先前立场相对立的观点,那么这几乎从不意味着矛盾性的对立。

四是更改。当法院在迄今为止必要的事实要素 S_1-S_n 外,要求具备额外的事实要素 Sn + 1,放弃某个事实要素 Si ,或用 R2 来替代 R1 才发生法律后果 R1 时,它就更改了某个裁判规则。更改的典型特征在于只在某一处进行修正。例如,如果某个判决用财政均衡请求权 R2 来代替了偿还请求权 R1,[①]那么改变就只是法律后果。更改是最常被运用的判例修正方式,因为法院大多数时候都只是放弃个别的事实要素或提出额外的要素,以便纠正过宽或过窄地被表述的规则。[②]更改的称呼各不相同,也以各种不同方式被澄清,一个规范可能在某一处被修正,但其余部分则保持不变。所以,更改可以是“部分修正”“部分背弃”、“限缩”、“扩张”或者只是“限定”。如何选择称呼很大程度上取决于是明示还是依旧默示地从判例的拘束力出发。因为越是认为判例的拘束力强,法院就越是试图将对迄今为止有效之判决的部

---

① BGHZ 41,157,165.

② Vgl. Hans Dubs, Praxisänderungen: eine methodologische Untersuchung über die Stellung des Richters zum eigenen Präjudiz auf Grund von Entscheidungen des schweizerischen Bundesgerichts, Basel: Lichtenhahn, 1949. S. 146.

分放弃展示为“区分”或限定。它试图说明,它迄今为止并没有对先前判例之表述所把握的情境进行裁判。相反,判例的拘束力越弱,法院就越是能公开地去对被适用的规则进行更改,也就是部分地放弃某个以前被表述出的规则。更改的一个例子是联邦最高法院2000年的一个判决,据此主债务人的给付能力对担保人的财务负担没有影响。在此,它诉诸这样一些判例,在其中它“未曾消除过”这种能力。[①] 通过这一判决它其实已然更改了作为那些判例之基础的规则,但却没有明确这种更改与这一结果是否相关。更改与完全否弃之间的区别可以通过针对交通侵害罪部分放弃“原因自由行为”(actio libera in causa)的情形得到说明。[②] 由于判例一开始并没有明确“原因自由行为”是否可以适用于其他情境,而联邦最高法院在随后的判决中将它进一步适用到了结果犯的情形中,[③]所以发生的是一种更改,而非完全的否弃。像结果犯与行为犯之间的差异以此方式就会变得与案件相关,并增加法的复杂度。

3. 判例的修正、具体化与证立

从数量比的角度看,对判例的明确修正属于例外而非常态。联邦最高法院经常略过它们先前的判决但又不公开承认对判例进行了修正。有时对判例的修正或具体化是这样发生的,即一般准则在某个具体案件(在判例裁决时尚未进入法院的视野)的背景下被进一步具体化。如果判例的适用范围因为它规定了适用的限制性前提受限,那么这类具体化就完全可以被定性为判例修正。然而截然界分真正的判例修正与判例具体化并无必要:鉴于司法法律创制的个案关联性,参照不同的案件情境对判例进行修正属于司法权的正当活动。只要判例被修正时并未触及它的核心命题内涵,就无须特别证立。法通过判例的积累式发展和具体化展现了司法法律创制的本质特征。

由于判例修正需要实质理由,从法官对判例的顾及义务可以推出

① BGH NJW 2000,1182,1183.

② BGH StV 1997,21,22.

③ BGH JR 1997,391.

这一命令，即当诸联邦最高法院修正其判例时，应当公开予以表明。[①]对自身判例的默示背离既不符合对判例修正的证立要求，也不符合法的安定性原则（它是支持判例具有规范性效力以及司法法律创制作为司法权之原始功能的主要理由）。出于方法忠实性的要求，也为了考量对判例的顾及义务以及司法法律创制的制度性效果前提，法院必须澄清，它是否修正了它的判例。它必须清晰表达出，它究竟是完全背弃了迄今为止有效的判例，还是部分地维系了它。它必须清楚地让我们认识到，它想要用何种立场来代替一开始所主张的法律观点。然而法院无须终局性地判定，判例修正对其他法律问题会产生何种效应。基于司法法律创制的个案关联性，判例修正仅构成了一个司法法律创制过程的开端，因为法是通过被其他法院的接纳和适用，通过学界的讨论、立法者的反馈，最终通过法院司法活动本身的不断加工来塑造和稳定化的。[②]

---

① Vgl. Lorenz Kähler, Strukturen und Methoden der Rechtsprechungsänderung, 2. Aufl., 2011, S. 453f.

② Vgl. Mehrdad Payandeh, Judikative Rechtserzeugung: Theorie, Dogmatik und Methodik der Wirkungen von Präjudizien, 2017, S. 487–489.

第八章　德国判例的实际使用

德国法学家沃尔夫冈·费肯杰(Wolfgang Fikentscher)早在20世纪80年代就曾指出,德国法学方法论所面临的最主要问题在于“成文法典趋于陈旧,而被判例法在很多内容(有时甚至是主要内容)上重叠、补充和排斥”①。

事实上,德国很多法律领域的发展完全依赖于联邦最高法院的判决,这一现象在民法、公法和刑法的部门法中俯拾皆是。其中典型的例子就包括:民法中有关所有权保留的买卖、让与担保、缔约过失责任、一般侵权、雇员有限责任等领域的法律续造;公法和经济法部分中的劳动法、行政法也是依赖于大量的判例制度才得以发展,尤其是现行德国的《反不正当竞争法》更是最初从《德国民法典》中的两个法条出发,经过大量的司法判例,最终形成了完整的法律制度;而在德国的刑法领域,尽管存在罪刑法定原则的约束,但是在刑法总则中有关间接故意、过失、因果关系、原因上的自由行为等制度的具体使用,都是经由判例才不断获得发展的。

---

① Wolfgang Fikentscher, Eine Theorie der Fallnorm als Grundlage von Kodex-und Fallrecht, Zeitschrift für Europarecht, Internationales Privatrecht und Rechtsvergleichung, 1980, S. 161. 此处的“成文法典”指1896年颁布施行的《德国民法典》。

德国法学家罗伯特·阿列克西甚至直言“在(德国)高级别法院公开发表的判决中很难找到不含有任何先例的情况”[1]。事实上,法官在公开发表的判决中更是频繁地援引了其他法院的判决。在最高法院汇编的官方系列中,很难找到没有援引判例的判决。如果考察一下晚近10卷的判决,就会发现公开的判决中引用判例的比例是极高的:《联邦宪法法院判例集》(BVerfGE)第83—92卷中的235个判决中有228个判决引用了判例,占比97.02%;《联邦普通法院民事判例集》(BGHZ)第119—128卷中的420个判决中有417个判决引用了判例,占比99.29%;《联邦普通法院刑事判例集》(BGHSt)第31—40卷中的715个判决中有686个判决引用了判例,占比95.94%;《联邦行政法院判例集》(BVerfwGE)第87—96卷的522个判决中有509个判决引用了判例,占比97.51%;《联邦劳动法院判例集》(BAGE)第65—74卷的416个判决中更有406个判决引用了判例,占比97.60%;《联邦社会法院判例集》(BSGE)第65—74卷的482个判决中有473个判决引用了判例,占比98.13%;《联邦财税法院判例集》(BFHE)第168—177卷的1216个判决中有1190个判决引用了判例,占比97.86%。这种情形在其他高级法院的案例汇编和学术期刊中也基本如此。在这五个分支中,大多数法院都是自我引证,即引用自己先前的判决。在引用其他法院判决时,联邦宪法法院判决被引用最多。

对于判例的援引确实非常普遍,但是大多数情况下只是指明援引了哪些判例,而不对其进行详细探讨。对于判例的详尽探讨并不会出现在司法意见中,而是出现在学术或其他法学论文中,彼时判例将被分析、解释和整合。不仅学者和实务者,甚至最高法院的法官们也常常试图在学术论文中对判例中的实体部分进行解释和体系化。[2] 在法庭上,律师们被期待应该了解相关的判例并进行引用和讨论。这种情

① Robert Alexy, Kiel and Ralf Dreier, *Precedent in the Federal Republic of Germany*, in Neil MacCormick & Robert S. Summers eds., Interpreting Precedents: A Comparative Study, Aldershot: Ashgate/Dartmouth, 1997, p. 26-27.

② Wolfgang Sendler, Teilhaberrecht in der Rechtsprechung des Bundesverwaltungsgerichts, Die Öffentliche Verwaltung, 31(1978), S. 581; Dieter Grimm, Die Meinungsfreiheit in der Rechtsprechung des Bundesverfassungsgerichts, NJW, 48(1995), S. 1697ff.

况在书面辩论比口头辩论时更常见。[①]

一、判例的应用方式:基于背信罪判例的实证研究

判例在德国法中能够得以使用,首先要满足两方面的前提:一是《德国基本法》和联邦宪法法院的允许;二是来自司法实践的需要。前者要求判例制度与《德国基本法》的罪刑法定原则和禁止类推原则不相冲突。如前文所述,所谓刑法中的禁止类推指的是禁止恣意地扩大类推解释,并不禁止实际上也无法禁止一切形式的类推适用。而在实践层面,我们更是无法回避立法上的局限和法律机制的老化[②],我们需要一个健康有序的法律发展机制。因此,在法律概念的解释以及法律原则的适用等多个环节都需要运用判例保障法律的统一适用。

通过判例"以案释法"的方式来解释和发展法律,不仅不违背法治原则,相反却恰恰能够贯彻罪刑法定原则内含的法律必须清晰、明确,方能使公众得以清楚知悉这一"精确性诫命"(Präzisierungsgebot)[③]的要求。联邦宪法法院在"BVerfGE 126,170"号判决的判例要旨(Leitsatz)中这样写道:"在孤立看待刑法构成要件的范围时产生的合宪性疑虑,可以通过最高法院的判决予以消解。正因如此,司法有义务通过确定化和具体化的解释,扫清对刑法规范的适用范围的模糊性。《德国基本法》第103条第2款规定了罪刑法定原则,这意味着在适用具体的刑法规范时,其规范的适用范围需要通过法律解释进行具体化地阐释(Präzisierungsgebot)。《德国基本法》第103条第2款确立的严格法律保留增加了宪法法院的审查密度。"[④]

也正因为刑法作为对待判例最为谨慎的法律部门,对于判例的使用方法的展示,更能说明判例在法律论证中的作用方式。本部分通过对背信罪进行法教义学分析,展示判例在刑法法律论证中所扮演的角

---

① 参见[德]罗伯特·阿列克西、[德]拉尔夫·德莱尔:《德国法中的先例》,高尚译,载《中国应用法学》2018年第2期。

② 参见[德]托马斯·莱塞尔:《法社会学基本问题》,法律出版社2014年版,第247页。

③ BVerfGE 126,170,198. "*Präzisierungsgebot Untreuetatbestand*".

④ BVerfGE 126,170,198.

色以及在司法实践中的重要意义。

（一）背信罪的渊源流变

《德国刑法典》第 266 条规定：行为人滥用其依据法律、官方委托或法律行为所取得的处分他人财产或使他人负有义务的权限，或者违反其依据法律、官方委托、法律行为及因信托关系而负有的管理他人财产利益的义务，致委托人财产的利益遭受损失的，处 5 年以下自由刑或罚金刑。

1. 立法背景

背信罪属于德国刑法中的经济类犯罪，设置该条款的目的是惩治在经济活动中对他人财产负有照管义务的人违背照管义务，造成他人财产损失的行为。刑法学中常常将背信罪与诈骗罪对应看待，如果将诈骗罪理解为对付外部敌人，那么背信罪则是面向内部敌人。背信罪在产生之初主要被用于惩处在委托和代理等民事活动中出现的严重犯罪行为。[①] 随着德国经济的发展和社会生活日益复杂，在 20 世纪 30 年代的经济危机前后，背信犯罪的惩治获得了高速发展[②]：在经济危机早期，社会财富的急剧增加和财产本身的膨胀带动了股权制度的发展，促使大型企业中财产的所有权与管理机制逐步分离，从而催生了一批新型的经济类犯罪。其中，企业管理人的严重的背信行为就成

① 背信的行为在罗马法中是作为盗窃罪（拉丁文：furtum）和侵占罪（拉丁文：peculatus）被处理的；在古代德国法中往往被盗窃罪所吸收。第一次作为财产类犯罪的构成要件是从 1532 年《卡洛琳娜刑法典》开始的。19 世纪后，背信的行为开始被认定为财产犯罪。在德意志帝国时期，一些州的单行法规中出现了背信罪的条款，比如由费尔巴哈起草的《巴伐利亚州刑法典》（BayStGB）（1813 年）和《霍因施泰-奥登堡州刑法典》（1814 年）。但在当时，背信罪仍是陌生的概念。1851 年《普鲁士刑法典》（PrStGB）第 246 条中规定该罪的构成要件是包含特定的信任关系，然而此后很长一段时间，无论是北部联邦州的司法裁判，还是普鲁士的司法判决，都将这种基于私人委托的背信行为以贪污罪进行处理。1870 年在刑法中扩大并明确了该罪的构成要件；1871 年颁布的《德意志刑法典》吸收了背信罪的罪名。参见 Burkhard Jähnke（Hrsg.），Strafgesetzbuch Leipziger Kommentar，13. Aufl.，Bd. 7，2021，S. 264-302；Dunkel，Erfordernis und Ausgestaltung des Merkmals，Vermögensbestreuungspflicht im Rahmen des Mißbrauchtatbestandes der Untreue. S. 91；Art. 287 Abs. 2 Kgl. Sächs，StGB v. 11. 8. 1866 in der revidierten Fassung v. 1. 10. 1868，GVBl. 1855 180；Leiziger Kommentar StGB，12 Aufl. S. 664；RGSt 69，58［62］。

② Vgl. Dunkel，Erfordernis und Ausgestaltung des Merkmals，Vermögensbestreuungspflicht im Rahmen des Mißbrauchtatbestandes der Untreue. S. 51.

为了经济贪污的死角,为了应对这种压力,1933 年的德国刑法改革中出现了这一罪名,并沿用至今。

2. 背信罪的特点

本书选取背信罪作为线索进行分析,是基于背信罪的三个主要特点:

首先,背信罪属于德国法中独创的一种罪名,经历了较为漫长且十分复杂的发展阶段。该罪名在其他国家和地区并不常见,不属于刑法通说,因而对该罪名的适用往往要依赖于以往的法律解释和大量丰富的判例。有些判例甚至要追溯至纳粹早期,法官在裁决案件时需要对这些判例进行综合分析,并探讨如何使之与当今的民主政治相融合。

其次,背信罪构成了德国刑法学中对于“财产权”一词的理解之基础。[①] 对“财产”概念的核心意涵和外延的理解,构成了刑法中惩治经济类犯罪的关键。因此背信罪是一个既具有解释空间,又具有解释必要的条款。

最后,与其他经济类犯罪不同,背信罪面向内部的敌人[②],是财产所有人与“自己人”的纠纷。这种纠纷由于无法从民法中得到有效保护才被划入刑事领域,因此对背信行为的惩处又会牵涉私法自治、刑法的谦抑性原则[③]与《德国基本法》之间的张力问题,最后往往导致对该条款的宪法诉讼问题。[④]

因此,背信罪的法的渊源不仅包括刑法典中的相关条文,还包括联邦宪法法院和联邦最高法院的相关判例。对背信罪判例进行研究具有很强的典型性和代表性。在现今的司法实践中,追诉背信罪的社

---

① Leiziger Kommentar StGB,12 Aufl. Rn1. S. 702. 慕尼黑大学 Bernd Schünemann 教授认为,对于财产权的理解直至今日仍然非常粗略,后文对于财产权一词的解释将说明和展示这种情况。

② 除背信罪以外,《德国刑法典》第 253 条至第 263 条的财产犯罪都是通过暴力、威胁和欺诈等方式进行犯罪,面向的都是“外部的”敌人。

③ Ultima-ratio-Prinzip,又称刑法的必要性原则。

④ 因为是刑法领域对于财产管理人行为自由的处分,因此对该条款中“财产不利益”这一概念的解释必须要符合基本法中“确定性原则”(Bestimmtgrundsatz),亦即法无明文规定不为罪。

会意义主要源于打击以下四类犯罪，即法人机构(主要指商业公司，实际上是针对有限责任公司经理)、律师和公证人、代理人以及疾病保险组织认可的医生。[①]

从背信罪的发展历程可知，作为德国刑法学中的首创，背信罪从诞生到发展，已经成为德国惩治经济类犯罪的重要法律依据，判例在其中起到了重要的作用，不仅丰富了法律的内涵，而且随社会经济发展的需要而有所调整，是调节社会纠纷的重要手段。这也证明了判例制度与罪刑法定原则并不冲突，通过判例对刑法条文进行法律解释，使之在法律适用上清晰明确，也是《德国基本法》中法治国原则之要义。

(二)背信罪的归责难点与判例的适用空间

通过对背信罪的法教义学分析，其构成要件可以被划归成两个向度、四个核心的要件要素。

第一，行为人必须对于他人财产行使一种照料，使得其违法行为作为保管违法的一种特殊形式存在[②]；

第二，行为人必须滥用了照料权，也即从事了损失照料义务的行为；

第三，必须由此造成了所托财产的损失(具有法律上的因果关系)[③]；

第四，滥用了一种基于正式法律的聘任或支配权而产生的照料权，继而引发背信罪中所认定的财产不利的犯罪结果。

由于背信罪的未遂犯并不具有刑事违法性，因此需要对犯罪结果的特征进行更为准确的描述，比如有关"财产损失"的理解就需要通过司法判例来补充。需要围绕该语词的概念核而对概念晕进行界定。此时，为了统一法律适用，对于概念晕的界定往往是通过高级别法院的判例完成的，也即由于语言的模糊性，法官往往借助判例来规范和指导法律解释，从而构成了判例在法律内部证成环节中的适用空间。具体而言，在审判实践中，对于背信罪构成要件的分析尚存在如下模

① Vgl. Leiziger Kommentar StGB, 12 Aufl. S. 705-706.

② 关于违法行为的分类，参见 Bernd Schünemann, Leipzig Kommentar, § 25 Rdn. 42ff。

③ Vgl. Leiziger Kommentar StGB, 12 Aufl. S. 702.

糊领域。

第一,关于适用范围。背信罪最初是适用于普通的委托和代理关系的案件,后来逐渐发展成为针对大型企业(主要是股份制企业)管理人员的责任问题。此时出现了如何将背信罪与侵吞国有资产、贪污罪等类似罪名相区分的问题。因此,虽然对背信罪构成要件的确定是在法教义学的框架之内完成的,但是其发展要依赖司法判例。

第二,关于"财产""损失"等要件的理解。这两个语词的含义虽然清晰易懂,但其概念晕却需要法律进一步解释。通过使用判例,法官们提取出了不同的裁判规则,从而厘清了语词的边界,进而对财产损失和财产损失的危险等情形的理解达成了一致认识。

第三,关于背信罪是否以"既遂"为必要条件。这一点在法律明文规定中无法确知,联邦最高法院和联邦宪法法院对此的解释和裁判便构成了下级法院今后审理此类案件的参照和依据。

(三)"BVerfGE 126,170"判决的先例作用

由于成文法的上述"留白"需要由司法判例加以填补,德国联邦宪法法院于2010年合并审理了三则由诉愿人对联邦最高法院关于背信罪判决提起的宪法诉讼,也就是目前为止对背信罪具有重大影响的"BVerfGE 126,170"号判决。联邦宪法法院这则合并判决构成了对背信罪构成要件的解释。在该案中,法官通过类型化的方式,对于背信罪条款在司法实践中的适用进行了法律解释,并通过彼此比对、呼应,向公众展示了该条款的适用边界。三则案件的情况具体如下。

第一则案件中,诉请人作为西门子公司的部门主管,私自设立小金库用于商业贿赂。

案件焦点在于如何认定设立小金库与"造成损失"之间的关系。因为当事人设立小金库并非划为个人所有,也尚未从中支取财务用于实际的贿赂行为。此时是否可以认定为已经满足了背信罪中"损失"这一构成要件,这就涉及对《德国刑法典》第266条背信罪中"损失"(Schaden)这一要件的理解。联邦宪法法院认为是否造成损失并不以被告是否得利为评判标准,财产已经从公司账户中划入小金库,公司即已经对其失去控制,此时损失已经产生,因此该行为构成背信罪。

第二则案件中,保险公司经理越权提高加班费用。

案件焦点在于,能够查明经理越权发放加班费并非据为己有,是否也属于背信犯罪。该案件的主要分歧也集中于对“损失”要件的解释。联邦宪法法院认为背信罪的构成要件是造成他人财产损失,并不以行为人本身是否获利为限,因此该行为也被认定为构成背信罪。

第三则案件中,银行董事违背信息审查义务,超发约2000万德国马克的贷款。

案件争议在于银行人员超发贷款的性质较为特殊,实际的损失金额只有在借款人最终还款后才能确定。换言之,如果当事人虽然超发了贷款,造成了财产损失的风险,但如果借款人在借款到期时能够还款,就没有产生实际的损失。因此,该案焦点在于:违规发放贷款造成的是一个“未来的损失危险”,这种情况是否属于背信罪中的“损失”。联邦宪法法院认为如果将这种未来可能产生损失的风险也解释为刑法中的“损失”,将违背基本法的罪刑法定原则。法院认为,诉请人违反了审批贷款的程序,违背了其作为董事的义务,未对申请方进行全面和审慎的商业信誉检验,这些违背义务的情节虽然没有歧义,但也并无意义。本案的关键是对于“财产不利益”和“财产损失”(Vermögensnachteil/schaden)之区别是否存在可行的确定方法。初审州法院在此借助了“危险损失”(Gefährdungsschaden)这样的法律概念:从审批和取出贷款金额的时刻起,被告人就已经造成了损失。理由是借款方通过取出贷款的款项而造成另一方财产减少,同时也引起了另一方的返还请求权的金额增加,而另一方又没有同价值的足够担保。这在宪法的角度而言并无不妥。但是引进这一“危险损失”的概念增加了两个风险:

第一种是将背信罪的构成要件扩展成为既包括当前的损失(gegenwährtig Schaden),也包括未来损失的危险(zukünfitiger Verlustgefahr)。如果将这两个不同的概念予以等置和混同,即将“损失的危险”也解释为符合背信罪的构成要件,就会造成与背信罪的犯罪中止相冲突的情形。而在以往的司法实践中背信罪的犯罪中止是不触犯刑法的,从而导致“财产不利”(Nachteilsmerkmal)的独立性成为问题。

第二种可能的风险在于,对于潜在的损失危险(Gefährdungsschaden)如何量化,需要有一个能够获得公众认可的评价程序和评价标准,但引入此类复杂的经济分析又必然需要进一步的鉴定程序,而这会对本案以及今后类似案件带来巨大的诉讼风险和诉讼成本。

基于上述考虑,联邦宪法法院认为,诉请人确实在批准贷款的过程中违背了其职务义务,但由于并不能确定具体的损失数额,因此不构成犯罪既遂;又因为此前背信罪的判例中,背信罪并不包含的“未遂”状态,因而该案件不构成背信罪。

由上,从立法的角度看,尽管立法者使用“损失”(Schaden)这一较为空泛的概念有利于对财产进行有效和积极的保护,但是却导致了刑法规定的相对宽泛和模糊,使得该条款所保护的法益与其特殊危险一样难于辨认。对其构成要件的统一、准确认识就要依赖于长期实践构建起的具体化的解释。

以上是联邦宪法法院“BVerfGE 126,170,198”号判决的主要争议点,也是背信罪的法教义学框架中呈现出的需要由判例加以解释和丰富的具体法律问题。该判例通过对三则相关联但又有所区分的联邦最高法院判决进行合并审理,重新勾勒了背信罪中“损失”一词的内涵和外延,在判决书的说理过程中对立法者意图和该条款的法教义学要求进行了阐释。判例在此发挥了解释、示范和统一裁判尺度的重要作用。

(四)判例的使用方式

在德国,使用判例的方式是评判使用者法律品质(法律品格)的一个很好标准。一个法律品质有所欠缺的法官有时会犯一些令人惊异的错误,因为他们会从可能的判决中独立抽取出一些语句——经常是杂志中编辑好的“判例要旨”(Leitsatz)或者数据库中的法律命题(Rechtssatz)——进行援引,但是并不考虑它们本身的含义,而这些恰恰只能从案例事实以及更早案例的争议法律问题的上下文才能够充分确定其能否适用于其他问题的解决中。[①]

为进一步分析和展示判例在司法裁判中的功能与表达方式,笔者以“BVerfGE 126,170”号判决为研究对象,对该判决书中所引用的全

---

① Vgl. Franz Bydlinski, Grundzüge der Juristischen Methodenlehre, 2. Aufl., 2012, S. 117.

部判例进行了完整的统计。研究表明,联邦宪法法院的法官在判决中大量援用了学术著作、法律评论以及各类型、各审级的判决,其中,学术专著和判例是法官在法律条文之外援引最多的材料。

为了展示判例的使用情况,本书对联邦宪法法院 BVerfGE 126,170,198 号判决进行了研究与分析,对其中援引判例以及学说的情况进行了逐一分析,并解释了该引用在判决中的位置、功能和含义。在此基础上,本章对于引用判决的情况进行了详细的数据统计(见图 8-1、图 8-2、图 8-3、图 8-4),结合实证研究的结果,对判例的援引形式、引用方式和裁判规则的使用等问题进行分析。

另外,由于德国判决书的主体分为四个最主要的部分,分别是 A 部分(罪名分析)、B 部分(案件事实分析)、C 部分(构成要件分析)、D 部分(结论),因此附录中标明了学说或者判例被引用的位置、引用时的内容、引用所说明的问题以及引用该材料的作用,在附录中进行了详细的统计说明。在援引方式上(C Ⅱ 2 a)则意味着 C 部分(法律问题分析部分)第Ⅱ个法律问题的第 2 点,其中的 a 问题,以此帮助读者定位判决书的具体位置。

1. 引用情况

第一,引用判例的情况。

该判决中共引用判决次数 55 次,引用判决总个数 130 则。其中,联邦最高法院判决 60 则;联邦宪法法院判决 51 则;帝国法院判决 9 则;联邦社会法院判决 2 则;州和地方高等法院判决 4 则(分别是汉堡州、卡尔斯鲁厄、巴伐利亚州和斯图加特地区法院判决);其他决议 4 则(见图 8-1)。值得说明的是,法官在撰写裁判文书时,不仅大量引用判决,而且常常引用学术著作。除判例外,该判决中还引用了学说共 41 次、143 篇(判例和学说的引用情况对比见图 8-2)。笔者对引用学说和判决的数据分别进行了详细统计。通过对案件中引用的情况进行数据上的统计和分析,意图还原司法判决书中援引学说和判例时的真实情况,并通过分析学术著作、法学评论在司法判决中的作用,为判例的使用提供比照。

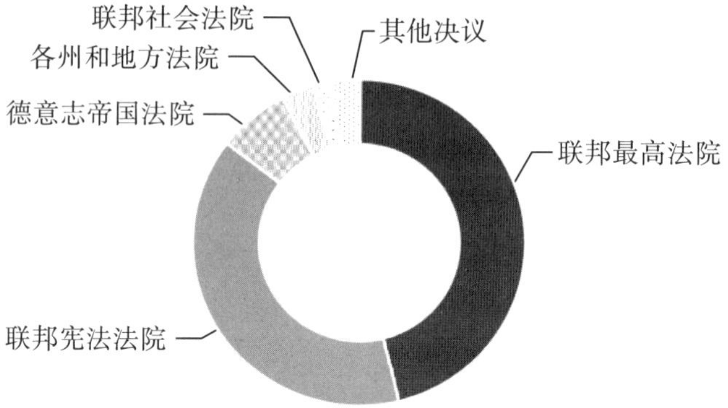

图 8-1 引用各级、各类法院的判例情况对比

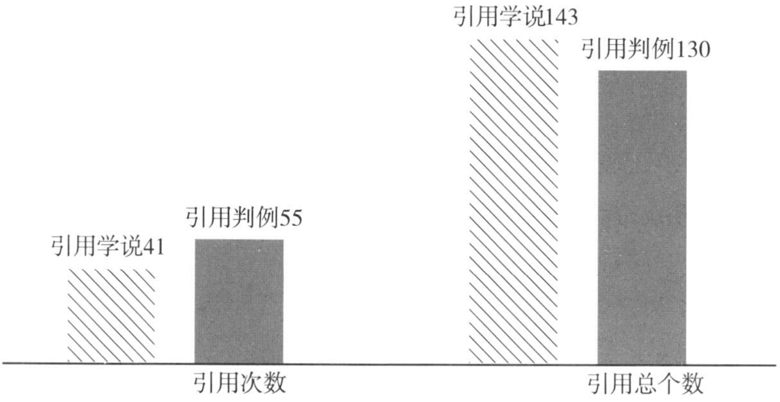

图 8-2 引用学说和判例的情况对比

第二,引用判例的分布(见图 8-3)。

(1)背信罪罪名分析(A 部分):引用判决 6 次,共计 12 则,占全部判例引用的 9.2%,其中两次引用德意志帝国法院的判决。与此同时,在罪名分析环节,共引用学说 38 个,占全部学说引用比的 26.6%。

(2)案件事实分析(B 部分):引用判决 1 次,共计 1 则,占全部判例引用比的 0.7%,用以说明并检视宪法诉讼的条件是否满足。

(3)构成要件分析(C 部分):引用判决 42 次,共计 117 则,占全部判例引用比的 90%。与此相比,在构成要件部分共引用学说 105 个,占全部学说引用比的 73.4%。

(4)结论(D 部分):无引用。

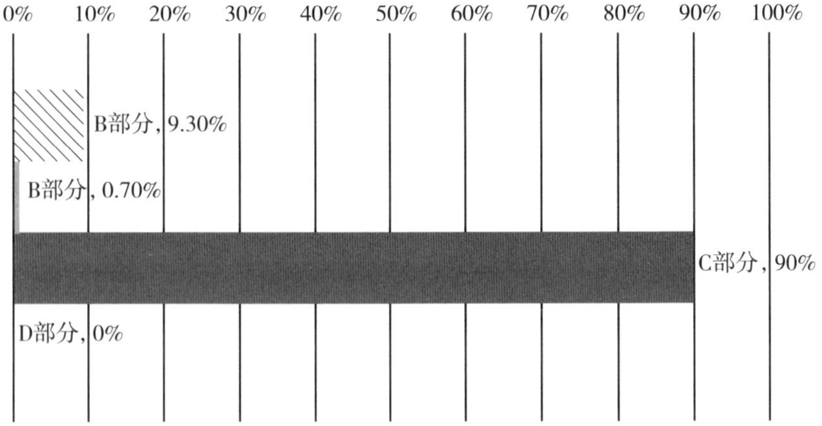

图 8-3　判例引用在判决书中的分配情况

研究表明：对于判例的引用主要发生在两个环节：一是关于罪名的法理分析（A 部分），二是关于构成要件的分析（C 部分，也即法律问题的分析）。在案件事实分析中（B 部分）基本不存在引用情况。具体而言，A 部分引用判决的整体数量相对于 C 部分较少；但是在 A 部分内部，引用学说的情况要多于引用判决的情况，主要原因在于 A 部分主要是对背信罪罪名发展进行脉络上梳理，既有学术文献已经包含很多系统性整理，而帝国法院时期的判决数量又相对有限，援引学说更易于展示背信罪的发展历程；在 C 部分，即法律问题的分析环节，法官大量援引了学说和司法判决，其中司法判决的来源也具有多样性，既有联邦宪法法院做出的判决（51 则），也有联邦最高法院的判决（60 则）、联邦社会法院的判决（2 则）、德意志帝国法院的判决（9 则）、各州与地方法院判决（4 则）和决议（4 则）。

2. 引用形式

第一，明示引用，共 53 次，130 则。见图 8-4。在对判例进行明示引用时，法官先将判例中的裁判规则提取出来，用自己的语言进行表达和论述，然后用括号将所有相关的判例号在段尾处标明，其形式相当于引注。

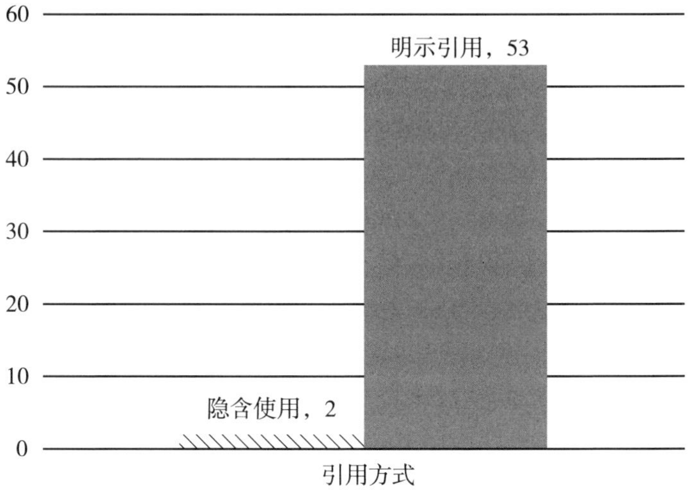

图 8-4　引用的方式对比

如在 C I 1 处，法官写道：《德国基本法》第 103 条第 2 款保证了罪刑法定原则，即行为发生之前应有明确的法律依据。这一宪法条款的含义不在于禁止习惯法或者溯及的刑法论证。第 103 条包含了立法中的严格的精确性诫命，以及一个与它相呼应的在司法中所禁止的刑法类推（参见持续性判决 stRspr. BVerfGE 14,174〈185〉；73,206〈234〉；75,329〈340〉）。

括号内的部分即法官所引用的判例，分别是联邦宪法法院的“BVerfGE 14, 174〈185〉”号、“BVerfGE 73, 206〈234〉”号以及“BVerfGE 75, 329〈340〉”号三则判决。“stRspr”是 ständige Rechtsprechung 的缩写，可译为持续性判决[①]，法官在此处使用该缩写意指上述裁判规则源于以下三则已被长期司法实践所认可的判例，也即该判例具有事实上的约束效力。

第二，隐含使用，共 2 处。隐含使用判例的情况是非常少见的，本案中共有 2 处。第 1 次是在 AIV 2 d) bb) 处，通过非明确引用的形式，交代在判断是否构成“损失”时的主要司法惯例，尤其是分析其如何区分损失与“与损失相当的财产危险”这两种情况。意图表明司法中也

① 对该词汇的翻译，另有“（最高法院）一贯之见解”“（最高法院）向来之见解”等主张。

发展出了大量的案例群来判断符合背信罪构成要件的“与损失相当的财产危险”与纯粹抽象的危险情况之间的区别，对于这类通过借出债务而造成的财产危险的案例群而言，只有当借款方自始就没有与债务同等对价的担保时，才存在“损失”。足够的债务自始就不是一个要求同等对价的情况。由此产生的经济不利益一般在全部借款时出现。由司法发展出的对个案的原则只是来评价行为是否属于恣意，之后并未对其进行刑法上的指责。

第2次是在C Ⅲ 1 a)处，参照联邦最高法院的持续性判例中有关损失计算的方法。判决原文提到，“联邦最高法院将上诉人的行为认定为是单独成立不利这一要件，这无论从第266条的文义解释还是对构成要件的限制和精确化解释方面来看，都是一致的。这与联邦法院做出的对于损失计算的毫无争议的持续性判决也是相适应的”。

除此两处外，绝大多数判决采用明示引用的形式。

3. 引用方式

研究表明，德国法官选择从先前判例中提炼裁判规则并用于当前案件的裁判，而不是仅仅援引裁判要旨或者索性忽略判例的存在。根据德国法官援引判例时的目的与需求不同，本书将德国法官从先例中提取的裁判规则分为解释型裁判规则、回应型裁判规则以及参照补强型裁判规则。三种不同类型的裁判规则分别对应和满足了法教义学之于判例的“二重需求”的两个不同方面。

针对法官使用判例的不同目的和需求，裁判规则发挥的功能可以划分为三种情况。

第一，直接作为裁判依据。这与学者指出的“德国的法官在判决书中引注判例或文献观点的现象极为突出……并以直接引用其他裁判的判决理由的原文字句为多见，并不囿于裁判要旨”[①]的结论是一致的。能够作为裁判依据的裁判规则，本书分别称为解释型裁判规则和回应型裁判规则，前者是在法体系内对法律概念予以解释，后者是在立法留白时，司法对于社会需求的一种超越法律的回应。此类裁判规

① 周翠：《民事指导性案例：质与量的考察》，载《清华法学》2016年第4期。

则在判决书中的作用方式,在 BVerfGE 126,170,198 号判决中有下列情形体现了这种引用方式。

例一:C Ⅲ 3 b) aa) (2) 中的联邦最高法院的决议表明,对“损失的危险”的考察,需要以一个当前的不利为前提。在经济实践和日常生活中法院都认为,在考察一个未来损失的具体危险时,首先要存在一个当前的“不利”,这是由财产这一法益的特性决定的。这样的设置不是立法者在“纯粹危险”与未来的不利的区别中提出的问题:消极的价值清偿是由此产生危险的一个后果;它与风险或潜在的未来损失均不相同。后者通过损失的大小就能判断。“损失的危险”取决于预测的风险,所以一般情况下很难达到有损失危险的财产物品的全部的名义价值;这种预期的损失和当前的损害之间存在数量上的差别,因此仅造成具有“损失的危险”并不构成损失。[①] 此处对于具有“损失的危险”的认定是实践中遇到的新问题,法官从联邦最高法院决议中提炼出的是一种回应型的裁判规则;与此同时,这种解释本质上也是对法律规范中的“财产损失”含义的概念晕的解释和界定,因此也兼具了解释型裁判规则的功能。

例二:同一类判例群中的裁判规则作为裁判依据。在判决的 C Ⅲ 3 b) aa) (1) 处,法官从大量先例中总结道:结合联邦最高法院、拜仁州高等法院、汉堡州高等法院、卡尔斯鲁厄州高等法院、斯图加特州高等法院的判决,得出一条司法惯例:所谓“与危险相等的损失”必须是具体的、可计算的危险,并且财产价值因为危险的存在而已经有所降低。

例三:在 C Ⅲ 3 a) aa) 处,法官重申了联邦最高法院判例所确定的关于银行信用违规的审查标准。“对于背信罪的义务违反的依据规定在《银行法案》第 18 条第 1 句的要求公开经济关系的规范性义务中。即便一个信息义务的疏忽在背信要件中构成了义务的违反,但与该条款的义务覆盖范围没有完全一致,也并不能满足该义务。在信用违规审查中,银行同伙的过失义务,即贷款的审批界限具体如何,主要由联邦最高法院依据《银行法案》第 18 条所指的金融服务监管检察官

① BGH, Beschluss vom 18. Februar 2009-1 StR 731/08-, NStZ 2009, S. 330(331).

通函来判断。”[①]

第二,通过举例说明,即通过列举的方式说明司法惯例的实践方式。一般而言,援引此类判决的目的是对同类案件先前判决的正当性进行验证,主要是补强参照型裁判规则;有时援引此类判决是为了辅助法官说明问题。

例:在 C Ⅱ 2 b) bb) 中,通过判例来说明如何处理不同类型案件的解释困难。比如证券法判决。首先,法官面临的问题是选择采取哪一种刑法外的评价标准来判断是否存在违反义务的情况。然后要根据相关规范的解释来回答如何确定特别模糊和抽象条款的含义,因为根据《德国刑法典》第 266 条第 1 款的表述并不能实现“精确化诫命”。随着义务人(比如证券法条款的案件)自己的裁决空间难以在确定范围内被划定,解释的困难也相应增加。在此,法官援引此判决想要表明:当难以在确定范围内回答义务人的裁决空间有多大时,对于该条款的法律解释就很困难。

第三,交代背景、说明情况。法官援引此类判决,用以交代历史进程、事实、规律。比如在 A I 2. b) 处,法官介绍了背信罪的发展历程,称背信罪条款在 1933 年改革之后开始被用来惩治经济类腐败案件,但由于该条款仍属于格式条款,规定较为抽象,因此“立法者放弃了对于法官的严格拘束”,“法官由此可以自由裁量”,并援引此帝国法院判决表明,当年对背信罪的解释和使用主要依赖纳粹法官的想象。[②]

在上述三种裁判规则中解释型裁判规则与回应型裁判规则具有先例意义;补强参照型裁判规则主要发挥的是验证性和补救性质的功能。

以上研究表明:通过对于 BVerfGE 126,170 号判决中援引判例以及学术著作等情况和方式的对比分析发现,判例在德国的判决书中发挥着非常重要而且普遍的作用。

第一,关于引用次数和个数。本案中多次、大量引用判决和学说,且在引用频次和引用总数量方面均相差不大。

---

① BGHSt 47,148 (150 ff.).

② RGSt 69,58(62).

第二,关于援引法院的类型和审级。在对各个级别和历史时期的法院判决原因情况进行细化分析后,联邦最高法院和联邦宪法法院的判决是被援引最多、最频繁的,但是早期如德意志帝国法院的判决也多次出现,这表明了法官关注和重视这一罪名的产生缘由,尤其是刑法改革的发展过程,早期的判例对审判当前案件具有参考价值;各州、地方法院的判决也偶有出现,表明主审法官对于较低级别法院判决也会进行了解,并在判决书中提及。

第三,关于引用情况的分布。法官主要在 A 部分(罪名的分析)和 C 部分(构成要件的分析)中援引判决。本案中,涵摄部分(C)援引判例的情况明显多于法律解释(A)对于判例的援引。

第四,在判例的引用形式上,除个别情况,绝大多数采用明示引用;而且法官在对判例进行隐含使用时,虽然没有具体指出参照的具体判例,但是仍然明确表达其遵循了以往的司法实践。

第五,德国法官裁判案件的过程中需要参照和援引判例时,使用的是判例中的裁判规则。根据德国法官援引判例时的目的与需求不同,可分为解释型裁判规则、回应型裁判规则以及参照补强型裁判规则。

(五)裁判规则的表达形式

根据判例发挥的功能不同对判例中的裁判规则进行划分:有些判例的存在是为了回应司法中出现的新问题(回应型裁判规则),有些判例的存在是为了统一对法的解释(解释型裁判规则),有的判例的存在是为了供法官和当事人与以往同类案件进行比照和参考(补强参照型裁判规则)。

依据援引判例中裁判规则的方式不同,可以援引和表达的方式划分为个案规范型裁判规则和持续性判例型裁判规则,其中个案规范型裁判规则的突出特征是为了回应实践中提出的某种新问题,因此其往往产生于某一则典型判例之中。这类判例具备了个案规范理论中个案规范的特征,即其本质是为了回应司法实践需求而由法官运用法律解释和法律续造的手段所创设出的新的裁判规则。第二种是持续性判例的裁判规则,针对的是某一种案件的一系列判例群。法官在对某类新型的,或者可能有争议的法律问题的解决过程中逐渐形成的一系列裁判规则。持续性判例有时是为了回应新问题,有时是为了提供指导,也即是指导性判例中衍生出来的。

(六)裁判规则的提取

法官在裁判案件时所运用的裁判规则,主要有两种来源,一种是从法律规范中提取出来的,另一种是从判例中提取出来的。前者是对规范的解释和提炼,但仍然是从一般到一般的提取方法;后者是由特殊向一般而进行的归纳和总结,最后再运用于特殊的情况之中。两种来源不同的裁判规则之间的主要区别在于:由判例中提取裁判规则时需要同时处理事实问题和法律问题之间的关系和界限。而由于回应型、解释型和补强参照型三种裁判规则的性质和不同,对应的提取模式也有细微的差别。

1. 回应型裁判规则的提取

从某种意义上讲,回应型裁判规是一种立法性质的规则①,是对新型案件的一种回应。当此类案件第一次出现时,法官通过对法律规范进行法律解释和法律续造,得出结论。假如我们称这一案件为 A,称其中蕴含的裁判规则为 R1,那么 R1 在 A 案件中本身是作为判决理由存在的,A 案件的法官并没有将之总结为一种裁判规则,而且 A 的判决相对而言是个孤例。那么当其后又有类似案件 B 出现时,后案法官在裁判案件时对 A 案件的援引、对比和应用的过程中,产生出 R1 的表述。这种援引、分析和表述的过程经常需要对比案件的特点,其提取的方式也是对裁判规则的一种创造性解释。因此,回应型裁判规则典型地是法官发挥司法能动性进行裁判的结果,其裁判说理要求相对更高。在进行类比推理时需要更详尽的比对和分析。

2. 解释型裁判规则的提取

解释型裁判规则的提取回到了我们对语义分析的探讨,对解释型裁判规则的提取,是我们对于概念晕部分进行分析和厘清的过程。长时间的司法实践积累了关于法律规范的使用和解释的诸多类型化的分析,这些类型化分析就帮助法律人对一些法律规范的概念晕形成固有的理解,而且此类判例往往以持续性判例群的形式出现。比如背信

---

① 参见杨力:《基于利益衡量的裁判规制之形成》,载《法商研究》2012 年第 1 期。

罪在公司经理违反“经济和节约”原则发放工资时的作用，此类持续性案例群对法官的拘束力是明显的，因此法官对于此类案件中裁判规则的提取特点则更为直接，几乎不需要再叙述先前案件的案件事实，仅需要根据自己的理解将既有的司法实践所统一的观点表达出来，然后将与之相关的若干个先例依次罗列，供阅读者参照即可。此时的说理义务相比较于第一种回应型裁判规则已经有所减弱。

3. 补强参照型裁判规则的提取

此类由法律能够获得的裁判规则在具体的司法实践中往往是没有歧义的，法官为了解释和加强对自己论述的可信性，将由法律规范即可推导出的裁判规则在案件中进行第一次使用，同时将高一级法院，特别是联邦一级的最高法院的此类案件判决进行援引，提取其裁判规则并重述，目的在于再一次检验本案的裁判正当性。

此类补强参照型裁判规则在提取过程中的说理义务更低，法官援引判例仅仅为了举例证明其对法律的适用是正确的，并不需要对比两则案件的案情、裁判理由和裁判结论。仅仅标明所想要对应的案件即可，可以省去对比、区辨的过程。那么这种裁判规则因为对法律规范中提取出的裁判规则没有本质的发展，因此不具有特别的特征。但是此类情况却大量存在。换言之，此种情况下援引判例的主要目的在于检验法律使用的正确性和保障司法裁判的统一。

然而裁判文书的阅读对象既包含案件的原被告当事人，也包括社会公众，因此法官在进行裁判时需要以说理作为核心的工作。在说理的过程中，如何分析性地整理和表达这种经过自己消化和提炼出的裁判规则，就涉及了裁判规则的表达、修改和发展问题。裁判规则的本质是抽象的规则，因此提取裁判规则的时候会综合运用演绎、类比和归纳等推理模式，但是基于裁判说理的需要，其表达形式必然是包含了对先例的综合归纳、抽取其中的裁判要点，并且结合具体案件事实进行类比说明等多样化的形式。不同性质的判例中裁判规则的表达方式大体相同，都是对裁判中的判决理由进行提炼和转化，运用于本案判决的说理之中。

综上，在上述三种裁判规则中解释型裁判规则与回应型裁判规则具有先例意义；补强参照型裁判规则主要具有一种验证性和补救性质的意义。而从表现形态上讲，个案规范型裁判规则往往是针对新兴、疑难案件的裁判，是一种个案参照；持续性判例群则是长期的经验积累。

二、判例在各部门法中之应用

（一）宪法判例

诚如上文所述，联邦宪法法院的裁判虽然并不受到先例拘束，但往往十分重视甚至依赖先前裁判的结论与说理。裁判的累积与对在先观点的不断重复援引，使得裁判过程也成为宪法教义生发成长的过程。尤其是在宪法诉愿程序中，审查有关法规范或普通法院判决是否合宪时，首先要确认相关基本权利的保护范围，而这一环节往往需要借助得到充分论证的各类教义，对简单抽象的基本权利条款予以解释。以下就以“被遗忘权一案”为例，用以说明德国联邦宪法法院裁判中对有关“先例”的援引。其中尤其需要注意的就是所谓“被遗忘权”与一般人格权的关联。

1. 案件概况

在互联网时代，个人的基本权利往往通过各种新兴的和更复杂的渠道得到展开或限制，这也造成了部分可回溯至基本权利的、新的请求权样态（或者说是所谓“新兴权利”）的出现，并且常常凸显出基本权利第三人效力的内容。联邦宪法法院第一庭于 2019 年 11 月 6 日作出了两个关于“被遗忘权”的裁定，[①]其中“被遗忘权一案”（Recht auf Vergessen I）更集中论述了基本权利在私主体间呈现的间接第三人效力，阐释了权衡私人间基本权利冲突的考量因子。

在“被遗忘权一案”中，宪法诉愿人曾于 1982 年因谋杀罪被判终身自由刑，“明镜周刊”（DER SPIEGEL）在和诉愿人进行采访沟通后于 1982 年、1983 年陆续在其纸质刊物上刊登了关于该谋杀案的三篇文章，并自 1999 年起将相关报道上传至网络并对公众免费开放浏览。

---

① 由于“被遗忘权二案”主要涉及根据欧盟基本权利规范审查欧盟法律，且实体法上涉及的理论问题多与“被遗忘权一案”相似，故本书不再过多展开。关于“被遗忘权二案”的裁定参见 BVerfG, Beschluss des Ersten Senats vom 06. November 2019 - 1 BvR 276/17 -, http://www.bverfg.de/e/rs20191106_1bvr027617.html。

若在网络搜索引擎中输入诉愿人姓名,相关文章就会出现并在搜索结果中排在前列。2002 年诉愿人出狱后,于 2009 年得知关于他的报道被放到了网上,于是起诉了“明镜周刊”并要求其在报道案件时不得提及诉愿人的姓氏,但联邦最高法院最终驳回了诉请。诉愿人主张其一般人格权应得到保障,他认为尽管谋杀案无疑是一个历史事件,但在案件过去了这么久后,社会公众并不必然在知晓其姓名上具备公共利益,其不再想被过多关注,从而妨碍其回归于新的社会关系之中;被告人则主张社会公众的知情利益及自身的言论自由应得到维护。

2. 说理及裁判

宪法法院指出,基本权利具备间接第三人效力,尽管不直接对私人课以义务,但对私法关系具有辐射效力,法院在审理时尤其要注意,在对私法上的一般条款和不确定法律概念进行解释时要考量保护当事人的宪法基本权利,并且要尽可能地使各方当事人的基本权利得到保障和实现。[①]解释和适用民法规范主要是普通法院的任务,但考察其解释适用是否合宪的决定权限在宪法法院,而是否合宪就必须要考察民事法院在审理时是否充分衡量了两方各自的基本权利并给予最优化保障。[②]

宪法法院认为,诉愿人一方涉及的是其一般人格权,并且具体是其中的彰表性权利这一保护维度(Äußerungsrechtliche Schutzdimension)。[③]彰表性权利是一般人格权保护的某一方面,其他方面例如保护私人生活的某些关键领域不被侵犯,保护隐私空间、肖像权、人格名誉权,等等。这些方面都源自一般人格权,是一般人格权在实践中根据个案情形和保护需要而形成的具体面貌。[④] 它们的内容范围并不是

① Vgl. BVerfG, Beschluss des Ersten Senats vom 06. November 2019 - 1 BvR 16/13 -, Rn. 76, http://www.bverfg.de/e/rs20191106_1bvr001613.html. 基本权利间接第三人效力要求不同基本权利间在实践中应得到平衡,对此参见先前裁判 BVerfGE 7,198,204 ff。

② Ebd., Rn. 78. 普通法院的裁判和对法律的解释,必须注意有关宪法基本权利条款的引导和约束,对此参见先前裁判 BVerfGE 7,198,202 ff.; 85,1,13; 114,339,348。

③ Ebd., Rn. 79.

④ Ebd., Rn. 80. 一般人格权具有丰富的表现形式,需要结合具体个案予以固定,对此参见先前裁判 BVerfGE 27,1,6; 27,344,350 f.; 32,373,379; 34,238,245 f.; 47,46,73; 54,148,153 f.; 99,185,193 f.; 101,361,384; 106,28,39; 114,339,346; 120,180,198。

完全封闭和绝对清晰的,往往要在具体个案中考察个人的社会关联,并还要考量第三人的基本权利保护。[①] 因此,一般人格权保障不意味着,个人得以自在地、不受干预地对自我人格的表现进行把握处分,而是指构建一系列基本条件,以使个人能够自主地发展、维护其个性。[②] 具体到彰表性权利而言,其是指个人人格的展开包括能够自主地决定是否、何时、怎样在公众前展示、表现自我形象。[③] 例如,在传媒通讯的过程中,与人格有关、可对人格展开产生巨大妨害的新闻报道以及信息传播受到彰表性权利的抵御。[④]

与彰表性权利有所不同的,是信息自决权(Recht auf informationelle Selbststimmung)。信息自决权也是一般人格权的具体化,但该权利强调的是个人对自身信息"保真"的权利,即保护个人信息不被不透明地、非自愿地加工和使用。[⑤] 在现代信息处理技术的背景下,人格的自由展开需要个人避免被无限制地收集、储存、使用、传播个人信息,个人有权自主决定对个人信息的披露和使用。[⑥] 进言之,如果个人无法充分确定,哪些和自身相关的信息会被暴露在其社会交往中的特定领域,也不能进而有效地估计潜在的交往对象可能形成的认识,那么他的人格舒展就无从谈起。[⑦] 此外,根据信息自决权对他人人格的自由展开以及公平地融入社会具有重要意义的信息,第三人不得予以强占和专断,不得在排除他人参与下以不合理的方式将其作为对他人

---

① Ebd., Rn. 81. 一般人格权的保护十分灵活,并且因权利人的具体社会关联而相对化,对此参见先前裁判 BVerfGE 101,361,380; 141,186,202; 147,1,19。

② Ebd., Rn. 82. 一般人格权保护的关键在于构建个人自决和自我舒展的环境与结构,对此参见先前裁判 BVerfGE 35,202,220; 79,256,268; 90,263,270; 117,202,225; 141,186,201; 147,1,19。

③ Ebd., Rn. 82. 作为一般人格权组成部分的彰表性权利,主要是对如何"自我展示"的自决,对此参见先前裁判 BVerfGE 34,269,282 f.; 54,148,154; 101,361,382; 120,180,199。

④ Ebd., Rn. 80. 彰表性权利抵御的可能的侵害形式(尤其是可能有损人格形象的展示),参见先前裁判 BVerfGE 114,339,346。

⑤ Ebd., Rn. 90. 个人信息自决权虽然也是一般人格权的组成部分,但其特征在于其是对自身信息"保真"的权利,对此参见先前裁判 BVerfGE 65,1,42。

⑥ Ebd., Rn. 84. 个人信息自决权的另一特征在于其是对自身信息自由支配的权利,对此参见先前裁判 BVerfGE 65,1,42 f.; 120,274,312。

⑦ Ebd., Rn. 84.

“贴标签”（对他人的品质、类型、形象作判断）的工具使用。[①]

由此可见，彰表性权利和信息自决权都是一般人格权的展开，在涉及个人信息的使用和传播方面时往往十分相像。但两者的区别主要在于，彰表性权利保护的范围更广，[②]它不仅仅局限于保障个人自由地向其社会关系展示个人信息，而是综合地保障个人在公众生活中的自我表现和对外展示的自由。如果针对某人的有关数据、信息是透明地、合理地被加工和使用的，那么此时个人信息自决权是得到保障的，但在此基础上的、涉及他人人格形象的新闻报道或其他向公众的信息传递，并不必然受到彰表性权利的保护。[③] 尽管新闻报道是透明客观、实事求是的，也没有通过专横地加工个人信息而扭曲诉愿人的品质和形象，但它的不合时宜地传播依然可能妨碍诉愿人人格的充分舒展，使其难以回归正常的社会交往。[④]

宪法法院认为，在“明镜周刊”一方涉及的是其言论与出版自由。由于相关报道仅仅是被转化为电子版本而在网络上传播，因此宪法法院认为这与广播电视传播自由（Freiheit der Rundfunkberichterstattung）无关。[⑤]

在权衡言论出版自由与人格权两种基本权利孰重孰轻时，宪法法院认为时间间隔是一个很重要的参考指标。[⑥] 对已经定谳的刑事案件进行报道，虽然会不可避免地使当事人被识别出来，但基于保障公众知情利益，相关报道依然是被允许的。但是随着时间间隔的增加，这种利益会相应递减。[⑦] 另外，纸媒、广播电视等传统媒体传播信息的方式往往是即时的，大众只能在较狭窄的时间段内获取，不久便逐渐遗忘。[⑧] 如今数字化网络的发展使报道的信息能长久留存，并可被所有

---

① Ebd.，Rn. 84. 个人信息自决权保护具有第三人维度，对此参见先前裁判 BVerfGE 65，1，43。

② Ebd.，Rn. 83.

③ Ebd.，Rn. 91.

④ Ebd.，Rn. 92.

⑤ Ebd.，Rn. 93 ff.

⑥ Ebd.，Rn. 98.

⑦ Ebd.，Rn. 102.

⑧ Ebd.，Rn. 102.

人直接获取。在今天相关信息可以被完全不认识的第三人利用，甚至被断章取义并和其他信息编织在一起，用以对他人人格进行描绘。[①]

一般人格权的内容包括个人可以对自身的信念与行为继续发展或进行改变。[②] 法律应当允许，个人无害合理地行使上述自由，有机会告别曾犯下的过错。因此一个人过去的种种立场、表现和行为不应当无节制地被呈现在公众面前，只有有可能告别过去，才可以重新来过，这也是自由权的时间性表现。这种人格自由的时间维度保障也被部分地称为“被遗忘权”(Recht auf Vergessen)。[③] 但与此同时宪法法院也强调，一般人格权中推导出的并不是一种可以由个人完全掌控的“被遗忘权”，对信息的性质的评价与处分，并不是完全由个人单方决定的，因此不能要求基于一般人格权保障而在网络上删去之前与个人相关的所有信息。[④]

如果要求媒体匿名报道，那么无疑极大地限制了其出版自由，也限制了公众的知情可能。[⑤] 保障出版自由，对公众获取所需信息从而推进教育研究，以及对维护民主公共讨论，都具有重要意义。[⑥] 因此原则上，杂志社可以将最初合法的公开报道放置于网络文档中，但必须考虑放置时的时间节点对当事人人格的意义，要综合考量相关报道的影响、内容以及对当事人私人生活及人格展开的可能损害等要素。[⑦] 另外也要考虑到，在具体个案中有关信息在网络上的传播产生了哪些新的联结内涵。并且当事人的负担也和相关信息的传播广度有关，需要考察通过网络搜索机制相关信息被传播了多广。基于此出版方要与时俱进地考虑，是否在转化成网络文档的同时配置一定的保护措施，以免侵害当事人的一般人格权。[⑧] 根据上述的在衡量私主体间基

---

① Ebd.,Rn. 103.

② Ebd.,Rn. 105.

③ Ebd.,Rn. 106.

④ Ebd.,Rn. 107.

⑤ Ebd.,Rn. 108 f.

⑥ Ebd.,Rn. 111 f. 保障言论出版自由所具有的重要社会意义，参见先前裁判 BVerfGE 119,309,326。

⑦ Ebd.,Rn. 114 ff.

⑧ Ebd.,Rn. 117 ff.

本权利冲突时国家公权力应考虑的要点,联邦宪法法院认为联邦最高法院的判决与宪法的要求不一致,侵犯了诉愿人的一般人格权,故裁定撤销该裁判并将案件发回联邦最高法院。

3. 小结

通过上述分析不难发现,“被遗忘权”同样是宪法上一般人格权的具体表现形式,属于一种“是否可自由决定如何彰表人格”这一维度上的权利。因此,在“被遗忘权一案”中,为了对这一问题进行透彻的阐述,联邦宪法法院在说理中大量援引了过往裁判,一方面是为了说明何为彰表性权利以及“被遗忘权”的一般人格权归属,另一方面厘清了彰表性权利与个人信息自决权等其他一般人格权表现形式的区别。这些都为确定诉愿人的基本权利保护范围、审查相关限制是否合宪起到了积极的作用,使得相关论证充分、坚实。如是,联邦宪法法院的在先裁判,无论是裁判结论还是说理,都在事实上为后续裁判提供了切实的智识供给。

此外,关于具体人格权条款和一般人格权条款结合适用方面,联邦最高法院认为,具体人格权条款仅是通过明确的制定法规定而置于特别保护之下的一般人格权的片段,致力于保护《德国基本法》第 1 条第 1 款“人的尊严”和第 2 条第 1 款“人格自由发展”所确立的基本价值判断出来的具有特别意义的人格领域。在杰奎琳(Petite Jacqueline)案中,德国联邦最高法院明确指出:“著作人格权也是一般人格权的一个片段和一种特别表现形式。于此场合可以毫无顾虑地按照之前的法律规定,当存在严重侵害著作人格权的情形时,依据在一般人格权和肖像权中发展出来的原则承认对精神损害的赔偿。”[①]简言之,德国联邦法院在此的观点显示出了对具体人格权条款的效力的补充并非通过援引基本法的价值判断,而是通过结合一般人格权来完成。因此,侵害具体人格权的同时就是对一般人格权的侵害。[②]

(二)刑法判例

参与静坐示威和阻塞道路的民主活动是否属于《德国刑法典》第

① NJW 1971,885. Petite Jacqueline.

② 朱晓峰:《论一般人格权条款与具体人格权条款的规范适用关系》,载《比较法研究》2021 年第 3 期。

240 条规定的可罚的妨碍(Nötigung),沃尔特(Wolter)将关于这一问题的主要观点分为六类:①

第一种,也是目前最为主流的观点是将阻碍交通者的行为视作使用身体武力(Körperliche Gewaltsanwendung),参见"Läplle - Urteil"(BGHSt 23,46)对于"phychische Gewaltanwendung"的界定,并认同该行为具有可罚性(Strafbarkeit)。②

第二种观点在结果上仍然坚持认为该类行为触及了刑法。但是它放松了在物理上使用武力方面的行为自由与强制行为应受谴责性之间的关联。它虽然违背了基本权利,但并不具有可谴责性。其可谴责性(Verwerflichkeit)只有通过一个刑法自身的评价才能得以确定。而在此当然要使用一种严格的标准。

第三种观点在广义上持一种认为行为有罪,但可以或应当免于处罚的观点(Straflosigkeit)。主要是出于对法益进行平衡的考虑。

第四种观点不再接受使用身体武力这一观点,而是将其看作一种威胁。

第五种观点则不认为此类案件应当适用《德国刑法典》第 240 条的强制罪,理由是无论是从身体武力抑或是威胁的选择性构成要件来看,静坐行为都没有满足犯罪构成。

第六种观点涉及《德国基本法》第 103 条的确定性诫命。③

沃尔特在对上述争论进行梳理后认为,真正存在深刻分歧的争点往往并非于刑法学说,而是在刑事审判中。刑事追诉中存在大量不一致的个案,典型的例子如《德国刑法典》第 17 条"禁止的错误"的认定。④ 在面对刑事审判中大量的法律认识不一致时,就出现了一个至关重要的问题:应当由谁来解决当前的不一致问题。这背后反映的实

---

① Vgl. Lothar Kuhlen, Die Abweichung einer Entscheidung von einer anderen und die Betrachtung des Einzelfalles, JA 1986, Heft12, S. 589.

② Vgl. Lothar Kuhlen, Die Abweichung einer Entscheidung von einer anderen und die Betrachtung des Einzelfalles, JA 1986, Heft12, S. 589.

③ Vgl. Jügen Wolter, Verfassungskonforme Restriktion und Reform des Nötigungstatbestandes, NStZ 1986, S. 241ff.

④ 《德国刑法典》第 17 条:如果行为人在行为时缺乏实行不法的认识,如果他不能避免这种错误,他就是无责任地行动的。如果能够避免这种错误,则适用第 49 条的轻罪。

际上是一个深层次的政治观点的分野，而可能具有这种主体资格和能力的只有三种机构：高级法院的刑庭、联邦宪法法院或者立法者。①

立法者和联邦宪法法院的工作程序和性质决定了其在解决法律分歧问题方面的滞后性。因此首先需要对不同法律见解给予答复的就是高级别的刑事审判机构，特别是联邦最高法院。因此，科隆州高等法院在 1985 年发布的草案决议（vorlagebeschluss）和联邦最高法院第二刑事法庭在 1986 年据此做出的判决，对于回答这一问题具有重要意义。

1. 案件概况

科隆州高等法院在一项程序中对检察机关的上诉做出了判决。被告在 1983 年"自由周"活动中参加了一个没有登记的静坐活动（Sitzblockade）。所涉路段本应被德国联邦国防车辆封锁，作为"发射区域"（Abschussbereich），在其中布置防空导弹营。被告，也即静坐的参与者意图使汽车调转方向，但是该行为本身并没有提前做认真筹划。他们的意图是使飞机暂缓起飞。在发生这一行为时，恰值联邦国防军的车队想要通过此路段。此次封锁路段导致车队延迟了一个半小时才通过。

2. 说理及裁判

劳动法院以《德国刑法典》第 240 条强制罪（Nötigung）为由对被告处以金钱罚。上诉时州法院（Landgericht）认为被告的行为构成使用武力（phychische Gewaltsanwendung），然而并不能被视作具有第 240 条的"可责性"要件（verwerflich），因而州法院对其予以开释，裁判其由于违规（Ordnungswidrigkeit）而触犯了 VersG 第 29 条第 1 款第 1 项。针对这一无罪释放的判决，检察机关提起了上诉。科隆州高等法院驳回上诉，因为该行为并不符合《德国刑法典》第 240 条的要件。高级法院接受了州法院的这一观点，并且反对认为使用武力进行有意识的道路封锁，必然构成《德国刑法典》第 240 条第 2 款规定的"可责性"这一观点。并且提出，在判断这类案件中的"可责性"时总是需要将其

① Vgl. Lothar Kuhlen, Die Abweichung einer Entscheidung von einer anderen und die Betrachtung des Einzelfalles, JA 1986, Heft12, S. 590.

与行为所追求的远期目标(Fernziel)相联系和比较。[①]

在《德国刑法典》第240条第2款中规定该行为须有非法的目的,这意味着如果是为了维系法治国,则应当做出有利于被告的解释。[②]即如果其目的在于实现法治国家的宗旨和目的,行为就不具有可责性。这一基本原则与州法院(Landesgericht)开释被告所持有的观点相一致。

州法院在科隆法院的综述中详述了作出该判决的10条原因,包括:静坐示威者所提出的问题涉及公众的生命,该价值具有更高的社会意义;静坐的直接诉求是拒绝原子能扩张,且参与的公众数量庞大;其行为的目的并不在于谋求私利,并且行为人甘愿承受个人和职业中的可能不利后果;造成阻碍的强度只是相对的,尽管参与者多达26人,但也只是阻碍车队延迟了仅仅一个半小时;这些司机只是暂时被阻止;这些机动车的司机本身对于原子能扩张问题没有决策权,因此并不是示威的接受者,但另一方面,就如同马路上的任何一个公民,其谈话对象和在火箭发射地的行为与当前问题是直接相关的;被告本可以同时阻碍人行横档,但却并未如此选择,同时,救护车和警车也未被阻碍,[③]等等。

按照对《德国刑法典》第240条的文义解释,科隆州高等法院应有较为充分的驳回起诉理由。然而,在刑法的规定之外,联邦最高法院在1969年作出的先前判决BGHSt 23,46却因存在法律理解的不同,而构成了裁判的阻碍。联邦最高法院在该判决提出,"一个以阻碍交通为目的的静坐示威总是违反§240StGB第二款的"。[④] 这一观点在联邦最高法院在作出后始终未曾背离[尽管其在BGHSt32,165(185)(Startbahn West)"西跑道案"中公开表态过其是否适用该情景]。如果科隆州高等法院遵从这一判例,则应当支持检察机关的上诉;而如果审判庭有意驳回上诉则构成了对BGHSt 23,46案实际上的背离。

因为发现法律适用的分歧,科隆州高等法院根据《德国法院组织

---

① OLG Köln NStZ 1986,30(31).
② OLG Köln NStZ 1986,30(32).
③ OLG Köln NStZ 1986,30(32).
④ OLG Köln NStZ 1986,30(33).

法》第 121 条第 2 款将分歧提交至联邦最高法院。联邦最高法院第二刑庭将案件发回高等法院，理由是该提交缺少对事实问题的判决，"两个案件的动机、所追求的目标、行为以及范围都不同"。因此审判庭没有对该案中的游行追求的"远期目标"是否与《德国刑法典》第 240 条第 2 款相关发表看法。[①]

3. 小结

联邦最高法院的裁决牵涉到了提交的基本问题。可以将《德国法院组织法》第 121 条第 2 款和第 136 条的规定简要地描述为"衡平程序"（Ausgleichsverfahren）[②]，"衡平程序"有助于法律解释的一致性。正如联邦最高法院大审判庭在刑事案件中表现出来的，保证法律解释的一致性是"初级法庭最重要的任务"。[③]

由于联邦最高法院认为科隆州高等法院对案件分歧的提交并没有满足提交的前提，因而联邦最高法院不能对事实进行判决。德国学术界对此有所质疑，提出联邦最高法院对于提交前提的否定理由是否充分等讨论。

（三）民法案例

1. 缔约过失责任

缔约过失学说是鲁道夫·冯·耶林在 1861 年发展起来的，在现代理论中，缔约过失责任被普遍化为下述规则：对于当事人而言，开始合同磋商即已经设定增强的注意义务，即已经设定特别结合关系。在因过失而违反这种义务时，当事人负损害赔偿责任。[④] 然而被纳入这些规则之下的案件情形却各不相同。大体可以分为以下几种类型。

第一种是身体及所有权损害。其特征在于参与合同磋商的乙方当事人因相对人的过错使自己的身体或所有权受到侵害。如帝国最高法院 1911 年 12 月 7 日作出的"地毯案"（RGZ 78，239）。案件中商

---

① BGH StV 1986，297（298f. Unter 4）.

② Ernst－Walter Hanack，Der Ausgleich divergierender Entscheidungen in der oberen Gerichtsbarkeit，1962，S. 64.

③ BGHSt 10，94（96）.

④ 参见［德］迪特尔·梅迪库斯：《德国债法总论》，杜景林、卢谌译，法律出版社 2004 年版，第 95 页。

场职员铺放地毯不熟练使顾客受到伤害，具体案情如下：

《帝国最高法院民事裁判汇编》记载，原告到被告店里购买地毯，被告销售助理 w 在取货供原告选择时，整卷地毯滚落，撞倒了原告及其孩子，未能达成交易。上诉法院认为原告是因为 w 的过错而遭受损害，过错情形包括对地毯卷轴的安放不妥，应该预见到原告可能处于危险之中。根据《德国民法典》第 289 条规定，债务人为第三人担负责任（属于债的责任），因此被告所在公司应为 w 的过错负责。原因在于，w 受被告公司雇用，与原告进行交易磋商。w 应原告的请求取地毯让原告查看和选择购买，目的是进行交易，属于为交易准备的法律关系，类似于合同。被告所在公司正是利用 w 的服务来完成上述照顾义务，因此应为 w 的过错负责。与之不同，如果根据《德国民法典》第 831 条规定，为事务辅助人而担负责任（属于侵权责任），要求店主承担责任，那么店主将有可能将责任推脱给店员。这有违一般的正义感。本案的重要法律意义在于：第一次试图将合同性救济扩展适用到合同订立前的磋商阶段，也即产生了缔约过失责任。法官没有适用侵权责任，而是将当事人的关系确立为准合同性权利义务关系。在说明为何抛弃《德国民法典》第 831 条而选择第 289 条时，法官的理由是“一般正义感”。[①]

在帝国最高法院作出该判决后，联邦最高法院进一步作出相关判决：一名未成年女童陪伴母亲去自助商场购物，并在商场因蔬菜叶而滑倒。[②] 本案对缔约过失责任的发展在于：尽管未成年女孩自身并无订约意向，但其仍然享有损害赔偿请求权。理由是给其他人创设危险的人，应当附有特别的注意义务。虽然擅自在他人危险范围内逗留的人（譬如进商场行窃的小偷），不受缔约过失责任的保护。但是对于无具体买卖意图，或者仅为暖和身子而进入商场的人而言[③]，仍然适用缔约过失责任，因为百货商场的装潢也在实现与这些人的沟通，并可能

① RGZ 78，239. 译文参照［德］迪特尔·梅迪库斯：《请求权基础》，陈卫佐等译，法律出版社 2012 年版，第 4 页。

② BGHZ 66，51.

③ BGHZ 66，51（55）.

在以后引起买卖行为。[①]

第二种是财产损害。如果一方当事人支出了费用,而此种费用因合同磋商失败或者因合同无效而失去意义所造成的财产损害;或者一方当事人由于信赖合同磋商会取得成功而没有订立其他能够带来利益的合同等。[②] 缔约过失责任在德国民法的发展主要依赖于司法裁判对于不同情况的梳理和界定,从而构成了如今的缔约过失责任理论。

2. 违反善良风俗

根据《德国民法典》第 138 条第 1 句,违反善良风俗的法律行为无效。然而,善良风俗这一表述是一个需要进行价值填补的概念。[③] 根据其发展历程和联邦最高法院的司法判决,善良风俗所包含的内容应根据"所有有公平正义思想的人的体面感"进行判断。[④] 经常被采用的判断方式是通过利益衡量进行无价值判断,从法律行为的内容、动机和目的中整体判断法律行为是否与基本价值不相符。[⑤]

而在主观构成要件方面,持续性判例对该条款的适用作出了进一步细化:比如行为人必须知悉违反善良风俗的实施情况,但对于该行为是否违反善良风俗则不需要有主观上的认识。[⑥]

此外,违反诚实信用义务的权利行使是无效的。《德国民法典》第 242 条规定了债务人的给付方式。然而,司法和学界通过判例发展出了一般性的法律思想:行使权利同样受诚实信用原则的限制。[⑦] 此处的诚实信用也需要价值填补。根据相关判例,可以对反复出现的同类利益进行评价:若权利人与其之前的行为相矛盾,则权利形势不被允许(禁止反言);如果权利人长时间未主张权利,且现在主张基于特殊

---

① 参见[德]迪特尔·梅迪库斯:《德国债法总论》,杜景林、卢谌译,法律出版社 2004 年版,第 97 页。

② NJW 1997,947.

③ 参见[德]汉斯·布洛克斯、沃尔夫·迪特里希·瓦尔克:《德国民法总论》,张艳、杨大可译,中国人民大学出版社 2012 年版,第 212 页。

④ BGH NJW 2004,2669(2670); BGHZ 52,20; RGZ 48,124.

⑤ NJW 2008,982(983); NJW 2008,2026(2027).

⑥ Ständige Rechtsprechung,z. B. BGH NJW 2005,2991(2992).

⑦ 参见[德]汉斯·布洛克斯、沃尔夫·迪特里希·瓦尔克:《德国民法总论》,张艳、杨大可译,中国人民大学出版社 2012 年版,第 407 页。

情况对相对人而言是不合理的，那么该权利失效。[①]

（四）其他

1. 行政法与行政诉讼法中判例的作用

判例在行政法中的作用方式主要有两个方面，一是忽视最高法院的判决，需要承担官方责任[②]；二是在《行政程序法》（Verwaltungsverfahrensrecht）中判例对重新审议（Wiederaufgreifen）程序具有一定影响。《行政程序法》第 51 条第 1 款规定了有关机关可以依据相对人的申请对易生效的行政行为进行重新审议。根据《行政程序法》第 1 款第 1 项的规定"如果做出行政行为所依据的事实和法律状况，事后发生了有利于当事人的改变"，则满足重新审议行政行为的条件。但如果所谓的法律状况的改变，并非正式的法律变更，而是在司法判决中对法律规定所做解释的改变，是否属于上述情况尚存争议。[③]

2. 刑法总则中判例的作用

在过失结果犯的判定中，确定过失行为是否存在不法性，需要判断构成要件：结果构成（Erfolgsverursachung）、违反客观上所要求的谨慎义务（Verletzung der objektiven sorgfaltspflicht）和由于举止的缺陷所造成的结果（Erfolg），以及根据谨慎规范所指向的保护目的在客观上具有有责性（objektive Zurechenbarkeit）。[④] 而在审查是否存在举止缺陷，及审查构成要件的结果是否在客观上可以预见，在具体的交通肇事案件中行为人对于交通时所要求的谨慎是否给予足够重视。而在具体的司法实践中，关于行为人应当采取何种程度的谨慎，道路交通领域的一系列司法判决发展出了一个基本原则，即信赖原则（Vertrauensgrundsatz）[⑤]，其对谨慎义务的划定提供了参考。该原则提出：

---

① NJW 2001，824.

② Mehrdad Payandeh，Judikative Rechtserzeugung. Theorie，Dogmatik und Methodik der Wirkungen von Präjudizien，2017，S. 340.

③ Mehrdad Payandeh，Judikative Rechtserzeugung. Theorie，Dogmatik und Methodik der Wirkungen von Präjudizien，2017，S. 347ff.

④ 参见［德］约翰内斯·韦塞尔斯：《德国刑法总论》，李昌珂译，法律出版社 2008 年版，第 392 页。

⑤ 参见［德］约翰内斯·韦塞尔斯：《德国刑法总论》，李昌珂译，法律出版社 2008 年版，第 395 页。

通常而言，某人自己保持了所要求的谨慎，那么他可以从他的角度相信其周围人的举止也同样符合谨慎要求；如果存在相反的情况，前提是该情况显然是处于特别种类的理由，且已对此可以做出预计为限。相关判例中的情况如：上幼儿园或者刚满入学年龄的儿童，穿越街道时的缺乏经验和难以把握性。[①] 以及在譬如医疗手术、科学实验、救助行动等分工合作的情况中，都涉及具体的对医院中负责医生的责任范围问题的判例[②]；以及对外科大夫和麻醉师之间的责任划分[③]判例。

3. 刑事诉讼法中判例的作用

刑事诉讼法中的一个经典问题：检察官是否，以及在多大程度上受最高法院判例或本州高等法院判例的约束。[④] 这一问题的要点在于检察机关在权力理论中并没有一个十分确切的归属：往往被视为介于行政和司法这两者之间。[⑤] 反对者主要援引《德国法院组织法》第150条关于检察院独立于法院的规定，检察院有追寻真相和正义之义务，这就要求其必须做出独立的法律见解。[⑥] 而支持检察官受到法院判例约束者则认为：如果检察院没有服从法院判例约束的义务，那么法律适用的一致性和法律面前的平等性将无从谈起。[⑦] 在附带意见层面，联邦最高法院迄今为止只在1960年的一个判决中明确采纳了相关意见。[⑧]

---

① BGHSt 7,118; 12,81; 13,169.

② BGHSt 88,251.

③ BGHSt 80,649.

④ Mehrdad Payandeh, Judikative Rechtserzeugung. Theorie, Dogmatik und Methodik der Wirkungen von Präjudizien, 2017, S. 351.

⑤ Claus Roxin und Bernd Schünemann, Strafverfahrensrecht, 28. Aufl., 2014, § 9 Rdnr. 10.

⑥ Claus Roxin und Bernd Schünemann, Strafverfahrensrecht, 28. Aufl., 2014, § 9 Rdnr. 14.

⑦ Werner Beulke, Strafprozessrecht, 13. Aufl., 2016, Rdn. 90.

⑧ BGHSt 15,155.

参考文献

一、中文文献

[古希腊]亚里士多德:《尼各马可伦理学》,廖申白译,商务印书馆2003年版。

[奥]凯尔森:《法与国家的一般理论》,沈宗灵译,中国大百科全书出版社1996年版。

[德]罗伯特·阿列克西:《法概念与法效力》,王鹏翔译,台北,五南图书出版股份有限公司2013年版。

[德]罗伯特·阿列克西:《法律论证理论》,舒国滢译,商务印书馆2020年版。

[德]罗伯特·阿列克西、拉尔夫·德莱尔:《德国法中的判例》,高尚译,载《中国应用法学》2018年第2期。

[德]汉斯·布洛克斯、沃尔夫·迪特里希·瓦尔克:《德国民法总论》,张艳、杨大可译,中国人民大学出版社2012年版。

[德]卡尔·恩吉施:《法律思维导论》(修订版),郑永流译,法律出版社2014年版。

[德]亚图·考夫曼:《类推与〈事物本质〉——兼论类型理论》,吴从周译,台北,学林文化事业有限公司1999年版。

[德]阿图尔·考夫曼:《法律哲学》(第2版),刘幸义等译,法律出版社2011年版。

[德]阿图尔·考夫曼:《法律获取的程序——一种理性分析》,雷磊译,中国政法大学出版社 2015 年版。

[德]卡尔·拉伦茨:《德国民法通论(上册)》,王晓晔、邵建东等译,法律出版社 2003 年版。

[德]卡尔·拉伦茨:《法学方法论》(第 6 版),黄家镇译,商务印书馆 2020 年版。

[德]迪特尔·梅迪库斯:《德国债法总论》,杜景林、卢谌译,法律出版社 2004 年版。

[德]迪特尔·梅迪库斯:《请求权基础》,陈卫佐等译,法律出版社 2012 年版。

[德]J. H. 冯·基尔希曼:《作为科学的法学的无价值性——在柏林法学会的演讲》,赵阳译,载《比较法研究》2004 年第 1 期。

[德]斯特凡·科里奥特:《对法律的合宪性解释:正当的解释规则抑或对立法者的不当监护?》,田伟译,载《华东政法大学学报》2016 年第 3 期。

[德]F. 门策尔:《司法审判公开与德国当代判例数据库》,载田建设整理:《法律文献信息与研究》2009 年第 4 期。

[德]古斯塔夫·拉德布鲁赫:《法律的不法与超法律的法》,舒国滢译,载雷磊编:《拉德布鲁赫公式》,中国政法大学出版社 2015 年版。

[德]托马斯·莱塞尔:《法社会学基本问题》,王亚飞译,法律出版社 2014 年版。

[德]罗森贝克、[德]施瓦布、[德]戈特瓦尔德:《德国民事诉讼法》(下),李大雪译,中国法制出版社 2007 年版。

[德]克劳斯·罗可辛:《德国最高法院判例:刑法总论》,何庆仁、蔡桂生译,中国人民大学出版社 2012 年版。

[德]克劳斯·施莱希、[德]斯特凡·科里奥特:《德国联邦宪法法院:地位、程序与裁判》,刘飞译,法律出版社 2007 年版。

[德]卡尔·施密特:《法律与判决》,韩毅译,载吴彦主编:《魏玛国家学》(法哲学与政治哲学评论第 6 辑),商务印书馆 2021 年版。

[德]迪特尔·施瓦布:《民法导论》,郑冲译,法律出版社 2006 年版。

[德]克理斯提安·史塔克:《法的起源》,李建良等译,台北,元照出版有限公司2011年版。

[德]马克斯·韦伯:《经济与社会》(第2卷)(上册),阎克文译,上海人民出版社2010年版。

[德]约翰内斯·韦塞尔斯:《德国刑法总论》,李昌珂译,法律出版社2008年版。

[德]莱因哈特·齐默曼:《德国新债法:历史与比较的视角》,韩光明译,法律出版社2012年版。

[德]齐佩利乌斯:《法学方法论》,金振豹译,法律出版社2009年版。

[美]T. M. 本迪特:《论先例规则》,高鸿钧译,载《环球法律评论》1991年第3期。

[美]杰弗里·布兰德:《法治的界限:越法裁判的伦理》,娄曲亢译,中国人民大学出版社2016年版。

[美]罗纳德·德沃金:《法律帝国》,李冠宜译,时英出版社2002年版。

[美]富勒:《法律的道德性》,郑戈译,商务印书馆2005年版。

[美]琳达·格林豪斯:《美国最高法院通识读本》,何帆译,译林出版社2013年版。

[美]卢埃林:《荆棘丛》,明辉译,北京大学出版社2017年版。

[美]弗里德里克·肖尔:《像法律人那样思考》,雷磊译,中国法制出版社2016年版。

[英]鲁伯特·克罗斯、J. W. 哈里斯:《英国法中的先例》(第4版),苗文龙译,北京大学出版社2011年版。

[英]约瑟夫·拉兹:《法律的权威:法律与道德论文集》,朱峰译,法律出版社2005年版。

卜元石:《德国法律评注文化的特点与成因》,载卜元石:《德国法学与当代中国》,北京大学出版社2021年版。

蔡桂生:《德国判例编纂及其公开化实践》,载《检察日报》2018年12月13日,第3版。

陈林林:《裁判的进路与方法——司法论证理论导论》,中国政法大学出版社 2007 年版。

陈兴良主编:《中国案例指导制度研究》,北京大学出版社 2014 年版。

邓矜婷:《确定先例规则的理论及其对适用指导性案例的启示——基于对美国相关学说的分析》,载《法商研究》2015 年第 3 期。

范剑虹:《德国法研究导论》,中国法制出版社 2013 年版。

高尚:《德国判例使用方法研究》,法律出版社 2019 年版。

高尚:《德国判例的结构特征与制作技术研究——以〈新法学周刊〉为研究对象》,载陈金钊、谢晖主编:《法律方法》(第 17 卷),山东人民出版社 2015 年版。

顾俊礼:《德国政府与政治》,新北,扬智文化事业股份有限公司 2002 年版。

郭成伟主编:《外国司法制度概要》,江苏人民出版社 2001 年版。

何家弘主编:《外国司法判例制度》,中国法制出版社 2014 年版。

何勤华主编:《德国法律发达史》,法律出版社 2000 年版。

黄舒芃:《宪法解释的"法适用"性格:从德国公法上法学方法论传统对"法适用"与"法制订"的区分探讨联邦宪法法院解释活动的本质》,载《政大法学评论》2004 年第 81 期。

雷磊:《法律方法、法的安定性与法治》,载《法学家》2015 年第 4 期。

雷磊:《习惯作为法源?——以〈民法总则〉第 10 条为出发点》,载《环球法律评论》2019 年第 4 期。

刘风景:《判例的法理》,法律出版社 2009 年版。

刘树德、孙海波主编:《类案检索实用指南》,北京大学出版社 2021 年版。

卢佩:《司法如何统一?——以德国联邦最高法院判例为实证分析对象》,载《当代法学》2014 年第 6 期。

邵建东编著:《德国法学教育的改革与律师职业》,中国政法大学出版社 2004 年版。

邵建东编著:《德国民法总则编典型判例 17 则评析》,南京大学出版社 2005 年版。

邵建东主编:《德国司法制度》,厦门大学出版社 2010 年版。

沈有忠:《德国再起》,新学林出版股份有限公司 2018 年版。

宋晓:《判例生成与中国案例指导制度》,载《法学研究》2011 年第 4 期。

孙海波:《破解类比推理难题:成因、类别和方法》,载《甘肃政法学院学报》2013 年第 6 期。

孙跃:《德国法官如何援引司法判例——基于民事判例的考察》,载《私法》2018 年第 2 期。

唐应茂:《司法公开及其决定因素:基于中国裁判文书网的数据分析》,载《清华法学》2018 年第 4 期。

卫星、晏筠:《创制中国"判例法"的途径——兼谈中国立法建设面临的主要任务》,载《政法论坛》1996 年第 4 期。

王公义主编:《中外司法体制比较研究》,法律出版社 2013 年版。

王夏昊:《判例在法律适用中的意义与作用》,载《中国政法大学学报》2008 年第 2 期。

吴从周:《法源理论与诉讼经济》,台北,元照出版有限公司 2013 年版。

肖扬主编:《当代司法体制》,中国政法大学出版社 1998 年版。

谢晖:《经验哲学之兴衰与中国判例法的命运》,载《法律科学》2000 年第 4 期。

徐久生、庄敬华译:《德国刑法典》,中国方正出版社 2004 年版。

杨力:《基于利益衡量的裁判规制之形成》,载《法商研究》2012 年第 1 期。

张鹏飞:《简述德国司法制度》,载《中国司法》2004 年第 2 期。

张骐等:《中国司法先例与案例指导制度研究》,北京大学出版社 2016 年版。

张骐:《判例法的比较研究——兼论中国建立判例法的意义、制度基础与操作》,载《比较法研究》2002 年第 4 期。

张骐:《建立中国先例制度的意义与路径:兼答〈"判例法"质疑〉——一个比较法的视角》,载《法制与社会发展》2004 年第 6 期。

张骐:《论类似案件的判断》,载《中外法学》2014 年第 2 期。

张骐:《论类似案件应当类似审判》,载《环球法律评论》2014 年第 3 期。

张倩:《自成一体的德国判例制度》,载《人民法院报》2016 年 2 月 26 日,第 8 版。

张涛:《德国民事判例制度考察——兼论我国民事判例制度的建设》,中国政法大学 2008 年硕士学位论文。

周翠:《民事指导性案例:质与量的考察》,载《清华法学》2016 年第 4 期。

朱晓峰:《论一般人格权条款与具体人格权条款的规范适用关系》,载《比较法研究》2021 年第 3 期。

朱晓哲、冯洁语:《产品自损、纯粹经济损失与侵权责任——以最高人民法院(2013)民申字第 908 号民事裁定书为切入点》,载《交大法学》2016 年第 1 期。

《中国司法行政年鉴》编辑委员会编:《中国司法行政年鉴 1995》,法律出版社 1996 年版。

《中国司法行政年鉴》编辑委员会编:《中国司法行政年鉴 2003》,法律出版社 2004 年版。

《中国司法行政年鉴》编辑委员会编:《中国司法行政年鉴 2004》,法律出版社 2005 年版。

最高人民法院课题组:《关于德国判例考察情况的报告》,载《人民司法》2006 年第 7 期。

二、外文文献

Albers, Marion, Höchstrichterliche Rechtsfindung und Auslegung gerichtlicher Entscheidung, VVDStRL 71 (2012).

Alexy Robert & Dreier Ralf, *Precedent in the Federal Republic of Germany*, in D. Neil MacCormick & Robert S. Summers eds., Interpreting Precedents: A Comparative Study, Aldershot: Ashgate/Dartmouth, 1997.

Badura, Peter, *Staatsrecht*, 7. Aufl., 2018.

Bakker, Rainer, Grenzen der Richtermacht: die Kollegialkontrolle im

Großen Senat des BAG, Konstanz: Hartung-Gorre, 1994.

Barak, Aharon, *The Judge in a Democracy*, Princeton: Princeton University Press, 2006.

Bauer, Fritz, der Gedanke der "Einheitlichkeit der Rechtsprechung im geltenden Prozessrecht", JZ 1953.

Baumgarten, Arthur, Die Wissenschaft vom Recht und ihre Methode (Bd. 2-3): Kasuistik und zusammenfassende Darstellung, 1922.

Bethge, Herbert, Zur Problematik von Grundrechtskollisionen, 1977.

Beulke, Werner, Strafprozessrecht, 13. Aufl., 2016.

Böckenförde, Ernst-Wolfgang, Die Methoden der Verfassungsinterpretation: Bestandsaufnahme und Kritik, NJW 1976.

Brockhaus, Alpmann, Studienlexikon RECHT, 3. Auflage, 2004.

Brox, Hans, Zur Zulässigkeit der erneuten Überprüfung einer Norm durch das Bundesverfassungsgericht, in: Menschenwürde und freiheitliche Rechtsordnung. FS für Willi Geiger zum 65. Geburtstag, 1974.

Bryde, Brun-Otto, Vom richtigen Umgang mit Richterrecht, in: Jahrbuch des Öffentlichen Rechts der Gegenwart, Neue Folge/ Band 68, 2020.

Bydlinski, Franz, Juristische Methodenlehre und Rechtsbegriff, Wien: Springer, 1991.

——, Grundzüge der Juristischen Methodenlehre, 2. Aufl., Wien: Deutike, 2012.

——, Hauptpositionen zum Richterrecht, JZ 40 (1985).

Burmeister, Joachim, Vorlagen an das Bundesverfassungsgericht nach Art. 100 Ⅲ GG, in: Christian Starck und Klaus Stern (Hrsg.), *Landesverfassungsgerichtsbarkeit*, Teilband 2, 1983.

Calvi, James & Coleman, Susan, American Law and Legal Systems, Beijing: Higher Education Press 2002.

Coing, Helmut, Zur Ermittlung von Sätzen des Richterrechts, *JuS* 1975.

Detterbeck, Steffen, *Streitgegenstand und Entscheidungswirkungen im Öffentlichen Recht*, 1995.

Dubs, Hans, Praxisänderungen: eine methodologische Untersuchung über die Stellung des Richters zum eigenen Präjudiz auf Grund von Entscheidungen des schweizerischen Bundesgerichts, 1949.

Duxbury, Neil, *The Nature and Authority of Precedent*, Cambridge: Cambridge University Press, 2008.

Effer-Uhe, Daniel, Die Bindungswirkung von Präjudizien-Eine Untersuchung aus dem Blickwinkel von Prinzipientheorie und Fuzzy-Logik, 2008.

——, Präjudizienbindung, Rechtssicherheit und Vertrauenschutz, in: Jahrbuch des Öffentlichen Rechts der Gegenwart, Neue Folge/ Band 68, 2020.

Ehrlich, Eugen, Die Tatsachen des Gewohnheitsrechts, in ders., Gesetz und lebendes Recht, hrsg. v. Manfred Rehbinder, 1986.

Esser, Joseph, Grundsatz und Norm in der richterlichen Fortbildung des Privtasrecht, 4. Augl., 1990.

Fikentscher, Wolfgang, Methoden des Rechts IV, 1977.

——, Eine Theorie der Fallnorm als Grundlage von Kodex-und Fallrecht, Zeitschrift für Europarecht, Internationales Privatrecht und Rechtsvergleichung, 1980.

Flemming, Alfred, Aus der Gründungsgeschichte der NJW, NJW 1987.

Franklin, Otto, Das Reichshofgericht im Mittelalter, 2. Band, 3. Buch, 1869.

Gehrke, Heinrich, Die privatrechtliche Entscheidungsliteratur Deutschlands. Charakteristik und Bibliografie der Rechtsprechungs-und Konsiliersammlung vom 16. bis zum Beginn des 19. Jahrhunderts, in: Jus Communesonderheft 3. 1974.

Germann, Oscar Adolf, Präjudizien als Rechtsquelle, Eine Studie zur den Methoden der Rechtsfindung, 1960.

Gény, François, *Methode d' Interprétation et Sources an Droit Privé Positif*, 2d ed., tranS. by Louisiana State Law Institute, Louisiana State

Law Institute 1963.

Gilles, Peter, Der Prozeß als Mittel zur rechtlichen Konfliktlösung, in: Dieter Grimm (Hrsg.), Einführung in das Recht, 1985.

Grimm, Dieter, Verfassungsgerichtsbarkeit, in: Wolfgang Hoffmann-Riem (Hrsg.), Sozialwissenschaften im Studium des Rechts, 1977.

——, Die Meinungsfreiheit in der Rechtsprechung des Bundesverfassungsgerichts, NJW, 48 (1995).

Hailbronner, Kay & Hummel, Hans-Peter, *Constitutional Law*, in Werner F. Ebke and Matthew W. Finkin eds., Introduction to German Law, The Hague: Kluwer Law International, 1996.

Hanack, Ernst-Walter, Der Ausgleich divergierender Entscheidungen in der oberen Gerichtsbarkeit, 1962.

Hannich, Rolf, Karlsruher Kommentar zur Strafprozessordnung, 6. Aufl., 2008.

Heck, Philip, Grundlagen des Rechts, in: Günther Baußer (Hrsg.), Deutsche Staatsbürgerkunde, Stuttgart: Poeschel, 1922.

Heldrich, Andreas, 50 Jahre Rechtsprechung des BGH - Auf dem Weg zu einem Präjudizienrecht?, *ZRP* 12 (2000).

Hellmuth, Weber, Rechtseinheit und Rechtsprechung, 1929.

Isensee, Josef / Kirchhof, Paul (Hrsg.), *Handbuch des Staatsrechts der Bundesrepublik Deutschland*, Band Ⅱ, 3. Aufl., 2004.

Jähnke, Burkhard (Hrsg.), Strafgesetzbuch Leipziger Kommentar, 13. Aufl., Bd. 7, 2021.

Jung, Erich, Positivismus, Freirechtschule, neue Rechtsquellenlehre, Archiv für die civilistische Praxis 143 (1937).

Kähler, Lorenz, Strukturen und Methoden der Rechtsprechungsänderung, 2. Aufl., 2011.

Kantorowicz, Hermann, Die Rechtswissenschaft-eine kurze Zusammenfassung ihrer Methodologie, in: ders., Rechtswissenschaft und Soziologie, hrsg. v. Thomas Würtenberger, 1962.

Katholonigg, Oskar, Strafgerichtsverfassungsrecht Kommentar, 3.

Aufl. ,1999.

Kelsen, Hans, Hauptprobleme der Staatsrechtslehre: entwickelt aus der Lehre vom Rechtssatze,1923.

Kierulff,Johann Friedrich,Theorie des gemeinen Civilrechts,I. Bd. , 1839.

Kischel,Uwe,Rechtsvergleichung,2015.

Kissel, Otto Rudolf/Mayerr, Herbert, Gerichtsverfassungsgesetz Kommentar,6. Aufl. ,2010.

Klatt,Matthias,Autoritative und diskursive Instrumente des Bundesverfassungsgerichts, in: Oliver Lepsius u. a. (Hrsg.), Jahrbuch des öffentlichen Rechts der Gegenwart (Neue Folge,Bd. 68),2020.

Koch,Ludwig/Kilian, Matthias, Anwaltliches Berufsrecht, München: Verlag C. H. Beck,2007.

Kriele,Martin,Theorie der Rechtsgewinnung,2Aufl. ,1976.

——,Recht und Praktische Vernunft,1979.

Kranenpohl,Uwe,Hinter dem Schleier des Beratungsgeheimnisses, Wiesbaden:VS Verlage für Sozialwissenschaften,2010.

Krüger, Wolfgang/Rauscher, Thomas (Hrsg.), Münchener Kommentar zur Zivilprozessordnung,Bd. 1,4. Aufl. ,2013.

Kuhlen, Lothar, Die verfassungskonforme Auslegung von Strafgesetzen,2006.

——,Die Abweichung einer Entscheidung von einer anderen und die Betrachtung des Einzelfalles,JA 1986,Heft 12.

Langenbucher,Katja,Die Entwicklung und Auslegung von Richterrecht,1996.

Larenz, Karl, Kennzeichen geglückter richterlicher Rechtsfortbildung,1965.

——,Methodenlehre der Rechtswissenschaft,6. Aufl. ,1991.

——,Allgemeiner Teil des Bürgerlichen Rechts,Fortgef. von Manfred Wolf,8. Aufl. ,1997.

——,Über die Bindungswirkung von Präjudizien,in:Festschrift für

Hans Schima:Zum 75 Geburtstag,hrsg. v. Hans Fasching,1969.

Lepsius,Oliver,Die maßstabsetzende Gewalt,in:Matthias Jestaedt u. a. (Hrsg.),Das entgrenzte Gericht:eine kritische Bilanz nach sechzig Jahren Bundesverfassungsgericht,2011.

Lerche,Peter,Grundrechtsverständnis und Normenkontrolle in Deutschland,in:Klaus Vogel (Hrsg.),Grundrechtsverständnis und Normenkontrolle,1979.

Llewellyn,Karl,Präjudizienrecht und Rechtsprechung in Amerika,1933.

Lübbe-Wolff,Gertrude,Rechtsfolgen und Realfolgen,1981.

Luhmann,Niklas,Legitimation durch Verfahren,2. Aufl. 1989.

Lundmark,Thomas,Stare decisis vor dem Bundesverfassungsgericht,Rechtstheorie 28 (1997).

MacCormick,Neil,*Legal Reasoning and Legal Theory*,Oxford:Clarendon Press,1978.

Mangoldt,Hermann von,Das Bonner Grundgesetz:Kommentar,7. Aufl.,2018.

Maultzsch,Felix,Streitentscheidung und Normbildung durch den Zivilprozess,2010.

Maunz,Theodor/Schmidt-Bleibtreu,Bruno/Klein,Franz/Bethge,Herbert(Hrsg.),Bundesverfassungsgerichtsgesetz Kommentar,2020.

Maurer,Hartmut,Kontinuitätsgewähr und Vertrauensschutz,in:Josef Isensee und Paul Kirchhof (Hrsg.),Handbuch des Staatsrechts,Band IV,3. Aufl.,2006.

Meier-Hayoz,Arthur,Der Richter als Gesetzgeber,1951.

Meyer-Ladwig,Jens,Zur Problematik des institutionellen Rechtsdenken im Zivilrecht,ungdr. Hamb. Diss,1959.

——,Justizstaat und Richterrecht:Zur Bindungswirkung richterrechtlicher Institute,Archiv für die civilistische Praxis 161 (1962).

Müller,Friedrich,Normstruktur und Normativität :zum Verhältnis von Recht und Wirklichkeit in der juristischen Hermeneutik,entwickelt an

Fragen der Verfassungsinterpretation, 1966.

——, Richterrecht-Elemente einer Verfassungstheorie Ⅳ, 1986.

——, Richterrecht-rechtstheoretisch formuliert, Richterliche Rechtsfortbildung, Erscheinungsformen, Auftrag und Grenzen, Festschrift der Juristischen Fakulität zur 600-Jahr-Feier der Ruprecht-Karls-Universität Heidelberg, 1986.

Mußgnug, Reinhard, Das allgemeine Verwaltungsrecht zwischen Richterrecht und Gesetzesrecht, in: Richterliche Rechtsfortbildung: Festschrift der Juristischen Fakulität zur 600-Jahr-Feier der Ruprecht-Karls-Universität Heidelberg, 1986.

Nörr, Knut, Zur Bindungswirkung von Entscheidungsgründen: das Beispiel des deutschen Budnesverfassungsgerichts, in: W. Hamilton Bryson and Serge Dauchy (Hrsg.), Ratio decidendi: Guiding Principles of Judicial Decisions, 2006.

Oertmann, Paul, Rechtsordnung und Verkehrssitte, insbesondere nach Bürgerlichem Recht, 1914.

Pawlowski, Hans-Martin, Methodenlehre für Juristen: Theorie der Norm und des Gesetz, 3. Auflage, 1999.

Payandeh, Mehrdad, Judikative Rechtserzeugung: Theorie, Dogmatik und Methodik der Wirkungen von Präjudizien, 2017.

Peczenick, Alexander, *The Biding Force of Precedent*, in Neil MacCormick and Robert Summers ed., Interpreting Precedents: A Comparative Study, Aldershot: Dartmouth, 1997.

Pfeiffer, Gerd (Hrsg.), Karlsruher Kommentar zur Strafprozeßordnung und zum Gerichtsverfassungsgesetz, 2. Aufl., 1987.

Pestalozza, Christian, Verfassungsprozeßrecht, 3. Aufl., 1991.

Pilny, Karin L., Präjudizienrecht im anglo-amerikanischen und im deutschen Recht, 1993.

Probst, Thomas, Die Änderung der Rechtsprechung, 1993.

Puchta, Georg Friedrich, Das Gewohnheitsrecht, Ⅰ/Ⅱ, 1965.

Puppe, Ingeborg, Kleine Schule des juristischen Denkens, 3. Aufl.,

2014.

Reimer, Philipp, Verfahrenstheorie, 2015.

Rennert, Klaus, Die Verfassungswidrigkeit "falscher" Gerichtsentscheidungen, NJW 1991.

Röhl, Klaus F. /Röhl, Hans Christian, Allgemeine Rechtslehre, 3. Auflage, 2008.

Ross, Alf, *On Law and Justice*, Berkeley & Los Angeles: University of California Press, 1959.

Roxin, Claus/Schünemann, Bernd, Strafverfahrensrecht, 28. Aufl., 2014.

Rümelin, Gustav, Gesetz, Rechtsprechung und Volksbestätigung auf dem Gebiet des Privatsrecht, Archiv für civilistische Praxis 122 (1924).

Rupp, Hans Heinrich, Die Bindung des Richters an das Gesetz, NJW 1073.

Rüthers, Bernd, Rechtstheorie, 2005.

——, Die heimliche Revolution von Rechtsstaat zum Richterrecht, 2014.

Sachs, Michael, Die Bindung des Bundesverfassungsgerichts an seine Entscheidungen, 1977.

Sader, Manfred, Die Psychologie der Gruppe, 2. Aufl., Weinheim [u. a.]: Juventa-Verlage, 1991.

Salmond, John, *The Theory of Judicial Precedents*, The Law Quarterly Review 64 (1900).

Savigny, Friedrich Carl von, System des heutigen römischen Rechts, 1. Band, 1840.

Schlaich, Klaus / Korioth, Stefan, Das Bundesverfassungsgericht, 11. Aufl., 2018.

Schmidt, Eb., Rechtsauffassung der Staatsanwaltschaft und Legalitätprinzip, MDR 1961.

Schmidt, Reimer, Die Obliegenheit: Studien auf dem Gebiet des Rechtszwanges im Zivilrecht unter besonderer Berücksichtigung des Privatversicherungsrechts, Karlsruhe: Verlage Versicherungswirtschaft, 1953.

——, Zum heutigen Stande der Diskussion über die juristische Methodenlehre, Juristische Zeitung 1955.

Schönke, Adolf, Strafgesetzbuch: Kommentar, 30. Aufl., 2019.

Schroth, Ulrich, Der Ausgleich divergierender obergerichtlicher Entscheidungen, JR 1990, Heft 3.

Schünemann, Bernd, Zum Verhältnis von Norm und Sachverhalt bei der Rechtsanwendung, von Ober-und Untersatz im Justizsyllogismus und von Rechts-und Tatfrage im Prozeßrecht, in: Fritijof Haft, Winfried Hassemer, Ulfrid Neumann, Wolfgang Schild, Ulrich Schroth (Hrsg.), Strafgerechtigkeit: Festschrift für Arthur Kaufmann zum 70. Geburtstag, 1993.

Sendler, Wolfgang, Teilhaberrecht in der Rechtsprechung des Bundesverwaltungsgerichts, Die Öffentliche Verwaltung, 31(1978).

Seyfarth, Georg, Die Änderung der Rechtsprechung durch das Bundesverfassungsgericht, 1998.

Siltala, Raimo, *A Theory of Precedent*, Oxford: Hart Publishing, 2000.

Stobbe, Otto, *Geschichte der Deutschen Rechtsquellen*, 1. Band, 1860.

Stölzel, Adolf, Die Entwicklung der gelehrten Rechtsprechung, untersucht auf Grund der Akten des Brandenburger Schöppenstuhls, Band1: Der Brandenburger Schöppenstuhl, 1901.

Strauch, Hans-Joachim, Die Bindung des Richters an Recht und Gesetz-eine Bindung durch Kohärenz, Kritische Vierteljahresschrift für Gesetzgebung und Rechtswissenschaft 85 (2002).

Summers, Robert, *Precedent in the United States (New York State)*, in Neil MacCormick and Robert Summers ed., Interpreting Precedents: A Comparative Study, Dartmouth: Ashgate, 1997.

Umbach, Dieter C. /Clemens, Thomas (Hrsg.), Bundesverfassungsgerichtsgesetz, 1992.

Umbach, DieterC./Clemens, Thomas/Dollinger, Franz - Wilhelm (Hrsg.), Bundesverfassungsgerichtsgesetz, 2. Aufl., 2005.

Vogel, Joachim, Juristische Methodik, Berlin: Walter de Gruyter, 1998.

Wagner - Döbler, Roland/Philipps, Lothar, Präjudizien in der Rechtsprechung: Statistische Untersuchungen anhand der Zitierpraxis deutscher Gerichte, Rechtstheorie 23 (1992).

Walker, Die Publikationsdichte - ein Maßstab für die Veröffentlichungslage gerichtlicher Entscheidungen, JurPC Web-Dok. 36/1998.

Weller, Heinz, Die Bedeutung der Präjudizien im Verständnis der deutschen Rechtswissenschaft - Ein rechtshistorischer Beitrag zur Entstehung und Funktion der Präjudizientheorie, 1979.

Wieacker, Franz, Privatrechtsgeschichte der Neuzeit unter besonderer Berücksichtigung der deutschen Entwicklung, 2. Aufl., 1967.

Wieser, Bernd/Stolz, Armin (Hrsg.), Verfassungsrecht und Verfassungsgerichtsbarkeit an der Schwelle zum 21. Jahrhundert, 2000.

Wilke, Dieter, Die rechtsprechende Gewalt, in: Josef Isensee und Paul Kirchhof (Hrsg.), Handbuch des Staatsrechts, Band V, 3. Aufl., 2005.

Windscheid, Bernhard, Lehrbuch des Pandektenrecht, Vol. 1, 1891.

——, Lehrbuch des Pandektenrechts, 9. Aufl., Bd. I, Frankfurt a. M. Ruetten & Loening, 1906.

Wolter, Jügen, SK-StPO, Systematischer Kommentar zur Strafprozessordnung Mit GVG und EMRK, Band IX GVG, 4. Aufl., 2013.

——, Verfassungskonforme Restriktion und Reform des Nötigungstatbestandes, NStZ 1986.

Zippelius, Reinhold, Rechtsphilosophie, 5. Aufl. 2007.

三、德国法院判例

(一)帝国法院时代判例

RG JW 1938.

RG,28. 11. 1923-V 31/23.
RGSt 69,58.
RGZ 48,124.
RGZ 78,239.
RGZ 107,78.
RGZ 146.
RGZ 151.

(二)联邦宪法法院判例

BVerGE 1,3.
BVerfGE 1,14.
BVerfGE 2,79.
BVerfGE 4,31.
BVerfGE 4,352.
BVerfGE 6,32.
BVerfGE 7,198.
BVerGE 7,238.
BVerfGE 8,51.
BVerGE 9,206.
BVerfGE 12,276.
BVerGE 19,377.
BVerfGE 20,56.
BVerfGE 23,288.
BVerfGE 27,1.
BVerfGE 27,344.
BVerfGE 32,373.
BVerfGE 33,199.
BVerfGE 34,238.
BVerfGE 34,269.
BVerfGE 35,36.
BVerfGE 35,202.
BVerfGE 35,263.

BVerfGE 36,1.
BVerfGE 39,169.
BVerfGE 40,88.
BVerfGE 47,46.
BVerfGE 50,205.
BVerfGE 52,223.
BVerfGE 54,148.
BVerfGE 65,1.
BVerfGE 65,182.
BVerfGE 70,242.
BVerfGE 72,119.
BVerfGE 77,84.
BVerfGE 78,320.
BVerfGE 79,256.
BVerfGE 80,137.
BverfGE 82,6.
BverfGE 82,198.
BVerfGE 82,322.
BVerfGE 84,212.
BVerfGE 85,1.
BVerfGE 90,263.
BVerfGE 93,1.
BVerfGE 93,121.
BVerfGE 96,260.
BVerfGE 96,375.
BVerfGE 98,265,321.
BVerfGE 99,185.
BVerfGE 101,158.
BVerfGE 101,361.
BVerfGE 106,28.
BVerfGE 110,177.

BVerfGE 110,226.
BVerfGE 112,268.
BVerfGE 114,339.
BVerfGE 115,97.
BVerfGE 117,202.
BVerfGE 119,309.
BVerfGE 120,180.
BVerfGE 120,274.
BVerfGE 126,170.
BVerfGE 128,193.
BVerfGE 141,186.
BVerfGE 147,1.
BVerfGE EuGRZ 1995,359.
BVerfG NJW 1972,595.
BVerfG NJW 1982,2075.
BVerfG NJW 1994,184.
BVerfG NJW 1997,929.
BVerfG NJW 1997,2312.
BVerfG NJW 2000,2716.
BVerfG NJW 2001,353.

(三)联邦最高法院判例

1. 民事判例

BGHZ 3,308.
BGHZ 41,157.
BGHZ 52,20.
BGHZ 59,163.
BGHZ 66,51.
BGHZ 67,359.
BGHZ 83,319.
BGHZ 85,64.
BGHZ 86,256.

BGHZ 87,150.
BGHZ 106,169.
BGHZ 125,218.
BGHZ 140,223.
BGH NJW 1959,2262.
BGH NJW 1972,330.
BGH NJW 1972,2217.
BGH NJW 1983,S. 228.
BGH NJW-RR 1987,1075.
BGH NJW 1988,913.
BGH NJW 1992,967.
BGH NJW 1994,1735.
BGH NJW 1994,2708.
BGH NJW 1997,1507.
BGH NJW 1997,2815.
BGH NJW 1999,3638.
BGH NJW 2000,1182.
BGH NJW 2000,1332.
BGH NJW 2000,2497.
BGH NJW 2000,3364.
BGH NJW 2000,3781.
BGH NJW 2011,2293.
BGH NJW 2004,2669.
BGH NJW 2005,2991.
BGH NVwZ 2002,1535.

2. 刑事判例

BGHSt 4/5,352.
BGHSt 7,118.
BGHSt 8,205.
BGHSt 10,94.
BGHSt 12,81.

BGHSt 13,169.

BGHSt 15,155.

BGHSt 34,94.

BGHSt 37,89.

BGHSt 40,218.

BGHSt 47,81.

BGHSt 47,148.

BGHSt 80,649.

BGHSt 88,251.

BGH NJW 1995,2728.

BGH StV 1986,297.

BGH StV 1997,21.

BGH JR 1997,391.

MDR 1961,158.

(四)联邦行政法院判例

BVerwGE 73,263.

BVerwG NJW 2001,1225.

(五)地方高等法院判例

OLG Brandenburg NZG 2011,105.

OLG Celle NJW-RR 1991,634.

OLG Hamm NZG 2002,283.

OLG Köln NStZ 1986,30.

OVG NW 1986,7.27 (19A10005/85).